JN103321

萩原日本橋法律事務所
代表弁護士 萩原 勇 著

最初からそう教えて
くれればいいのに！

契約書の
ツボとコツが
ゼッタイにわかる本

［第2版］

2020年4月1日施行

（改正民法）

に対応

秀和システム

■ 契約書のひな形について

　本書で説明している契約書のひな形は、本書のサポートページからダウンロードできます。下記の秀和システムのホームページから、本書のサポートページへ移動して、ダウンロードしてください。

• 秀和システムのホームページ

https://www.shuwasystem.co.jp/

はじめに

　本書を手にとっていただきありがとうございます。

　本書は、契約書をこれから作らなければならない、チェックしなければならない、という立場に初めておかれた方々にとってもわかりやすく、役に立つことを目的にしています。

　例えば、

・そもそも契約書はなぜ作らなければならないの？
・契約書のタイトルはどうしたらいいの？
・契約書によくでてくる条項はどのようなものがあるの？
・○○契約書はどういうところに注意して作ればいいのだろう？
・○○契約書の基本的なひな形はどのようなものだろう？
・ひな形をどのように応用していけばいいのだろう？

という疑問を抱えていらっしゃる、契約書の作成業務と向き合う方々にとって、本書が少しでも武器になればと思っています。

　契約書は非常に奥が深く、ゴールがないといっても過言ではありません。

　最初から一気にゴールを目指そうとすると息切れしてしまいます。

　そのため、本書では、契約書の背景にある法律や判例の考え方を綿密に説き起こしていくことではなく、契約書の「ツボ」や「コツ」をお示しすることを目的としています。

　まず、第1章で契約書全般にわたる基本的な事項を解説させていただき、第2章以下では、代表的な契約書を取り上げてそれぞれひな形を提示することで具体的なイメージをお持ちいただきながら、応用することも念頭に置きつつ解説していくという構成をとっています。

　ひな形では、各条項の重要度をA、B、Cで示しています。契約書に記載されている以上、すべて重要なのですが、各章をお読みいただくうえでメリハリをつけるため思い切って重要度を示しています（**重要度**：**A**＞**B**＞**C**）。

　また、法律の条文に触れることはとても重要ですので、各章をお読みいただくうえで必要な法律の条文も掲載しています。

　2020年4月1日施行の改正民法に対応し、アップデート致しました。改正民法が具体的な契約書の条項にどのような影響を与えるのかを、ひな形をあげたうえで解説しています。

　嬉しいことに第1版も多くの方々に手にとっていただきました。新しく令和の時代となりましたが、引き続きお手元に本書をおいていただき、少しでもみなさんのお役に立つことができれば幸甚に存じます。

2020年1月　萩原　勇

本書の使い方

　契約書を作成するという仕事は、慣れていないと「どこから手を付けていいのか？」、慣れていたとしても「この契約書で問題はないか？」という思いを常にもちながら作業をされているのではないかと思います。ここでは本書の使い方とともに、契

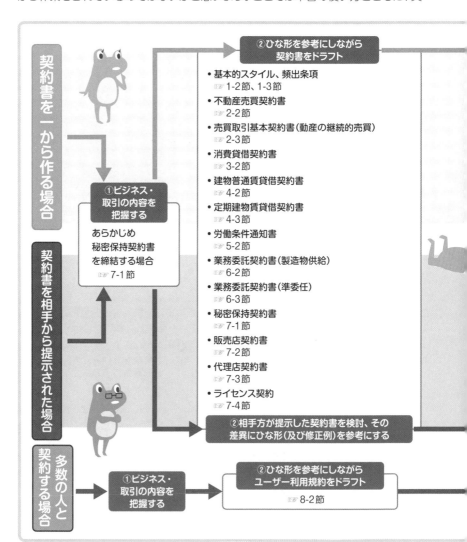

契約書を一から作る場合

① ビジネス・取引の内容を把握する

あらかじめ秘密保持契約書を締結する場合
☞ 7-1節

②ひな形を参考にしながら契約書をドラフト

- 基本的スタイル、頻出条項
  ☞ 1-2節、1-3節
- 不動産売買契約書
  ☞ 2-2節
- 売買取引基本契約書（動産の継続的売買）
  ☞ 2-3節
- 消費貸借契約書
  ☞ 3-2節
- 建物普通賃貸借契約書
  ☞ 4-2節
- 定期建物賃貸借契約書
  ☞ 4-3節
- 労働条件通知書
  ☞ 5-2節
- 業務委託契約書（製造物供給）
  ☞ 6-2節
- 業務委託契約書（準委任）
  ☞ 6-3節
- 秘密保持契約書
  ☞ 7-1節
- 販売店契約書
  ☞ 7-2節
- 代理店契約書
  ☞ 7-3節
- ライセンス契約
  ☞ 7-4節

契約書を相手から提示された場合

②相手方が提示した契約書を検討、その差異にひな形（及び修正例）を参考にする

多数の人と契約する場合

① ビジネス・取引の内容を把握する

②ひな形を参考にしながらユーザー利用規約をドラフト
☞ 8-2節

約書作成の流れを確認し、あわせて本書をどのように使っていけばいいのかをまとめておきたいと思います。

契約書に関わる業務としては、次の図に示すように、①一から契約書を作成する、②相手方から提示された契約書を検討し、つめていくといった2つの流れがあるかと考えます。

まずは、流れを確認していきましょう。

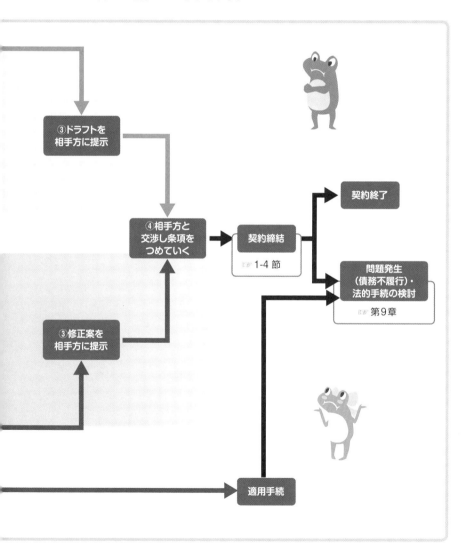

契約書を理解する上で知っておきたい用語

　ここでの解説はみなさんに契約書を理解するために知っておきたい用語を五十音順でまとめました。

　厳密な定義については、民法や商法等の概説書やコンメンタールを確認していただくとして、用語のイメージを掴んでください。

- **悪意**
あくい

　一定の事実を知っていること。道徳的に悪いという意味はないことに注意。一定の事実を知らないことを**善意**という。

- **意思表示**
いしひょうじ

　一定の法律効果の発生をさせるための意思を、外部に対して表示する行為。

- **違約金**
いやくきん

　契約上の義務に違反した場合に、債務者が支払うべきことをあらかじめ約束した金員。

- **解除**
かいじょ

　契約当事者の一方の意思表示によって、契約を消滅させ、契約が当初からなかったと同じような効果を発生させること。

- **過失**
かしつ

　一定の事実を認識できたにもかかわらず、それを認識できなかった不注意のこと。不注意の程度が重いことを**重過失**といい、軽いことを**軽過失**という。

- **期限の利益**
きげん　りえき

　弁済期が到来するまで履行しなくてもよいという債務者側のメリット。これが失われることを、**期限の利益の喪失**という。

- **危険負担**
きけんふたん

　契約当事者双方が債務を負う場合に、一方の債務が債務者の責めに帰することのできない事由によって履行不能となってしまった場合に、他方の債務の履行を要するかという問題。

- **基本契約**
きほんけいやく

　当事者間の取引に関して基本的な権利・義務を定めた契約。

- **競業避止**
きょうぎょうひし

　一定の者が行う営業と競争することになるような行為を行わないこと。

- **強行規定**
きょうこうきてい

　当事者間の合意によっても変更不可能な法律上のルール。

- **原状回復**
げんじょうかいふく

　契約終了時に、契約当初の状態に戻すこと。

- **公正証書**
こうせいしょうしょ

　公証役場にいる公証人が、権利義務に

関する事実について作成した証書のこと。

- **個別契約**
基本契約を前提にした個々の取引の契約。

- **債権**
他人に対して、一定の行為を請求する権利。権利を有するものを**債権者**、相手方を**債務者**という。

- **催告解除**
相手方に履行等をするよう請求したうえで、解除すること。

- **債務不履行**
債務者が契約で定められた義務を履行しないこと。

- **敷金**
不動産の賃貸借契約において、賃借人が負う賃料等の債務を担保するために差し入れられる金員。

- **借地借家法**
借地（土地賃貸借）・借家（建物賃貸借）に関する特別な法律。

- **主債務者**
保証人がいる場合に、保証の対象となっている債務を負う者。

- **商人**
商法上、自分の名で商行為をすることを業とする者のこと。会社や個人事業主などが該当する。

- **消費者契約法**
消費者と事業者との間で締結される契約。

- **商標**
自己の取り扱う商品やサービスを、他人のものと区別するために使用する文字、図形、記号などの標識。

- **消滅時効**
権利を行使しない状態のまま一定の時間が経過したことにより、権利を消滅させる制度。

- **所有権**
物を、自由に使用、収益及び処分することができる権利。

- **推定**
一定の事実の存在により、他の事実の存在等を推測すること。

- **製造物責任**
生産から販売までの過程に関与した者が、製造物の欠陥により発生した損害を賠償しなければならないとする責任。製造物責任法という特別な法律がある。

- **相殺**
双方の債務が弁済期にあるときに、一方の当事者が、相手方に意思表示をすることによって、対当額（バランスする額）について債務を免れること。

- **造作**
賃借人が建物に付加した畳などのこと。

- **損害賠償**
相手方に与えた損害を填補すること。

遅延損害金

弁済期が経過してしまった場合に、弁済がなされるまで発生する損害金。

知的財産権

著作権、特許権、商標権、意匠権など、無体物を支配する権利のこと。

中途解約

契約が有効期間中である場合に、契約当事者の一方の意思表示によって、途中で契約を消滅させること。将来に向かって効力が失われる。

通常損害

債務不履行によって発生する、と通常予想される損害のこと。

手付金

主に不動産売買の締結時に、履行を保証するために、授受される金員。

登記

登記所（法務局）に備える登記簿に記載すること。

動産

不動産以外の物のこと。

特別損害

債務不履行があった場合において、特別な事情によって発生する損害のこと。

特別法

一般に定められた法律（一般法）に対して、特別に定められた法律。一般法に優先する。民法と商法は、一般法と特別法の関係にある。

任意規定

当事者間で定めた合意が優先する、変更可能な法律上のルール。

秘密保持義務

一定の情報を秘密として第三者に開示せずに保持する等の義務。

表明保証

相手方に対して、一定の事項が真実かつ正確であることを表明し、その内容を保証すること。

不動産

土地及びその定着物（主に建物）のこと。

不法行為

故意又は過失によって他人の権利等を侵害し、損害を発生させる行為。

無催告解除

相手方に履行等をするよう請求せずに、解除すること。

有効期間

効力が生じている一定の期間。スタートのことを始期、ゴールのことを終期という。

連帯保証

保証人が、債務者と連帯して債務を負担する保証契約のこと。通常の保証と異なり、「債務者に先に請求してください・執行してください」「他の保証人と負担を按分してください」といった主張ができない。

契約書の表現入門

ここでは契約書を読む際に悩んでしまいそうな表現をまとめました。

●及び、並びに

並列的接続詞。同じ種類や同じレベルの場合には、「及び」を使います。例えば、2つの場合には「A及びB」、3つの場合には「A、B及びC」となります。「及び」につないだものとは別の種類や別のレベルが登場する場合には、「並びに」を使います。「A及びB並びにX」、「A、B及びC並びにX及びY」となります。「及び」が出てこないにもかかわらず、「並びに」が出てくることはありません。

●若しくは、又は

選択的接続詞。同じ種類や同じレベルの場合には、「又は」を使います。例えば、2つの場合には「A又はB」、3つの場合には「A、B又はC」となります。別の種類や別のレベルが登場する場合には、大きな選択的接続に「又は」を使い、小さな選択的接続に「若しくは」を使います。先ほどの「及び」と「並びに」との関係とは逆になります。「A若しくはB又はX」、「A、B若しくはC又はX若しくはY」となります。「又は」が出てこないにもかかわらず、「若しくは」が出てくることはありません。

●その他の、その他

「その他の」は、前にあるものが後に続くものの例示であり、例えば、「A、Bその他のC」という場合には、AやBは、Cの例示となります。AやBは、Cに含まれる関係となります。「その他」は、前にあるものと後に続くものは並列の関係にすぎず、例えば、「A、Bその他C」という場合には、AとBとCはいわば「及び」の関係にあるにすぎません。

●ないし

○から●までという意味。例えば、2ないし5、という場合には、2、3、4、5を指します。

最初からそう教えてくれればいいのに！

契約書のツボとコツが
ゼッタイにわかる本

［第2版］

Contents

第3章　お金の貸し借りの契約

～消費貸借契約～

第4章　物の貸し借りの契約

～賃貸借契約～

第5章　人を雇う場合の契約
～労働契約～

第6章　アウトソーシングの場合の契約
～業務委託契約 (製造物供給・準委任) ～

第1章 契約書のキホンをおさえよう

そもそも契約書って必要なの？

契約書がないとダメなの？

口約束も契約だと聞くけど…契約書があった方がより安全ってことかな？

疑問 契約書がないとダメなのか

　一定の類型の契約等については書面でなければならないと法律で定められているものもあり、そのような例外を除き、契約書がないからといって契約が成立しないというわけではありません。口頭での約束をした場合であっても契約は成立します。

　例えば、皆さん、この本をご購入いただいた際に、売買契約書を作成していませんよね。売買契約書がなくても、売買契約が成立していることは明らかです。

　このように考えると、契約書がないとダメとは言えないように思えます。むしろ、契約書をわざわざ作る方が面倒では……。

　それでも契約書は作成した方がよいのでしょうか。それはなぜでしょうか。

　契約書の作成や締結に携わる方々には、まずは、この理由を理解していただく必要があります。

　今、まさに皆さんの目の前にある契約書の持つ意味、それを理解することで契約書の作成や修正の作業一つ一つに対する意識が変わってくるはずです。

基本 契約書の作成は必須

　先ほど、この本の購入のお話を致しましたが、もっと「大きな」買い物、例えば、土地や建物の売買を考えてみましょう。仮に、お互いに信頼をしているからという理由で契約書を作らず、口頭の約束のみだったとしましょう。

　後になってそもそも契約をしたこと自体を相手が否定した場合に、あなたは反論できますでしょうか。あなたが、あのとき言ったじゃないか、と反論しても、相手は

「言っていない」と言い張るでしょう。

　代金額や支払時期について相手方の主張との間に齟齬が生じたら、反論できますでしょうか。あなたが、5000万円であったと反論しても、相手は3000万円であったと言い張るでしょう。

　このような事態を可能な限り避けるために契約書を作るのです。契約の成立及び内容を証明し、明確化し、紛争を予防するために契約書を作成するのです。契約書の作成は確かに手間がかかり面倒ではありますが、それを怠ったが故に後々揉めるということは、互いにハッピーではありませんよね。

　また、人は忘れる生き物である、だからこそ、契約書を作る意義もあります。いろいろな条件を取り決めていたにもかかわらず、口約束をしてから時間が経過して後になって自分でもどのような条件であったのか忘れてしまうことは十分ありえます。特に会社の場合は社員の退職や異動があるわけですから、約束した当時の記憶が担当社員の交代により、保存されなくなってしまうことはありうるのです。このようなことを想定して、約束した内容をしっかりと書面で残しておくのです。記憶が薄れても、担当者が変わっても、そして裁判官等の第三者がみても、はっきりと意味がわかる疑義がないような形で書面で残しておくことが望まれるのです。

発展　ひな形を修正して利用する

　契約書を作成するとしても、毎回ゼロから作成することは非常に大変です。契約書の作成をする際には、ひな形を修正して利用するのが効果的です。

　もっとも、あらゆる事例に対応するひな形というものはありません。完全なひな形はないと思っていただいた方がよいです。

　そこで、漫然とひな形を利用するのではなく、個別的な事情をよく検討したうえで、「修正」して利用するのです。

　実際の契約書の締結に向けて契約の相手方と交渉していく際には、こちらからひな形を提示する場合のみならず、相手方からひな形を提示される場合もあります。こちらからひな形を提示する際には、こちらに有利な内容となるように修正したうえで提示するべきです。相手方からひな形が提示された場合には、自分にとって不利益な内容がないかをチェックして可能な限り有利な内容に変更してもらえないかを交渉していくことになります。このようなやりとりを通じて、契約書の内容を詰めていくことになります。

　ひな形を修正していくことで、ひな形のパターンが増えていくことになります。相

手方から提示されたひな形や各条項も、今後、利用できるものが含まれている場合があります。そのような「使える」ひな形や条項のストックを増やしていくことにより、さらに契約書の作成が効率的になってきます。

　本書では、オーソドックスな「ひな形」の一例を示し、その条項を簡略に解説し、さらには修正例を示すことで、皆さんの日常的な契約書の作成の参考になることを目的としています。

契約書に何を定めたらいいの？

売買契約書を作ってみてくれないか…

（法務部に配属されたばかりなのに…いきなり契約書作成って…困ったなぁ……）

疑問 タイトルから署名押印欄までのスタイルはあるのか

　契約書といっても、一定の類型の契約を除き、このような内容をこのような順番でこのような表現により書かなければいけない、書けばよい、ということは法律に定められていません。その意味では、決められたスタイルはないということになります。

　一行目には、「○○契約書」というようなタイトルが書かれているのを見かけたことがあると思いますが、このタイトルの付け方さえ、ルールはありません。後で説明しますが、「契約書」という表現を使わずに「合意書」「覚書」というタイトルでもいいのです。

　決められたスタイルはないと言っても、契約の実務においては、オーソドックスな基本スタイルというものがありますので、まずは、これを押さえることが大切です。

基本 契約書の基本スタイルをおさえる

　それでは、まず、各契約書のひな形を見始める前に、契約書の基本スタイルを見てみましょう。第3章で取り上げる金銭消費貸借契約書の一部をもとにして説明します。

収入

印紙

金銭消費貸借契約書 (P21参照)

(P22参照)

　［貸主］○○○○（以下「貸主」という。）、［借主］□□□□（以下「借主」という。）及び［連帯保証人］◎◎◎◎（以下「連帯保証人」という。）は、次のとおり金銭消費貸借契約（以下「本契約」という。）及び連帯保証契約を締結する。重要度 A (P24参照)

第1条（金銭の貸借）

　貸主は、借主に対し、本日、金○円を貸し渡し、借主はこれを受領した。

重要度 A (P24参照)

第2条（返済方法）

　借主は、貸主に対し、前条の借入金を、次のとおり分割して、貸主が指定する下記金融機関口座に振り込む方法により支払う。振込手数料は借主の負担とする。

　(1)　　令和○年○月○日限り　金○円
　(2)　　令和○年○月から令和○年○月まで毎月末日限り　各金○円（○回払い）

記

　【振込先口座】
　　金融機関：
　　支　　店：
　　種　　別：
　　口座番号：
　　口座名義：
　　カ　　ナ：

第11条（専属的合意管轄）

　本契約等に関して生じた一切の紛争については、○○地方裁判所を第一審の専属的合意管轄裁判所とする。

　以上、本契約等の締結の証として、本契約書3通を作成し、貸主、借主及び連帯保証人が、署名又は記名及び押印のうえ、各1通を保有する。重要度 A (P24参照)

　令和○年○月○日 重要度 A (P25参照)

　　　　　貸　　　主　　東京都○○区・・・

　　　　　　　　　　　　○○　○○　　　　　　印

借　　　　主　　東京都○○区・・・
　　　　　　　　　　□□　□□　　　　　　印

連帯保証人　　東京都○○区・・・
　　　　　　　　　　◎◎　◎◎　　　　　　印

重要度 A
(P25参照)

●基本スタイル

基本スタイルは、

①タイトル・表題（表紙をつける場合もあります）

②印紙

③前文

④各条項

⑤後文

⑥作成日（締結日）

⑦署名又は記名・押印欄

となります。

●タイトル・表題 (P20参照)

通常は、その契約の内容を表したタイトルをつけることになります。例えば、「売買契約書」「賃貸借契約書」といったタイトルです。

もっとも、必ずしも、タイトルの付け方にルールがあるわけではないため、例えば、単に「契約書」、「合意書」、「覚書」といったシンプルなものでも構いませんし、逆に「建物売買契約書」「機械売買契約書」といったやや詳細なタイトルにすることもできます。

契約書の管理の便宜を図るためにも、原則として、その契約の内容に則したタイトルを工夫してつけるのがよいでしょう。

●印紙 （P20参照）

契約書が印紙税法上課税文書に該当する場合には、印紙を貼付して、消印する方法で印紙税を納付しなければなりません。課税文書に該当するか否かは、前記のタイトルによって決められるのではなく、契約書の実質的内容によって判断されます。

▼印紙税額一覧表（令和元年6月現在）

印　紙　税　額

令和元年6月現在

番号	文 書 の 種 類（物 件 名）	印紙税額（1通又は1冊につき）	主な非課税文書
1	1　不動産、鉱業権、無体財産権、船舶若しくは航空機又は営業の譲渡に関する契約書 （注）　無体財産権とは、特許権、実用新案権、商標権、意匠権、回路配置利用権、育成者権、商号及び著作権をいいます。 （例）　不動産売買契約書、不動産交換契約書、不動産売渡証書など 2　地上権又は土地の賃借権の設定又は譲渡に関する契約書 （例）　土地賃貸借契約書、土地賃料変更契約書など 3　消費貸借に関する契約書 （例）　金銭借用証書、金銭消費貸借契約書など 4　運送に関する契約書 （注）　運送に関する契約書には、傭船契約書を含み、乗車券、乗船券、航空券及び送り状は含まれません。 （例）　運送契約書、貨物運送引受書など	記載された契約金額が 1万円以上　　10万円以下のもの　　200円 10万円を超え　50万円以下　〃　　400円 50万円を超え　100万円以下　〃　　1千円 100万円を超え　500万円以下　〃　　2千円 500万円を超え　1千万円以下　〃　　1万円 1千万円を超え　5千万円以下　〃　　2万円 5千万円を超え　1億円以下　〃　　6万円 1億円を超え　　5億円以下　〃　　10万円 5億円を超え　　10億円以下　〃　　20万円 10億円を超え　50億円以下　〃　　40万円 50億円を超えるもの　　60万円 契約金額の記載のないもの　　200円	記載された契約金額が**1万円未満（※）**のもの ※　第1号文書と第2号から第17号文書とに該当する文書で第1号文書に所属が決定されるものは、記載された契約金額が1万円未満であっても非課税文書となりません。
	上記の1に該当する「不動産の譲渡に関する契約書」のうち、平成9年4月1日から令和2年3月31日までの間に作成されるものについては、契約書の作成年月日及び記載された契約金額に応じ、右欄のとおり印紙税額が軽減されています。 （注）　契約金額の記載のないものの印紙税額は、**本則どおり200円となります。**	【平成26年4月1日〜令和2年3月31日】 記載された契約金額が 1万円以上　　50万円以下のもの　　200円 50万円を超え　100万円以下　〃　　500円 100万円を超え　500万円以下　〃　　1千円 500万円を超え　1千万円以下　〃　　5千円 1千万円を超え　5千万円以下　〃　　1万円 5千万円を超え　1億円以下　〃　　3万円 1億円を超え　　5億円以下　〃　　6万円 5億円を超え　　10億円以下　〃　　16万円 10億円を超え　50億円以下　〃　　32万円 50億円を超えるもの　　48万円 【平成26年4月1日〜平成26年3月31日】 記載された契約金額が 1千万円を超え5千万円以下のもの　　15千円 5千万円を超え　1億円以下　〃　　45千円 1億円を超え　　5億円以下　〃　　8万円 5億円を超え　　10億円以下　〃　　18万円 10億円を超え　50億円以下　〃　　36万円 50億円を超えるもの　　54万円	
2	請負に関する契約書 （注）　請負には、職業野球の選手、映画（演劇）の俳優（監督・演出家・プロデューサー）、プロボクサー、プロレスラー、音楽家、舞踏家、テレビジョン放送の演技者（演出家、プロデューサー）が、その者としての役務の提供を約することを内容とする契約を含みます。 （例）　工事請負契約書、工事注文請書、物品加工注文請書、広告契約書、映画俳優専属契約書、請負金額変更契約書など	記載された契約金額が 100万円以下のもの　　200円 100万円を超え　200万円以下のもの　　400円 200万円を超え　300万円以下　〃　　1千円 300万円を超え　500万円以下　〃　　2千円 500万円を超え　1千万円以下　〃　　1万円 1千万円を超え　5千万円以下　〃　　2万円 5千万円を超え　1億円以下　〃　　6万円 1億円を超え　　5億円以下　〃　　10万円 5億円を超え　　10億円以下　〃　　20万円 10億円を超え　50億円以下　〃　　40万円 50億円を超えるもの　　60万円 契約金額の記載のないもの　　200円	記載された契約金額が**1万円未満（※）**のもの ※　第2号文書と第3号から第17号文書とに該当する文書で第2号文書に所属が決定されるものは、記載された契約金額が1万円未満であっても非課税文書となりません。
	上記の「請負に関する契約書」のうち、建設業法第2条第1項に規定する建設工事の請負に係る契約に基づき作成されるもので、平成9年4月1日から令和2年3月31日までの間に作成されるものについては、契約書の作成年月日及び記載された契約金額に応じ、右欄のとおり印紙税額が軽減されています。 （注）　契約金額の記載のないものの印紙税額は、**本則どおり200円となります。**	【平成26年4月1日〜令和2年3月31日】 記載された契約金額が 100万円を超え　200万円以下のもの　　200円 200万円を超え　300万円以下　〃　　500円 300万円を超え　500万円以下　〃　　1千円 500万円を超え　1千万円以下　〃　　5千円 1千万円を超え　5千万円以下　〃　　1万円 5千万円を超え　1億円以下　〃　　3万円 1億円を超え　　5億円以下　〃　　6万円 5億円を超え　　10億円以下　〃　　16万円 10億円を超え　50億円以下　〃　　32万円 50億円を超えるもの　　48万円 【平成9年4月1日〜平成26年3月31日】 記載された契約金額が 1千万円を超え5千万円以下のもの　　15千円 5千万円を超え　1億円以下　〃　　45千円 1億円を超え　　5億円以下　〃　　8万円 5億円を超え　　10億円以下　〃　　18万円 10億円を超え　50億円以下　〃　　36万円 50億円を超えるもの　　54万円	
3	約束手形、為替手形 （注）　手形金額の記載のない手形は非課税となりますが、金額を補充したときは、その補充をした人がその手形を作成したものとみなされ、納税義務者となります。 　振出人の署名のない白地手形（手形金額の記載のない手形）に引受人やその他の手形当事者の署名のあるものは、引受人やその他の手形当事者がその手形を作成したことになります。	記載された手形金額が 10万円以上　　100万円以下のもの　　200円 100万円を超え　200万円以下のもの　　400円 200万円を超え　300万円以下　〃　　600円 300万円を超え　500万円以下　〃　　1千円 500万円を超え　1千万円以下　〃　　2千円 1千万円を超え　2千万円以下　〃　　4千円 2千万円を超え　3千万円以下　〃　　6千円 3千万円を超え　5千万円以下　〃　　1万円 5千万円を超え　1億円以下　〃　　2万円 1億円を超え　　2億円以下　〃　　4万円 2億円を超え　　3億円以下　〃　　6万円 3億円を超え　　5億円以下　〃　　10万円 5億円を超え　　10億円以下　〃　　15万円 10億円を超えるもの　　20万円	1　記載された手形金額が10万円未満のもの 2　手形金額の記載のないもの 3　手形の複本又は謄本
		①一覧払のもの、②金融機関相互間のもの、③外国通貨で金額を表示したもの、④非居住者円表示のもの、⑤円建銀行引受手形　　200円	

また、印紙を貼付するのは、作成した契約書の"原本"です。場合によっては印紙税の額が高額になるため、原本の通数を1通のみとして、残りは写しとするという方法をとる場合もあります。

　さらに、そもそも印紙を貼付するのは"契約書（文書）"を作成して交付する場合ですので、いわゆる電子契約の場合には印紙税は課税されないと解されています。

1

一　　覧　　表

> 10万円以下又は10万円以上 ‥‥ 10万円は含まれます。
> 10万円を超え又は10万円未満 ‥‥ 10万円は含まれません。

番号	文 書 の 種 類（物 件 名）	印紙税額（1通又は1冊につき）	主な非課税文書
4	株券、出資証券若しくは社債券又は投資信託、貸付信託、特定目的信託若しくは受益証券発行信託の受益証券 （注）1　出資証券には、投資証券を含みます。 　　　2　社債券には、特別の法律により法人の発行する債券及び相互会社の社債券を含みます。	記載された券面金額が 　500万円以下のもの　　　　　　　　　200円 　500万円を超え1千万円以下のもの　1千円 　1千万円を超え5千万円以下　〃　　2千円 　5千万円を超え1億円以下　〃　　　1万円 　1億円を超えるもの　　　〃　　　　2万円 （注）株券、投資証券については、1株（1口）当たりの払込金額に株数（口数）を掛けた金額を券面金額とします。	1　日本銀行その他特定の法人が作成する出資証券 2　譲渡が禁止されている特定の受益証券 3　一定の要件を満たしている額面株式の株券の無効手続に伴い新たに作成する株券
5	合併契約書又は吸収分割契約書若しくは新設分割計画書 （注）1　会社法に規定する合併契約を証する文書に限ります。 　　　2　会社法に規定する吸収分割契約又は新設分割計画書を証する文書に限ります。	4万円	
6	定　款 （注）株式会社、合名会社、合資会社、合同会社又は相互会社の設立のときに作成される定款の原本に限ります。	4万円	株式会社又は相互会社の定款のうち公証人法の規定により公証人の保存するもの以外のもの
7	継続的取引の基本となる契約書 （注）契約期間が3か月以内で、かつ、更新の定めのないものは除きます。 （例）売買取引基本契約書、特約店契約書、代理店契約書、業務委託契約書、銀行取引約定書など	4千円	
8	預金証書、貯金証書	200円	信用金庫その他特定の金融機関の作成するもので記載された預入額が1万円未満のもの
9	倉荷証券、船荷証券、複合運送証券 （注）法定記載事項の一部を欠く証書で類似の効用があるものを含みます。	200円	
10	保険証券	200円	
11	信用状	200円	
12	信託行為に関する契約書 （注）信託証書を含みます。	200円	
13	債務の保証に関する契約書 （注）主たる債務の契約書に併記するものは除きます。	200円	身元保証ニ関スル法律に定める身元保証に関する契約書
14	金銭又は有価証券の寄託に関する契約書	200円	
15	債権譲渡又は債務引受けに関する契約書	記載された契約金額が1万円以上のもの　200円 契約金額の記載のないもの　　　　　　200円	記載された契約金額が1万円未満のもの
16	配当金領収証、配当金振込通知書	記載された配当金額が3千円以上のもの　200円 配当金額の記載のないもの　　　　　　200円	記載された配当金額が3千円未満のもの
17	1　売上代金に係る金銭又は有価証券の受取書 （注）1　売上代金とは、資産を譲渡することによる対価、資産を使用させること（権利を設定することを含みます。）による対価及び役務を提供することによる対価をいい、手付けを含みます。 　　　2　株券等の譲渡代金、保険料、公社債及び預貯金の利子などは売上代金から除かれます。 （例）商品販売代金の受取書、不動産の賃貸料の受取書、請負代金の受取書、広告料の受取書など	記載された受取金額が 　100万円以下のもの　　　　　　　　　200円 　100万円を超え200万円以下のもの　　400円 　200万円を超え300万円以下　〃　　　600円 　300万円を超え500万円以下　〃　　　1千円 　500万円を超え1千万円以下　〃　　　2千円 　1千万円を超え2千万円以下　〃　　　4千円 　2千万円を超え3千万円以下　〃　　　6千円 　3千万円を超え5千万円以下　〃　　　1万円 　5千万円を超え1億円以下　　〃　　　2万円 　1億円を超え2億円以下　　　〃　　　4万円 　2億円を超え3億円以下　　　〃　　　6万円 　3億円を超え5億円以下　　　〃　　　10万円 　5億円を超え10億円以下　　　〃　　　15万円 　10億円を超えるもの　　　　〃　　　20万円 受取金額の記載のないもの　　　　　　200円	次の受取書は非課税 1　記載された受取金額が**5万円未満（※）**のもの 2　営業に関しないもの 3　有価証券、預貯金証書など特定の文書に追記した受取書 ※　平成26年3月31日までに作成されたものについては、記載された受取金額が3万円未満のものが非課税とされていました。
	2　売上代金以外の金銭又は有価証券の受取書 （例）借入金の受取書、保険金の受取書、損害賠償金の受取書、補償金の受取書、返還金の受取書など	200円	
18	預金通帳、貯金通帳、信託通帳、掛金通帳、保険料通帳	1年ごとに　　　　　　　　　　　　　200円	1　信用金庫など特定の金融機関の作成する預貯金通帳 2　所得税が非課税となる普通預金通帳など 3　納税準備預金通帳
19	消費貸借通帳、請負通帳、有価証券の預り通帳、金銭の受取通帳などの通帳 （注）18に該当する通帳を除きます。	1年ごとに　　　　　　　　　　　　　400円	
20	判取帳	1年ごとに　　　　　　　　　　　　4千円	

出典：国税庁（https://www.nta.go.jp/publication/pamph/inshi/pdf/zeigaku_ichiran.pdf）

●前文
重要度 Ⓐ
（P20 参照）

　前文では、だれがだれと契約を締結するのかを明記するのが通常です（場合によっ
ては二者間ではなく三者間以上の場合があります）。

　その際に、契約当事者を「売主」や「買主」、「甲」や「乙」などと定義し、契約自体に
ついても「本契約」と定義するのが一般的です。

●各条項
重要度 Ⓐ
（P20 参照）

　一般的に、各条項は、第○条第□項第△号というように、条の中にいくつかの項が
あり、項の中にいくつかの号をおくという仕組みで構成されます。

　本書の契約書雛形では、

第○条（［見出し］）

1．・・・　　　　　←第○条第1項

2．・・・　　　　　←第○条第2項柱書

　(1)　・・・　　　　←第○条第2項第1号

　(2)　・・・　　　　←第○条第2項第2号

3．・・・　　　　　←第○条第3項

という記載方法をとっています。

　なお、条の中に項が1つしかない場合には、

第○条（［見出し］）

　・・・　　　　　←第○条本文

　ただし、・・・。　←第○条ただし書

というように項の前には番号をふらずにそのまま書き始めます。

●後文
重要度 Ⓐ
（P20 参照）

　一般的に、契約書の原本の作成通数や当事者の誰が原本を保有するのか等を明確
にすることになります。

● 作成日（締結日）

（P20 参照）

　実際に契約書を作成（締結）した日を記載します。この日がいつになるかによって、条項の解釈に影響が出る場合があります。契約の満了時期がいつになるか、指定された日までに更新拒絶をしたか、表明保証条項（ある時点において一定の事実が存在すること又は不存在であることを保証する旨の条項）の基準時がいつか、等の場合です。

● 署名又は記名・押印欄

（P21 参照）

　契約を締結する当事者の署名又は記名欄、押印欄となります。住所・所在地も記載するのが一般的です。契約当事者が株式会社の場合には、契約締結権限を有する者により締結されたこと示すために、通常は代表権を有する代表取締役や取締役の氏名も記載します。

発展 契約書の作成プロセス

　基本スタイルをご覧いただいたとおり、後は各条項、要するに中身が問題となります。各契約の種類に応じて条項を考えていく必要があります。本書では、各契約に従ってひな形を提示して説明をしていきます。1-3節では、様々な契約書でよく出てくる頻出条項を取り上げます。

　さて、実際の契約書について、契約締結までどのようなプロセスをたどるのでしょうか。

　簡単にまとめると、次のようなプロセスをたどることが多いです。

①**契約締結に向けた交渉開始**
　交渉を開始するにあたって秘密保持契約書を締結することもあります。

　⬇

②**契約内容を双方で検討**

　⬇

③**当事者のいずれかから契約書のドラフトを提案**
　このドラフト時に弁護士に相談することもあります。

　⬇

④**ドラフトを受領した側で検討し、修正案を検討**
　この検討時に弁護士に相談することもあります。

↓

⑤**双方の希望を交渉・調整し条項をつめていく**

　この段階で弁護士に相談することもあります。

↓

⑥**調整後合意可能になった場合に契約書の締結**

↓

⑦**契約の義務の履行**

↓

⑧**契約の終了**

　順調に終了せずに、債務不履行等が生じて紛争になる場合もあります。

3 よく出てくる頻出条項って どんなもの？

基本スタイルは理解しました。勉強もかねて、いろいろな契約書を見てみたのですが、同じような条項が出てきますね

よく見かける条項も漫然とコピペするだけでなく、理解をすることが大切だよ

1

疑問 **よく出てくる頻出条項はどのようなものがあるのか**

　契約の種類が違っても、よく出てくる条項というものがあります。例えば、次のようなものです。各項目について、次ページ以降で「ひな形」とともに説明します。

- 秘密保持
- 権利の譲渡等の禁止
- 有効期間
- 中途解約
- 解除
- 期限の利益の喪失
- 反社会的勢力の排除
- 損害賠償
- 不可抗力免責
- 残存条項
- 協議解決
- 専属的合意管轄

頻出条項の「ひな形」を順にあげたうえで説明を付加していきます。

● 秘密保持

秘密保持とは、秘密の保持に関する義務規定です。「相手方から得た秘密情報をどうするか？」「相手方が知り得た秘密情報をどうさせるか？」を規定として定めます。

第○条（秘密保持）

1. 甲及び乙は、本契約の遂行により知り得た相手方の技術上又は営業上その他業務上の一切の情報を、相手方の事前の書面による承諾を得ないで第三者に開示又は漏洩してはならず、本契約の遂行のためにのみ使用するものとし、他の目的に使用してはならないものとする。ただし、弁護士、公認会計士又は税理士等法律に基づき守秘義務を負う者に対して当該情報を開示することが必要であると合理的に判断される場合には、本項本文と同内容の義務を負わせることを条件として、自己の責任において必要最小限の範囲に限って当該情報をそれらの者に対し開示することができる。また、法令に基づき行政機関及び裁判所から当該情報の開示を求められた場合においても、自己の責任において必要最小限の範囲に限って開示することができる。
2. 前項の規定は、次のいずれかに該当する情報については、適用しない。
   (1) 相手方から開示を受けた時に既に自己が保有していた情報
   (2) 相手方から開示を受けた時に既に公知となっている情報
   (3) 相手方から開示を受けた後に自己の責めによらずに公知となった情報
   (4) 正当な権限を有する第三者から適法に取得した情報
   (5) 相手方から開示された情報によることなく独自に開発・取得した情報
3. 本条の規定は、本契約終了後も○年間、引き続き効力を有する。

---

1. 秘密保持義務

契約を締結して取引を行うと、相互に自社の情報を開示することがあります。その情報は、外部に出ても問題ない情報だけではないことは容易に想像がつくと思います。そのため、お互いに開示した情報は、外部（第三者）に開示しないこと、目的外に使用しないことを約束をするということが一般的に行われています。その場合にも、上記ひな形のように、もともと守秘義務を負う専門家等に開示する必要性は生じる場合もありますので、その場合には、秘密保持義務を負わせることを条件として開示可能とする例外規定も設けています。また、行政機関や裁判所から法令に基づいて照会を求められることもありますので、その場合においても開示することができる例外規定をおいています。

なお、本体の契約書の中に条項として盛り込む方法のほか、後記7-1節のように本体の契約書とは別に秘密保持契約を結ぶこともよく行われています。

2. 適用除外の情報

　上記1.のとおり開示された情報は原則として秘密保持義務の対象となりますが、もともと自己が有していた情報であったり、既に公に知られている情報等であれば、秘密保持義務の対象とする合理性はありません。そのため、適用を除外する情報を列挙して明示しておくことが通常です。

3. 契約終了後の効力

　契約終了に伴って、秘密保持義務が直ちに免除されてしまうと、情報を契約終了後すぐに外部に開示しても責任を問うことはできなくなってしまいます。そこで、情報が陳腐化する期間を見込んで、一定期間、効力を残存させる条項を設けておくことが一般的に行われています。仮に、陳腐化するような情報でない場合には、期間を区切ることなく永久に効力を残存させることも考えられますが、互いに拘束することになり、情報管理もコストがかかりますので、慎重に検討するべきです。

●権利の譲渡等の禁止

　権利の譲渡等の禁止とは、契約に基づき生じた権利の譲渡等を禁止する旨の義務規定です。「契約に基づき生じた権利を譲渡してもよいのか？」を規定として定めます。

> 第○条（権利の譲渡等の禁止）
> 　甲及び乙は、あらかじめ相手方の書面による承諾がない限り、本契約上の地位を第三者に移転し、本契約に基づく権利の全部若しくは一部を第三者に譲渡し、若しくは第三者の担保に供し、又は、本契約に基づく義務の全部若しくは一部を第三者に引き受けさせてはならない。

　契約は、相手方を信用して締結されるものです。それにもかかわらず、相手方が変わってしまうことは看過できない事態となります。このような事態を避けるため、契約上の地位、権利や義務を譲渡する又は引き受けさせることを禁止することが一般的に行われています。また、担保に供することも、担保権が実行されれば譲渡と同様の事態になりますので、併せて禁止するのが一般的です。

　なお、改正前の民法では、債権は譲渡できるという原則の例外として「当事者が反対の意思を表示した場合には、適用しない」との規定がおかれていました。そのため、債権の譲渡が契約上禁止されている場合などは、債権の譲渡がなされた場合には無効と解されていました。

しかしながら、債権は、重要な資産であり、これをもとに資金調達をしたいというニーズがあるにもかかわらず、譲渡が禁止されているためにその途が閉ざされてしまうという点に批判がありましたので、改正により、当事者が債権の譲渡を禁止し、又は制限する旨の意思表示（譲渡制限の意思表示）をしたときであっても、債権の譲渡の効力が妨げられないものとされました（民法466条2項）。そのうえで、譲受人が、その譲渡制限の意思表示につき悪意又は重過失であった場合には、債務者の期待を優先させ、債務者はその譲受人からの履行請求を拒むことができ、かつ、譲渡人に対する弁済等をもって、その譲受人に対抗できるとされました（民法466条3項）。

したがって、改正後においても、譲渡禁止の条項は悪意又は重過失の譲受人に対抗するために意味を持ちます。

●有効期間

有効期間とは、契約の終了に関する規定です。「契約をいつ終わらせるのか？」を規定として定めます。

> **第○条（有効期間）**
> 本契約の有効期間は、令和○年○月○日から○年間とする。

一定の期間、契約が継続する継続的契約の場合には、いつからいつまでの間、契約を有効とするのかについて条項を設ける必要があります。期間の設け方としては、始期と終期がはっきりすればよいので、上記の例のほか、「令和○年○月○日から令和○年○月○日まで」といった規定の仕方でもOKです。ここでは、和暦で表現していますが、西暦でももちろん問題ありません。

●中途解約

中途解約とは、契約の終了に関する規定です。「契約を有効期間中に終わらせることができるのか？」を規定として定めます。

> **第○条（中途解約）**
> 甲及び乙は、本契約の有効期間中であっても、相手方に対して○か月前までに書面をもって通知することにより、本契約を解約することができる。

継続的契約の有効期間を前述のように定めた場合において、その期間が長期に及ぶときなど、その期間中でも中途で解約することができる旨を定めることがありま

す。その場合には、事前の予告期間を設けるのが通常です。

　もっともこのような中途解約条項を設けずに、むしろ、中途解約を禁止することも可能です。その場合には、民法上、任意の解約ができる類型の契約もあるため、疑義が生じないように、「甲及び乙は、本契約の有効期間中は、本契約を解約することはできない。」ということを確認的に条項化しておいた方がいいでしょう。

●解除

　解除とは、契約の終了に関する規定です。「どのような場合に契約を解除して終了させることができるのか？」を規定として定めます。

第○条（解除）
1.　甲及び乙は、相手方が次の各号のいずれか一つに該当したときは、催告その他の手続を要しないで、直ちに本契約を解除することができる。
　(1)　監督官庁より営業の許可取消し、停止等の処分を受けたとき
　(2)　支払停止若しくは支払不能の状態に陥ったとき、又は手形若しくは小切手が不渡りとなったとき
　(3)　第三者より差押え、仮差押え、仮処分若しくは競売の申立て、又は公租公課の滞納処分を受けたとき
　(4)　破産手続開始、民事再生手続開始、会社更生手続開始、特別清算手続開始の申立てを受け、又は自ら申立てを行ったとき
　(5)　解散、会社分割、事業譲渡又は合併の決議をしたとき
　(6)　資産又は信用状態に重大な変化が生じ、本契約に基づく債務の履行が困難になるおそれがあると認められるとき
　(7)　株主構成又は役員等の変動等により会社の実質的支配関係が変化したとき
　(8)　相手方に対する詐術その他の背信的行為があったとき
　(9)　その他、前各号に準じる事由が生じたとき
2.　甲及び乙は、相手方が本契約に定める条項に違反し、相手方に催告したにもかかわらず、催告後相当の期間を経過してもこれが是正されない場合には、本契約を解除することができる。
3.　前2項の場合、本契約を解除された当事者は、解除した当事者が解除により被った損害の一切を賠償するものとする。

---

1. 解除①一無催告解除

　民法上も、相手方が義務の履行を遅滞している場合や、その履行が不能になった場合等に、契約を解除することができますが、契約書においては、これら以外の事由の場合にも、解除する動機と合理性を見出すことができるため、あらかじめ条項化しておくことが通常となります。

　例えば、上記の例のように、相手方が監督官庁から処分を下されたときや、資産状

態や信用状態が悪化したとき等が挙げられます。このようなときは、待ったなしで、一刻も早く解除できる方が有利ですし、そもそも、是正を求めることも非現実的です。そのため、相手方に催告することなく(無催告で)、解除できる旨を定めています。

　なお、改正前の民法では、債務不履行を理由に、催告をせずに解除できる場合としては、定期行為について履行が遅滞した場合と履行不能の場合が明文として定められていましたが、これ以外にも、もはや履行の余地がない場合や期待できない場合、又は履行がなされたとしても契約の目的が達成できない場合等は、催告によらない解除(無催告解除)を認めるべきといえます。

　そこで、改正により、旧法で明文があった類型に加えて、無催告解除が認められる場合を類型化して定められました(民法542条1項)。また、同時に、契約の全部解除ではなく、契約の一部について無催告解除ができる場合についてもルール化されました(民法542条2項)。

　ただし、これらのルールよりも当事者の合意が優先しますので、上記のひな形は引き続き利用可能です。

2. 解除②—催告解除

　上記1.のような無催告の解除のケースではなく、契約上の義務に違反した場合において、是正を求めて、それでも違反状態が是正されないときは解除できる旨を定めています。

　仮に、このような契約上の義務に違反した場合にでも、待ったなしで解除できるようにする場合には、上記1.の中に、「本契約に定められた条項に違反したとき」という条項を設けることになります。

　なお、改正前の民法では、債務不履行を理由とする催告解除(相当の期間を定めてその履行の催告をし、その期間内に履行がないときにできる解除)について、制限をする規定を置いていませんでしたが、判例は、僅少部分についてのみ不履行がある場合や契約目的の達成に必須でない附随的義務の履行を怠ったにすぎないような場合には解除できないとの見解を示していました。

　そこで、改正により、相当期間を経過した時における債務の不履行が軽微であるときは契約を解除することはできず、また、軽微か否かについてはその契約及び取引上の社会通念に照らして判断されることと定められました(民法541条ただし書)。

　ただし、このルールよりも当事者の合意が優先しますので、上記のひな形は引き続き利用可能です。

3. 解除時の損害賠償

解除に伴う損害の賠償義務を確認する条項です。

● 期限の利益の喪失

期限の利益の喪失とは、時間的な利益に関する規定です。「どのような場合に時間的な利益を失うことになるのか？」を規定として定めます。

> **第○条（期限の利益の喪失）**
> 甲又は乙が、前条第1項各号のいずれかに該当したとき、又は前条第2項に基づき本契約の解除をされたときは、相手方に対する一切の債務について、催告その他の手続を要することなく、当然に期限の利益を喪失し、直ちに相手方に弁済しなければならない。

期限の利益とは、義務の履行が先（将来）の期限として定められている場合のその時間的な利益のことを意味します。このような利益は、特に問題がなければ、契約で決められたとおりそのまま維持していても問題ありませんが、前記の解除のところで説明したような、待ったなしの状態が生じた場合には、当該利益を維持させておく理由はありません。

民法においても、例えば、債務者が破産手続開始の決定を受けたときには期限の利益を失う旨の規定が設けられていますが（民法137条）、その他の事由が網羅されているわけではありません。そのため、契約書において、期限の利益を喪失させる事由を定めておくことが通常です。上記の例のように解除の条項とセットで引用する方法で規定されることが多いといえます。

● 反社会的勢力の排除

反社会的勢力の排除とは、暴力団等の反社会的勢力の排除に関する規定です。「反社会的勢力であることが判明した場合には解除できるのか？」を規定として定めます。

> **第○条（反社会的勢力の排除）**
> 1. 甲及び乙は、それぞれ相手方に対し、次の各号に掲げる事項を確約する。
>   (1) 自らが、暴力団、暴力団員、暴力団員でなくなった時から5年を経過していない者、暴力団準構成員、暴力団関係企業、総会屋等その他これらに準ずる者又はその構成員（以下、総称して「反社会的勢力」という。）ではないこと
>   (2) 自らの役員（取締役、執行役、執行役員、業務を執行する社員、監査役又はこれらに準ずる者をいう。）が反社会的勢力ではないこと
>   (3) 反社会的勢力に自己の名義を利用させ、本契約を締結するものでないこと

  (4) 自ら又は第三者を利用して、本契約に関して相手方に対する脅迫的な言動若しく
    は暴力を用いる行為、又は偽計若しくは威力を用いて相手方の業務を妨害し、若し
    くは信用を毀損する行為をしないこと

 2. 甲及び乙は、相手方が次の各号のいずれかに該当した場合には本契約を何らの催告を
  要しないで、直ちに解除することができる。

  (1) 前項第1号又は第2号の確約に反する申告ないし表明をしたことが判明した場合

  (2) 前項第3号の確約に反し、本契約を締結したことが判明した場合

  (3) 前項第4号の確約に反する行為をした場合

 3. 前項の規定により、本契約が解除された場合には、解除された者は、その相手方に対
  し、相手方の被った損害を賠償する。

 4. 第2項の規定により、本契約が解除された場合には、解除された者は、解除により生
  じた損害について、その相手方に対し一切の請求を行わない。

 暴力団等の反社会的勢力の排除に関する上記のような条項を契約に盛り込むこと
は、政府の指針や各都道府県の暴力団排除条例に沿うものであり、自社を守る上で
も非常に重要です。そのため、最近の契約書には、上記のような条項が設けられるの
が通常です。

●損害賠償

 損害賠償とは、損害賠償に関する義務規定です。「相手方が義務違反をして自らに
損害が生じた場合に損害賠償請求できるのか？」を規定として定めます。

> **第○条（損害賠償）**
> 甲及び乙は、本契約に違反して相手方に損害を与えたときは、相手方に対し、その損害
> につき賠償する責任を負う。

 契約上の義務に違反し、それが自己の責任にある場合には、それによって生じた
相手方の損害を賠償しなければなりません。上記の条項は、その基本を確認的に規
定したものです。もっとも、実際には、責任の範囲を限定したりすることもよく行わ
れます（後述の発展編参照）。

●不可抗力免責

 不可抗力免責とは、不可抗力の場合の免責規定です。「不可抗力によって義務履行
ができない場合の責任は免除されるのか？」を規定として定めます。

> **第○条（不可抗力免責）**
> 　天変地変、戦争・暴動・内乱、法令の制定・改廃、公権力による命令・処分、ストライキ等の争議行為、輸送機関の事故、その他不可抗力による本契約に基づく債務の履行遅滞又は履行不能が生じた場合は、いずれの当事者もその責任を負わない。ただし、金銭債務は除く。

　当事者の責任とはいえない不可抗力によって債務の履行が遅滞した場合や不能になった場合も想定されますので、あらかじめ、上記の条項例のように、例示のうえ不可抗力の内容を一定程度明確にしたうえで、債務不履行の責任に問われないようにすることがあります。

　上記の条項例のただし書で、金銭債務は除く旨を定めていますが、これは民法のルールと同様です（民法419条3項）。

●残存条項

　残存条項とは、契約終了後の効力存続規定です。「契約が終了した後も効力が存続する規定はどれか？」を規定として定めます。

> **第○条（残存条項）**
> 　本契約が終了した場合でも、第○条、第○条、第○条、本条及び第○条の規定は、引き続きその効力を有する。

　契約が解除や期間満了等により終了した場合、契約で定められた条項は効力を持たないのが原則となりますが、終了後においても引き続き効力を維持させることが望ましい条項があります。例えば、秘密保持に関する条項であったり、後述する専属的合意管轄に関する条項です。このような場合に備えて、上記の例のようにあらかじめ契約が終了した場合であっても、効力が維持される旨を定めておく場合があります。

●協議解決

　協議解決とは、問題が生じた場合の協議解決規定です。「契約書に定めのない事項や契約の内容の解釈に疑義が生じた場合に、どのように解決するのか？」を規定として定めます。

> **第○条（協議解決）**
> 　本契約に定めのない事項及び本契約の内容の解釈に疑義が生じた事項については、両当事者間で誠実に協議の上、これを解決するものとする。

誠実協議条項とも呼ばれますが、上記のような条項を設けられることは多いです。ただし、この条項を設けたからといって、特別な意味が生じるとはいえません。紛争が生じた場合には、最終的に裁判等の手続によって解決を求めることになります。

● 専属的合意管轄

専属的合意管轄とは、紛争が生じた場合の合意管轄の規定です。「紛争が生じた場合、どの裁判所を使うのか？」を規定として定めます。

第○条（専属的合意管轄）
　本契約に関する一切の紛争については、○○地方裁判所を第一審の専属的合意管轄裁判所とする。

一般的には、被告とする相手方の所在地や民事訴訟法所定の地を管轄する裁判所に訴訟を提起することになるのですが（民事訴訟法4条以下）、当事者は、第一審に限り、合意によって、管轄裁判所を定めることができます（民事訴訟法11条）。

法定の管轄裁判所に付加的に管轄裁判所を合意したものではなく、ここの裁判所のみ、という趣旨で合意したことを示すために「専属的合意」という表現を用いることになります。

 頻出条項の工夫（ひな形の修正）

● 有効期間―自動更新条項

一定の期間、契約が継続する継続的契約の場合において、順調にビジネスが進んでいるときは契約を継続させ、逐一再契約することなく、自動で更新されるようなことを互いに望むことがあります。その場合に備えて、下記のただし書のような自動更新条項を設けることがあります。このような条項を設けたときは、所定の期間内に、何もしない限り、契約は満了することなく契約が自動更新されていくので注意が必要です。

> **第○条（有効期間）**
> 　本契約の有効期間は、令和○年○月○日から○年間とする。

▼

第○条（有効期間）
　本契約の有効期間は、令和○年○月○日から１年間とする。ただし、期間満了日の○か月前までにいずれの当事者からも更新拒絶する旨の意思表示なき場合、同一条件で更に１年間更新されるものとし、その後も同様とする。

●中途解約―違約金条項

1

　中途解約条項は、契約からの解放を認めることになるため、契約の拘束力を弱めることになります。場合によっては、安易に、このような拘束力を弱めることを認めたくない場合があります。例えば、契約が期間満了まで継続することを前提に設備投資や人的投資を行っており、途中で解約された場合に損失を被ることが想定される場合などです。このようなことを想定して、中途解約を禁止してしまうことも考えられますが、下記のように違約金の支払義務を課すことにより事実上中途解約を制限することも考えられます。なお、違約金の金額は定額（例えば、○万円等）とすることも可能です。

【ひな形－中途解約の修正例】

> **第○条（中途解約）**
> 　甲及び乙は、本契約の有効期間中であっても、相手方に対して○か月前までに書面をもって通知することにより、本契約を解約することができる。

▼

第○条（中途解約）
　甲及び乙は、本契約の有効期間中であっても、相手方に対して○か月前までに書面をもって通知することにより、本契約を解約することができる。ただし、解約する場合は、解約日以降の本契約の残存期間の○○料相当額を違約金として相手方に支払わなければならない。

●損害賠償

・軽過失の免責

　たとえ軽度の注意義務違反（軽過失）であっても、それにより契約上の義務に違反

し、相手方に損害を与えた場合には、その損害を賠償するのが原則ですが、このような軽過失の場合には損害賠償義務を負わず、故意又は重過失の場合に限定して義務を負う旨を定めておくこともあります。

【ひな形－損害賠償の修正例】

> 第○条（損害賠償）
> 甲及び乙は、本契約に違反して相手方に損害を与えたときは、相手方に対し、その損害につき賠償する責任を負う。

> 第○条（損害賠償）
> 甲及び乙は、本契約に違反して相手方に損害を与えたときは、故意又は重過失のある場合に限り、相手方に対し、その損害につき賠償する責任を負う。

・賠償範囲の限定

　民法では、損害賠償の範囲について、通常損害のみならず、予見可能性のある特別損害のすべてとされていますが（民法416条）、これを修正して、通常損害に限るという条項を設ける場合もあります。

> 第○条（損害賠償）
> 甲及び乙は、本契約に違反して相手方に損害を与えたときは、相手方に対し、直接かつ現実に生じた通常の損害に限り、賠償する責任を負う。

・賠償範囲の拡大

　契約上の義務違反による損害については、不法行為の場合と異なり、弁護士費用までの賠償までは認められないと考えられているため、契約上に弁護士費用を含むことを盛り込むことによって賠償範囲を拡大する場合もあります。

> 第○条（損害賠償）
> 甲及び乙は、本契約に違反して相手方に損害を与えたときは、相手方に対し、その損害（合理的な弁護士費用を含む。）につき賠償する責任を負う。

・賠償額の上限

賠償すべき損害額が、無限定に多くなることを避けるために、上限額を定める場合もあります。下記の例は、金額を明示する場合ですが、これ以外にも、例えば代金額や委託料額を上限とする旨の定め方をする場合もあります。

> **第〇条（損害賠償）**
> 　甲及び乙は、本契約に違反して相手方に損害を与えたときは、相手方に対し、その損害につき賠償する責任を負う。ただし、その賠償額については〇円を上限とする。

●専属的合意管轄

裁判所をどこにするかについては、互いに、自社に近い場所の裁判所を希望するのが通常です。互いに東京に本社がある場合には、東京地方裁判所ということで合意に至ると思いますが、例えば、本社が互いに東京と大阪といったようにバラバラの場合には、どちらかに決められないケースもありますので、その場合には、中間の名古屋とすることも考えられなくはありませんが、下記のように、訴えを提起する側の当事者の本店所在地を基準に裁判所を決めるとしておくことも考えられるところです。

【ひな形－専属的合意管轄の修正例】

> **第〇条（専属的合意管轄）**
> 　本契約に関する一切の紛争については、〇〇地方裁判所を第一審の専属的合意管轄裁判所とする。

> **第〇条（専属的合意管轄）**
> 　本契約に関する一切の紛争については、訴えを提起する当事者の本店所在地を管轄する地方裁判所を第一審の専属的合意管轄裁判所とする。

また、訴えを提起する場合の請求金額（訴額といい、計算方法はルール化されています。）如何にかかわらず地方裁判所のみとする場合もありますが、訴額が140万円以下の場合には簡易裁判所を利用できるため、訴額に応じて簡易裁判所を合意管轄裁判所としておくこともあります。

> **第〇条（専属的合意管轄）**
> 　本契約に関する一切の紛争については、訴額に応じ、〇〇簡易裁判所又は〇〇地方裁判所を第一審の専属的合意管轄裁判所とする。

民法137条 （期限の利益の喪失）
次に掲げる場合には、債務者は、期限の利益を主張することができない。
① 債務者が破産手続開始の決定を受けたとき。
② 債務者が担保を滅失させ、損傷させ、又は減少させたとき。
③ 債務者が担保を供する義務を負う場合において、これを供しないとき。

民法416条 （損害賠償の範囲）
1 債務の不履行に対する損害賠償の請求は、これによって通常生ずべき損害の賠償をさせることをその目的とする。
2 特別の事情によって生じた損害であっても、当事者がその事情を予見すべきであったときは、債権者は、その賠償を請求することができる。

民法419条 （金銭債務の特則）
1 金銭の給付を目的とする債務の不履行については、その損害賠償の額は、債務者が遅滞の責任を負った最初の時点における法定利率によって定める。
ただし、約定利率が法定利率を超えるときは、約定利率による。
2 前項の損害賠償については、債権者は、損害の証明をすることを要しない。
3 第1項の損害賠償については、債務者は、不可抗力をもって抗弁とすることができない。

民法466条 （債権の譲渡性）
1 債権は、譲り渡すことができる。
ただし、その性質がこれを許さないときは、この限りでない。
2 当事者が債権の譲渡を禁止し、又は制限する旨の意思表示（以下「譲渡制限の意思表示」という。）をしたときであっても、債権の譲渡は、その効力を妨げられない。
3 前項に規定する場合には、譲渡制限の意思表示がされたことを知り、又は重大な過失によって知らなかった譲受人その他の第三者に対しては、債務者は、その債務の履行を拒むことができ、かつ、譲渡人に対する弁済その他の債務を消滅させる事由をもってその第三者に対抗することができる。
4 前項の規定は、債務者が債務を履行しない場合において、同項に規定する第三者が相当の期間を定めて譲渡人への履行の催告をし、その期間内に履行がないときは、その債務者については、適用しない。

民法541条 （催告による解除）
当事者の一方がその債務を履行しない場合において、相手方が相当の期間を定めてその履行の催告をし、その期間内に履行がないときは、相手方は、契約の解除をすることができる。
ただし、その期間を経過した時における債務の不履行がその契約及び取引上の社会通念に照らして軽微であるときは、この限りでない。

民法542条 （催告によらない解除）
1 次に掲げる場合には、債権者は、前条の催告をすることなく、直ちに契約の解除をすることができる。
① 債務の全部の履行が不能であるとき。
② 債務者がその債務の全部の履行を拒絶する意思を明確に表示したとき。
③ 債務の一部の履行が不能である場合又は債務者がその債務の一部の履行を拒絶する意思を明確に表示した場合において、残存する部分のみでは契約をした目的を達することができないとき。
④ 契約の性質又は当事者の意思表示により、特定の日時又は一定の期間内に履行をしなければ契約をした目的を達することができない場合において、債務者が履行をしないでその時期を経過したとき。
⑤ 前各号に掲げる場合のほか、債務者がその債務の履行をせず、債権者が前条の催告をしても契約をした目的を達するのに足りる履行がされる見込みがないことが明らかであるとき。
2 次に掲げる場合には、債権者は、前条の催告をすることなく、直ちに契約の一部の解除をすることができる。
① 債務の一部の履行が不能であるとき。
② 債務者がその債務の一部の履行を拒絶する意思を明確に表示したとき。

民事訴訟法4条 （普通裁判籍による管轄）

1 訴えは、被告の普通裁判籍の所在地を管轄する裁判所の管轄に属する。

2 人の普通裁判籍は、住所により、日本国内に住所がないとき又は住所が知れないときは居所により、日本国内に居所がないとき又は居所が知れないときは最後の住所により定まる。

3 大使、公使その他外国に在ってその国の裁判権からの免除を享有する日本人が前項の規定により普通裁判籍を有しないときは、その者の普通裁判籍は、最高裁判所規則で定める地にあるものとする。

4 法人その他の社団又は財団の普通裁判籍は、その主たる事務所又は営業所により、事務所又は営業所がないときは代表者その他の主たる業務担当者の住所により定まる。

5 外国の社団又は財団の普通裁判籍は、前項の規定にかかわらず、日本における主たる事務所又は営業所により、日本国内に事務所又は営業所がないときは日本における代表者その他の主たる業務担当者の住所により定まる。

6 国の普通裁判籍は、訴訟について国を代表する官庁の所在地により定まる。

民事訴訟法5条 （財産権上の訴え等についての管轄）

次の各号に掲げる訴えは、それぞれ当該各号に定める地を管轄する裁判所に提起することができる。

① 財産権上の訴え　義務履行地

② 手形又は小切手による金銭の支払の請求を目的とする訴え　手形又は小切手の支払地

③ 船員に対する財産権上の訴え　船舶の船籍の所在地

④ 日本国内に住所（法人にあっては、事務所又は営業所。以下この号において同じ。）がない者又は住所が知れない者に対する財産権上の訴え　請求若しくはその担保の目的又は差し押さえることができる被告の財産の所在地

⑤ 事務所又は営業所を有する者に対する訴えでその事務所又は営業所における業務に関するもの　当該事務所又は営業所の所在地

⑥ 船舶所有者その他船舶を利用する者に対する船舶又は航海に関する訴え　船舶の船籍の所在地

⑦ 船舶債権その他船舶を担保とする債権に基づく訴え　船舶の所在地

⑧ 会社その他の社団又は財団に関する訴えで次に掲げるもの　社団又は財団の普通裁判籍の所在地

　　イ　会社その他の社団からの社員若しくは社員であった者に対する訴え、社員からの社員若しくは社員であった者に対する訴え又は社員であった者からの社員に対する訴えで、社員としての資格に基づくもの

　　ロ　社団又は財団からの役員又は役員であった者に対する訴えで役員としての資格に基づくもの

　　ハ　会社からの発起人若しくは発起人であった者又は検査役若しくは検査役であった者に対する訴えで発起人又は検査役としての資格に基づくもの

　　ニ　会社その他の社団の債権者からの社員又は社員であった者に対する訴えで社員としての資格に基づくもの

⑨ 不法行為に関する訴え　不法行為があった地

⑩ 船舶の衝突その他海上の事故に基づく損害賠償の訴え　損害を受けた船舶が最初に到達した地

⑪ 海難救助に関する訴え　海難救助があった地又は救助された船舶が最初に到達した地

⑫ 不動産に関する訴え　不動産の所在地

⑬ 登記又は登録に関する訴え　登記又は登録をすべき地

⑭ 相続権若しくは遺留分に関する訴え又は遺贈その他死亡によって効力を生ずべき行為に関する訴え　相続開始の時における被相続人の普通裁判籍の所在地

⑮ 相続債権その他相続財産の負担に関する訴えで前号に掲げる訴えに該当しないもの　同号に定める地

民事訴訟法11条 （管轄の合意）

1 当事者は、第1審に限り、合意により管轄裁判所を定めることができる。

2 前項の合意は、一定の法律関係に基づく訴えに関し、かつ、書面でしなければ、その効力を生じない。

3 第1項の合意がその内容を記録した電磁的記録によってされたときは、その合意は、書面によってされたものとみなして、前項の規定を適用する。

4 契約書はどうやって作るの？

ようやく、売買契約書の内容が確定しましたね。あとは、締結作業。よろしく頼む！

承知しました！（でも、どうやって締結作業をすればいいのだろう、、、。プリントアウトをしてどうやって綴じるのかな。そこから調べてみよう）

 どのようなことに気をつければいいのか

契約書の内容が定まった後は、いよいよ締結となります。

紙で調印する場合の流れとしては、契約当事者のどちらかが2部印刷し、それぞれ製本のうえで押印します。2部ともに契約の相手方へ交付し、相手方において押印がなされ、1部のみ返送してもらいます。そして、それを自社において保管しておくことになります。

気を付けることとしては、後から振り返った際に契約の効力が否定されないように、ミスなく手続きを完了することにあります。"お作法" のようなものですので、習得してしまえば難しいものではありません。

電子契約が普及するとともに、このような流れを踏む契約締結手続は減ってくるとは思われますが、まだまだ多いのも現実ですので、ここでマスターしていただきたいと思います。

 書面（紙）で調印する場合

それでは、各ステップにおけるポイントを説明していきたいと思います。

●印刷（プリントアウト）

まずは、印刷です。契約書の内容が最終版になるまでに、相手方と何度もメールやチャットで往復してファイルがやりとりされている場合、作成過程でいくつものファ

イルが作成されている場合も珍しくありません。

　例えば、以下のように同じ契約書について、様々なファイル名が存在するケースがあります。

　　取引基本契約書_250510.docx　（※2025年5月10日作成した）

　　取引基本契約書_250510+250515.docx　（※上記のファイルを5月15日に修正した）

　　取引基本契約書_250521.docx

　　取引基本契約書_250521_2.docx

　　取引基本契約書_250527.docx

　　取引基本契約書_250530.docx

　仮に2025年5月30日に相手方との交渉を終了し、話がまとまって、その内容を反映したものが「取引基本契約書_250530」としますと、このファイルを印刷しなければなりません。

　用紙については、ご存知のとおり、多くの会社がA4の用紙を利用していますので、A4を利用することが望ましいでしょう。また、片面印刷か両面印刷かについてですが、実務感覚としては、片面印刷が通常です。

　契約書末尾において、原本を2部作成して互いに持ち合うとしている場合には、2部印刷します。

　その際、Wordではコメントや変更履歴が残っている可能性がありますので、これらの履歴を反映させたもの・あるいは非表示にしたクリーンなバージョンのファイルを印刷する必要があります。

　なお、ファイル名だけで、どれが最終版なのかがわかるよう、例えば、

　　取引基本契約書_250530_final.docx

というように会社でのルールを決めた表記を適用することもおすすめです。また、このようなファイル名のルールは、各個人に委ねるのではなく、会社で統一したルールを用いる方が、データ管理がとてもしやすくなります。

●製本（綴る）

　印刷した契約書が1枚でおさまるものであれば製本は不要です。それ以外の場合には、製本作業が必要となります。

　ここでのポイントは、“一体性”です。契約した内容のみが記載されたページがしっ

かりと一体となって綴じられていて、改ざん等ができないように（したとしても一目でわかるように）することになります。

　綴じる方法は、片側をホチキスでとめることが多いです。そのうえで、さらに製本テープを使うことも多いです。

　①ホチキスのみの場合には、次の図のように、2頁目以降の各ページに「契印」（けいいん）を押して、"一体性" を確保します。

　②製本テープを利用する場合には、裏表紙と製本テープにまたがるように「契印」（けいいん）を押します（上記の各ページの契印は不要です）。

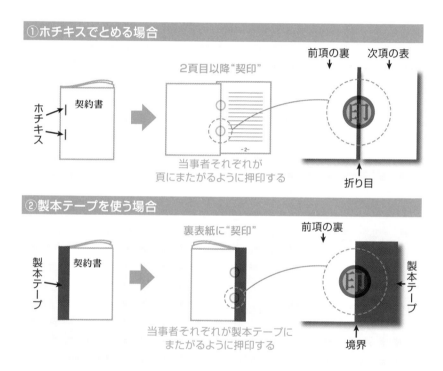

①ホチキスでとめる場合

2頁目以降"契印"

前項の裏　次項の表

契約書

ホチキス

-2-

当事者それぞれが
頁にまたがるように押印する

折り目

②製本テープを使う場合

裏表紙に"契印"

前項の裏

製本テープ

契約書

製本テープ

当事者それぞれが製本テープに
またがるように押印する

境界

　なお、「契印」と似て非なるものとして「割印」（わりいん）もあります。次の図のように、合意書等の書面を複数通作成した場合に割印を押します。もっとも、割印が押されないことも少なくないというのが実務上の感覚です。

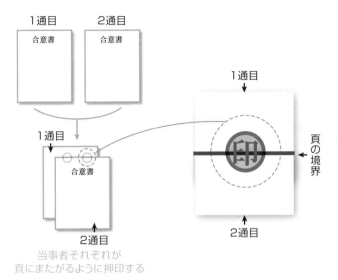

当事者それぞれが
頁にまたがるように押印する

●押印

　契印のほかに、(というよりももっとも大事な)契約書末尾の当事者名の欄に押印をします。

　記名・押印とされていて、あらかじめ当事者の住所、会社名、代表者(契約締結権限がある者)の名前が印刷されている場合にはその名前の隣に押印します。印刷されていない場合には会社のスタンプ(はんこ)を押した上で同様に押印します。

　　　　貸　　　主　　　東京都○○区…
　　　　　　　　　　　　秀和　太郎　　㊞

　署名・押印という場合には、代表者又は契約締結がある者により、個人の名前をサインしたうえで、そのサインのとなりに押印することになります。

　　　　貸　　　主　　　東京都○○区・・・
　　　　　　　　　　　　秀和　太郎　　㊞

　契約締結に使用する印鑑ですが、その者の印鑑であれば実印でなくても、原則として契約書の効力に影響を及ぼすものでありません。

　実印というのは、個人の場合には役所で印鑑登録をしている印鑑、法人の場合には法務局で印鑑登録をしている印鑑のことを指します。

実印ではない印鑑を認印といいますが、認印であってもよいということになります。

しかしながら、皆様も、実印での押印を求められる場面に遭遇したことがあると思いますが、重要な契約の場合には、その者が押印したことが公的機関の証明により確認できる実印での押印を求め、さらに印鑑証明書の提出を求める場合もあります。

なお、ここまで述べた箇所以外に、もう一点押印することが必要な場合があります。それが印紙税の課税がなされるため収入印紙を貼っている場合です。この場合には、次のように、印紙にまたがるように当事者が押印することになります（いわゆる消印）。

収入印紙

契約書

当事者それぞれが
印紙にまたがるように押印する

●交付

製本・押印された契約書については、相手方の押印も必要であるため、交付する必要があります。

直接手渡すか、あるいは郵便によることになりますが、郵便の場合には追跡可能な方法で送付するのが望ましいです（例えば、特定記録郵便、レターパックなど）。

●返送（一部）

相手方においても押印がなされたうえで、一部返送されてきます。返送されてきたものについて、押印がしっかりなされているかをチェックしましょう。

●保管

　そして最後に、保管です。原本を物理的に保管する前に、スキャンして押印版の電子ファイルで保管しておくと、締結された契約書を確認する際に、いちいち紙の原本をひっぱりだしてこなくてよいのでおすすめです（原本は、裁判のときなどに提出が必要となります）。

 電子契約の場合

　印刷、製本、押印、交付、返送、保管、どのステップをとっても、事務コストがかかります。

　これらのコストを抑えるためにも、電子契約が徐々に普及してきています。

　また、前述したとおり、電子契約の場合には印紙税は課税されないと解されていますので、印紙税の節約にもなります。

　電子契約については、公益社団法人日本文書情報マネジメント協会が公表している「電子契約活用ガイドライン」が、技術的な点を含めてよくまとまっています。

公益社団法人日本文書情報マネジメント協会の政策提言・ガイドラインのページ
https://www.jiima.or.jp/activity/policy/

　現時点でも、電子契約に関するサービスが多く提供されています。例えば、検索エンジンで"電子契約"と検索していただくと検索結果の上位や広告欄に様々なサービスのページが出てきます。

　いずれも、契約書の作成から締結までWEB上で完結できるものとなっており、それに加えて、契約締結実務に関連する便利機能が付されているものも多いです。

　ここで具体的な特定のサービスの名前を上げるのは控えますが、前述したガイドラインでは、次の4つのポイントを考えたうえで、サービスを選定すると良いとされています。

①法的証拠力について
②データ保存の有無
③導入実績
④BtoB電子契約かBtoC電子契約か

　比較サイトもありますので、早々に検討することをおすすめいたします。

第2章

物の売り買いの場合の契約

〜売買契約〜

売買契約のキホンは？

○○を買うことにしたんだ。売買契約がどうのこうの…と言われたんだけど…

相手を信用して買うんだろうけど、売買契約書を交わした方がいいね

疑問 売買契約ってそもそも何？

物の売り買いは、日常的に行われています。そのため、みなさんにとって一番馴染みのある契約が、売買契約でしょう。これをいくらで売りましょう、買いましょうという意思が合致することによって成立する契約が売買契約です。

物の売り買いと言いましたが、売買契約の対象は非常に幅広いです。"物"というイメージにはおさまりきりません。例えば、土地や建物の不動産（の所有権）、什器、機械や製品等の動産（の所有権）、金銭債権や知的財産権等の権利も、売買契約の対象となります。

基本 民法の基本ルールをおさえる

まずは、民法の基本ルールからおさえていきましょう。

民法は、「売買は、当事者の一方がある財産権を相手方に移転することを約し、相手方がこれに対してその代金を支払うことを約することによって、その効力を生ずる。」と規定しています（民法555条）。売買の対象は「ある財産権」ですので、先ほど述べたとおり、非常に幅広いものとなります。財産権を移転する約束と、これに対して代金を支払う約束によって成立するのが売買契約ということになります。

財産権を売る側の当事者を「**売主**」と呼び、買う側の当事者を「**買主**」と呼びます。

売買契約の成立によって、売主は、買主に対して財産権を移転する義務を負い、買主は、売主に対して代金を支払う義務を負うことになります。この義務は同時に履行することが予定されています（民法533条）。目的物の引渡しについて期限を定めた

場合には、代金の支払についても同一の期限を付したものと推定されます（民法573条）。また、目的物の引渡しと代金の支払を同時に行うこととされている場合には、引渡し場所が代金の支払場所となります（民法574条）。

売主の目的物の引渡し義務には、①契約の内容に適合した形で権利を移転すること、及び②種類・品質・数量に関して契約の内容に適合した目的物を引き渡すことも含まれます。また、売主は、買主に対し、登記・登録等（第三者対抗要件）を備えさせる義務も負います（民法560条）。

仮に、引き渡された目的物の種類・品質・数量が契約の内容に適合しないものである場合には契約上の義務違反となり、その救済として、追完請求、損害賠償請求、解除のほか代金減額請求が認められうることになります（民法562条から564条まで）。また、権利が契約の内容に適合しない場合においても同様です（民法565条）。この点の詳細は、紙幅の都合により割愛します。

 売買契約における留意点

前述したとおり、売買契約に関する民法の規定は数多く存在します。これに加えて、商法の規定もあります。

売買契約を締結する際には、これらの規定を念頭にすることは重要です。ただし、これらの規定は変更不可能なルール（このようなルールを「**強行規定**」と呼びます）ではありません。当事者間で定めた合意が優先する、変更可能なルール（このようなルールを「**任意規定**」と呼びます）となります。

そのため、取引をどのような条件で行うことにするのか、相手方と交渉したうえで、合意することが大切です。たとえ、それが民法の規定どおりであったとしても、当事者の認識をずれなく確認して合意することが、紛争を予防する観点からは重要となります。

> **条文**
>
> **民法533条**　（同時履行の抗弁）
> 双務契約の当事者の一方は、相手方がその債務の履行（債務の履行に代わる損害賠償の債務の履行を含む。）を提供するまでは、自己の債務の履行を拒むことができる。ただし、相手方の債務が弁済期にないときは、この限りでない。
>
> **民法555条**　（売買）
> 売買は、当事者の一方がある財産権を相手方に移転することを約し、相手方がこれに対してその代金を支払うことを約することによって、その効力を生ずる。

2

民法560条 （権利移転の対抗要件に係る売主の義務）
　売主は、買主に対し、登記、登録その他の売買の目的である権利の移転についての対抗要件を備えさせる義務を負う。

民法562条 （買主の追完請求権）
1　引き渡された目的物が種類、品質又は数量に関して契約の内容に適合しないものであるときは、買主は、売主に対し、目的物の修補、代替物の引渡し又は不足分の引渡しによる履行の追完を請求することができる。
　ただし、売主は、買主に不相当な負担を課すものでないときは、買主が請求した方法と異なる方法による履行の追完をすることができる。
2　前項の不適合が買主の責めに帰すべき事由によるものであるときは、買主は、同項の規定による履行の追完の請求をすることができない。

民法563条 （買主の代金減額請求権）
1　前条第1項本文に規定する場合において、買主が相当の期間を定めて履行の追完の催告をし、その期間内に履行の追完がないときは、買主は、その不適合の程度に応じて代金の減額を請求することができる。
2　前項の規定にかかわらず、次に掲げる場合には、買主は、同項の催告をすることなく、直ちに代金の減額を請求することができる。
　① 履行の追完が不能であるとき。
　② 売主が履行の追完を拒絶する意思を明確に表示したとき。
　③ 契約の性質又は当事者の意思表示により、特定の日時又は一定の期間内に履行をしなければ契約をした目的を達することができない場合において、売主が履行の追完をしないでその時期を経過したとき。
　④ 前3号に掲げる場合のほか、買主が前項の催告をしても履行の追完を受ける見込みがないことが明らかであるとき。
3　第1項の不適合が買主の責めに帰すべき事由によるものであるときは、買主は、前2項の規定による代金の減額の請求をすることができない。

民法564条 （買主の損害賠償請求及び解除権の行使）
　前2条の規定は、第415条の規定による損害賠償の請求並びに第541条及び第542条の規定による解除権の行使を妨げない。

民法565条 （移転した権利が契約の内容に適合しない場合における売主の担保責任）
　前3条の規定は、売主が買主に移転した権利が契約の内容に適合しないものである場合（権利の一部が他人に属する場合においてその権利の一部を移転しないときを含む。）について準用する。

民法573条 （代金の支払期限）
　売買の目的物の引渡しについて期限があるときは、代金の支払についても同一の期限を付したものと推定する。

民法574条 （代金の支払場所）
　売買の目的物の引渡しと同時に代金を支払うべきときは、その引渡しの場所において支払わなければならない。

2 土地・建物の売買で必要 不動産売買契約書って？

今度、自社保有の土地と建物を売却することになったそうですね

仲介業者から売買契約書の案が提出されてきたら、まずは、君の方で検討してほしい

疑問 不動産売買契約における注意点は？

　土地や建物の不動産売買契約は、交渉、契約の締結、代金支払と引渡しを行う決済という流れで進んでいくのが通常です。その中で、契約書にはどのようなことを取り決めておけばよいのでしょうか。

　目的物の特定の観点からは、登記簿謄本の情報をもとにするとしても実際の面積が違う場合がありますので、何を基準にするのかが問題になります。

　今、登記の話をしましたが、不動産は、登記を移転させるということも大切です。登記を移転させないと、買主は、第三者に自己が所有者であることを主張できません。

　手付金を交付するのも特徴ですので、この扱いについても理解したうえで契約書に定めておく必要がありますね。

　最後の決済日までに、建物がアクシデントでなくなってしまった場合にはどうするのか、ということも想定しておく必要があります。

　決済が終われば一安心ではありますが、その後に土地や建物に契約不適合が見つかる場合も想定されますよね、そのような場合にどうするのか、という点もあらかじめ定めておくことが大切です。

基本 不動産売買契約書の「ひな形」

　それでは、不動産売買契約書の「ひな形」を見てみましょう。

土地建物売買契約書 (P59参照)

収入印紙 (P59参照)

　［売主］〇〇〇〇（以下「売主」という。）と［買主］□□□□（以下「買主」という。）は、次のとおり土地及び建物売買契約（以下「本契約」という。）を締結する。

第1条（売買物件）　重要度 B (P60参照)

　売主は、買主に対し、売主が所有する後記表示の土地（以下「本件土地」という。）及び建物（以下「本件建物」といい、本件土地と本件建物を併せて「本件物件」という。）を売り渡すことを約し、買主は●●の目的でこれを買い受ける。

第2条（土地の実測売買及び建物の公簿売買）　重要度 A (P61参照)

1.　売主及び買主は、本件土地を実測面積により売買する。

2.　売主は、令和〇年〇月〇日までに、売主及び本件土地の隣地所有者の立会いの下に、本件土地と隣地との境界及びその標識を確認したうえ、買主が承認した土地家屋調査士にその境界に基づいて本件土地の実測図面を作成させて、この図面を買主に交付し、買主とともに本件土地の実測面積を確認するとともに、買主に対し、隣地所有者の境界確認書（境界が実測図面どおりである旨確認し、署名捺印されているもの）を交付しなければならない。

3.　前項の規定による本件土地の実測の結果、本件土地の登記簿上の面積と実測面積が異なる場合には、売主は、買主の請求に従い、直ちに本件土地の地積更正登記手続をするか、又は買主が登記手続を行うために必要な書類を買主に対して交付しなければならない。

4.　前2項に基づく本件土地と隣地との境界確認、本件土地の実測図面の作成費用及び地積更正登記手続費用等は、全て売主の負担とする。

5.　本件建物は、後記登記簿上の表示面積により売買するものとし、本件建物の登記簿上の表示面積と実測面積とが相違した場合であっても、売主及び買主は、相手方に対し、売買代金の増減等について一切異議を申し立てない。

第3条（代金支払）　重要度 A (P61参照)

　買主は、売主に対し、本件物件の売買代金として、本件土地の代金〇円、本件建物の代金〇円（消費税込）の合計〇円を、次の各号のとおり、売主が指定する下記金融機関口座に振り込む方法により支払う。振込手数料は買主の負担とする。

　（1）　本契約締結と同時に、手付金として〇円を支払う。なお、手付金は、次号の残代金支払いのときに売買代金の一部に充当されるものとし、利息は付けない。

(2)　令和○年○月○日（以下「決済日」という。）限り、残金○円を本件物件の所有権移転登記申請及び引渡しを受けるのと引き換えに支払う。

記

金融機関：
支　　店：
種　　別：
口座番号：
口座名義：
カ　　ナ：

第4条（引渡し及び所有権移転登記）（P62参照）

1.　売主は、買主に対し、第3条に定める売買代金全額の受領と引き換えに本件物件を引き渡す。
2.　売主は、前項の引渡しに至るまで、本件物件を善良な管理者の注意をもって管理しなければならない。
3.　売主は、買主に対し、第3条に定める売買代金全額の受領と引き換えに本件物件について買主が所有権移転登記手続を行うのに必要となる一切の書類を提供する。
4.　買主は、前項に書類を受領後、本件物件についての所有権移転登記手続を行う。

第5条（所有権の移転時期）（P62参照）

　本件物件の所有権は、売主が買主から第3条に定める売買代金全額の支払いを受けたときに、売主から買主に移転する。

第6条（完全な所有権移転の保証）（P63参照）

　売主は、前条に規定する所有権移転の時期までに、売主の責任と負担において、本件物件につき、第三者の所有権、抵当権、質権、地上権、地役権、賃借権、使用貸借権、入会権その他所有権の完全な享有行使を妨げる一切の権利の設定又は付着を除去抹消し、買主に対し、完全な所有権を移転しなければならない。

第7条（危険負担）（P63参照）

1.　第4条第1項の引渡し前に、天災地変等の不可抗力その他売主及び買主のいずれの責めにも帰すことのできない事由により、本件物件が滅失又は損傷した場合は、その滅失又は損傷は売主の負担とし、次の各号による。
(1)　本件物件が滅失した場合は、買主は、本契約を解除できるものとし、本契約が解除された場合、売主は、買主に対し、受領済みの金員を無利息にて遅滞なく返還する。
(2)　本件物件が損傷した場合は、売主は、自己の責任と負担において、本件物件を修復して買主に引き渡す。この場合、当該修復に要する時間を限度として引渡し期限が延期されることについて、買主は異議を述べることができない。

(3)　　前号にかかわらず、本件物件の損傷の程度が甚大で修復に多額の費用を要する場合には、売主は、本契約を解除できるものとし、本契約が解除された場合、売主は、買主に対し、受領済みの金員を無利息にて遅滞なく返還する。

2.　　第4条第1項の引渡し後に、天災地変等の不可抗力その他売主及び買主のいずれの責めにも帰すことのできない事由により、本件物件が滅失又は損傷した場合、その滅失又は損傷は買主が負担する。

第8条（契約不適合責任）
重要度 A
(P64参照)

1.　　買主は、売主に対し、第4条第1項に基づき引き渡された本件物件がその種類、品質又は数量に関して契約の内容に適合しないものである場合（地中障害物、地中埋設物、埋蔵文化物等を含むがこれに限られない。以下「契約不適合」という。）、相当の期間を定めて履行の追完を請求することができる。ただし、契約不適合が買主の責めに帰すべき事由によるものであるときはこの限りでない。

2.　　買主が前項の請求をしたにもかかわらず売主が相当の期間内に履行の追完をしないとき、又は次の各号のいずれかに該当するときは、買主は、売主に対し、契約不適合の程度に応じて売買代金の減額を請求できる。ただし、契約不適合が買主の責めに帰すべき事由によるものであるときはこの限りでない。

(1)　　履行の追完が不能であるとき。

(2)　　売主が履行の追完を拒絶する意思を明確に表示したとき。

(3)　　前二号に掲げる場合のほか、買主が前項の請求をしても履行の追完を受ける見込みがないことが明らかであるとき。

3.　　前二項の規定は、第13条に定める解除及び損害賠償の請求を妨げない。

4.　　前各項の請求のうち種類及び品質に関する契約不適合についての請求は、買主がその契約不適合を知った時から1年以内にその旨を売主に通知しない場合にはできない。ただし、売主が引渡しの時に、その契約不適合につき故意又は重過失であった場合にはこの限りでない。

5.　　商法526条は本契約に適用しない。

第9条（公租公課等の分担）
重要度 B
(P65参照)

本件物件から生ずる収益又は本件物件に対して賦課される公租公課並びに電気、ガス、水道料金及び各種負担金等は、納税通知書又は請求書等の宛名名義の如何にかかわらず、第4条第1項の引渡しの日をもって区分し、引渡し日の前日までの分を売主の収益又は負担とし、引渡し日以降の分を買主の収益又は負担とし、引渡し日において精算する。なお、公租公課の納付分担の起算日は1月1日とする。

第10条（費用負担）
重要度 B
(P65参照)

1.　　本件物件の所有権移転登記に必要な登録免許税、登記申請に要する諸費用は買主の負担とし、同所有権移転登記までにその前提として必要な登記申請費用等は売主の負担とする。

2. 本契約書作成に要する印紙代は、折半して、売主及び買主がそれぞれ負担する。

第11条（権利の譲渡等の禁止） （P66参照）

　売主及び買主は、あらかじめ相手方の事前の書面による承諾がない限り、本契約上の地位を第三者に移転し、本契約に基づく権利の全部若しくは一部を第三者に譲渡し、若しくは第三者の担保に供し、又は、本契約に基づく義務の全部若しくは一部を第三者に引き受けさせてはならない。

第12条（手付解除） （P66参照）

1. 売主又は買主は、相手方が本契約の履行に着手するまでは、売主は買主に対し手付金の倍額を現実に提供し、買主は売主に対し手付金を放棄して、それぞれ本契約を解除することができる。
2. 売主及び買主は、前項の場合、互いに損害賠償の請求をすることはできない。

第13条（解除） （P66参照）

1. 売主又は買主は、相手方が本契約の条項に違反した場合には、自己の債務の履行を提供し、かつ、相当の期間を定めて催告した上、本契約を解除することができる。
2. 前項の場合、本契約を解除した者は、相手方に対し、手付金と同額の違約金の支払いを求めることができる。この場合には、次の各号による。
   (1) 買主が前項に基づき解除した場合には、売主は、買主に対し、受領済みの金員全額を返還し、かつ、違約金を支払う。
   (2) 売主が前項に基づき解除した場合には、売主は、買主に対し、受領済みの金員から違約金を控除した残金を無利息にて返還する。ただし、違約金の額が受領済みの金員の額を上回る場合には、買主は、売主に対し、その差額を支払う。
3. 前項にかかわらず、本契約を解除した者に手付金相当額以上の損害が発生した場合は、本契約を解除した者は、相手方に対し、その損害の賠償を求めることができる。

第14条（反社会的勢力の排除） （P67参照）

1. 売主及び買主は、それぞれ相手方に対し、次の各号に掲げる事項を確約する。
   (1) 自らが、暴力団、暴力団員、暴力団員でなくなった時から5年を経過していない者、暴力団準構成員、暴力団関係企業、総会屋等その他これらに準ずる者又はその構成員（以下、総称して「反社会的勢力」という。）ではないこと
   (2) 自らの役員（取締役、執行役、執行役員、業務を執行する社員、監査役又はこれらに準ずる者をいう。）が反社会的勢力ではないこと
   (3) 反社会的勢力に自己の名義を利用させ、本契約を締結するものでないこと
   (4) 自ら又は第三者を利用して、本契約に関して相手方に対する脅迫的な言動若しくは暴力を用いる行為、又は偽計若しくは威力を用いて相手方の業務を妨害し、若しくは信用を毀損する行為をしないこと

2. 売主及び買主は、相手方が次の各号のいずれかに該当した場合には本契約を何らの催告を要しないで、直ちに解除することができる。
   (1) 前項第1号又は第2号の確約に反する申告ないし表明をしたことが判明した場合
   (2) 前項第3号の確約に反し、本契約を締結したことが判明した場合
   (3) 前項第4号の確約に反する行為をした場合
3. 前項の規定により、本契約が解除された場合には、解除された者は、その相手方に対し、相手方の被った損害を賠償する。
4. 第2項の規定により、本契約が解除された場合には、解除された者は、解除により生じた損害について、その相手方に対し一切の請求を行わない。

第15条（協議解決）(P67参照)

本契約に定めのない事項及び本契約の内容の解釈に疑義が生じた事項については、両当事者間で誠実に協議の上、これを解決するものとする。

第16条（専属的合意管轄）(P67参照)

本契約に関する一切の紛争については、本件物件の所在地を管轄する地方裁判所を第一審の専属的合意管轄裁判所とする。

　以上、本契約締結の証として、本契約書2通を作成し、売主及び買主が、署名又は記名及び押印のうえ、各1通を保有する。

　　令和○年○月○日

　　　　　　　　　　売主　東京都○○区・・・
　　　　　　　　　　　　　○○　○○　　　　　印

　　　　　　　　　　買主　東京都○○区・・・
　　　　　　　　　　　　　□□　□□　　　　　印

本件物件の表示
1　本件土地
　　所　在　　●県●市●町●丁目
　　地　番　　●番
　　地　目　　●
　　地　積　　●㎡

```
  2   本件建物
      所在地      ●県●市●町●丁目●番地
      家屋番号    ●番
      種  類      ●
      構  造      ●造●葺●階建
      床面積      ●階  ●㎡
                  ●階  ●㎡
```

●タイトル・表題　 (P54参照)

　今回取り上げたひな形は、土地と建物を売買する契約です。「不動産売買契約書」というタイトルや単に「売買契約書」といったタイトルでも、法的に問題があるわけではありませんが、わかりやすさの観点から「土地建物売買契約書」というタイトルにしました。

●収入印紙について　 (P54 参照)

　不動産の譲渡に関する契約書は、以下のとおり、契約書に記載された契約金額によって印紙税の額が変わります。なお、印紙税は、契約書原本1通又は1冊についてかかるものです。

▼【本則】(令和元年6月現在)

記載された契約金額	印紙税額
1万円未満	非課税
1万円以上10万円以下	200円
10万円を超え50万円以下	400円
50万円を超え100万円以下	1,000円
100万円を超え500万円以下	2,000円
500万円を超え1,000万円以下	1万円
1,000万円を超え5,000万円以下	2万円
5,000万円を超え1億円以下	6万円
1億円を超え5億円以下	10万円
5億円を超え10億円以下	20万円
10億円を超え50億円以下	40万円
50億円を超えるもの	60万円
金額の記載なし	200円

▼【軽減】契約書作成日が平成26年4月1日から令和2年3月31日までの場合

記載された契約金額	印紙税額
1万円未満	非課税
1万円以上50万円以下	200円
50万円を超え100万円以下	500円
100万円を超え500万円以下	1,000円
500万円を超え1,000万円以下	5,000円
1,000万円を超え5,000万円以下	1万円
5,000万円を超え1億円以下	3万円
1億円を超え5億円以下	6万円
5億円を超え10億円以下	16万円
10億円を超え50億円以下	32万円
50億円を超えるもの	48万円
金額の記載なし	200円
金額の記載なし	200円

● 前文

ひな形では、売主側を「売主」、買主側を「買主」とそれぞれ定義しています。

「売主」「買主」と定義するのではなく、「甲」「乙」と定義することも可能ですが、甲と乙を間違えて記載するミスにご注意ください。

● 第1条（売買物件）について

重要度 B
（P54参照）

ここで重要なのは、売買の目的物を疑義がないように特定することです。法務局で取得できる不動産登記簿謄本（全部事項証明書）の記載を間違いがないように転記して、特定しましょう。

また、民法改正では、「契約その他の債務の発生原因及び取引上の社会通念に照らして」という文言が随所で採用され、契約の趣旨がますます重要となってくることが想定されます。契約の趣旨の判断にあたっては、当事者がなぜ、この契約を締結したのか？　という契約目的も事情の一つとして考慮されますので、目的をあえて契約書に記載することも考えられます（例えば、買主が本件物件をどのように利用するのかを書いておく）。

●第2条（土地の実測売買及び建物の公簿売買）について (P54 参照)

1. 土地の実測売買

不動産の売買については、不動産の面積が問題となりますが、大きく分けて、実測面積を基準とする「実測売買」と不動産登記簿記載の面積を基準とする「公簿売買」があります。

ひな形では、土地については「実測売買」で取引をするものとし、建物については、5項記載のとおり「公簿売買」にて取引するものとしています。

2. 境界明示

土地について、登記簿上では範囲が特定されているとしても、実際には隣地所有者との間で境界について争いが生じている場合、又は生じる場合も想定されます。買主としては、そのような事態を避けるために、境界を明示してもらいたいというニーズがあります。ひな形では、境界や標識の確認や境界確認書の交付を受けることを規定しています。

3. 面積の相違

実測してみたら、登記簿上の面積と実測面積が異なる場合がありえます。このような場合にどうするのかを規定しておくことが望ましいです。ひな形では、登記の地積部分を修正するための地積更正登記手続をする義務を定めています。

4. 費用負担

測量、実測図面の作成や地積更正登記手続にかかる費用は、売主側の負担としています。場合によっては、買主と折半にて負担する等の修正をすることも可能です。

5. 建物の公簿売買

ひな形では、土地については「実測売買」としていますが、建物については、実務上、公簿売買で、かつ実際の面積（実測面積）と相違が発覚した場合であっても、売買代金の増減等の精算はしない旨を取り決めることが多いです。ひな形でも、それを前提とした内容となっています。

●第3条（代金支払）について (P54 参照)

代金額の確定は、売買契約の基本的な要素ですし、当然明確にしておく必要があります。

支払方法は、様々な規定の仕方がありえますが、実務上、最初に手付金を支払い、決済日に登記の移転や引渡しと同時に残金を支払うこととするのが一般的です。

手付金については別途説明しますが、第1号のなお書きに記載したとおり、残代金の支払の際に代金の一部として充当することを明記しましょう。

●第4条（引渡し及び所有権移転登記手続）について

1. 引渡し

売主としては、物件を引き渡すことが主要な義務となります。建物については鍵と建物に関する書類を、土地については、鍵のようなものがないため引き渡しした旨の書面を作成して交付するのが一般的です。

2. 引渡しまでの管理

契約締結日から、代金の支払や引渡しが行われる決済日まで間隔があくため、その間は売主側で売買の目的物となっている物件を管理することになりますので、その管理についての義務を定めています。

「善良なる管理者の注意をもって」というのは、善管注意義務と呼ばれるものですが、自己の物に対する注意よりも高い程度を意味することになります。

3. 所有権移転登記手続

売主は、引き渡しのみならず所有権の移転登記手続を行うことも主要な義務となります。改正民法により、この義務は明文化されました（民法560条）。

もっとも、改正前から実務上行われてきたとおり、所有権移転登記手続に必要な書類を全て準備して買主に交付することが一般的です。

4. 登記申請

そして、買主が、上記3.の書類を受領後に所有権移転登記の申請を行うことになります。

●第5条（所有権の移転時期）について

所有権の移転時期をいつにするのかについては、代金の支払や引渡しが行われる決済日とするのが通常です。決済完了とともに所有権が無事に移転することとなるのが一般的です。

本件物件（の所有権）の対価である売買代金が全額支払われるとともに、所有権が移転するとするのは、非常に合理的ですよね。

●第6条（完全な所有権移転の保証）について

（P55参照）

売買の目的物である物件に、例えば、抵当権や地上権などの権利が設定されている場合があります。買主としては、通常は、このような権利が設定されていない"きれいな"物件として買い受けることを予定し、それを前提として売買代金の額も合意することになります。

そのため、買主としては、このような権利を排除したうえで"きれいな"物件、完全な所有権を移転してもらうために、このような条項を入れることになります。

●第7条（危険負担）について

（P55参照）

1. 危険負担の原則の修正

民法の原則によると、物件が売主のもとにある段階で、売主の責めによらない事由により滅失した場合であっても、買主は代金を支払わなければならないこととなります（民法534条1項）。買主は、物件を手に入れることができないにもかかわらず、代金を支払わなければならなくなってしまいます。これが危険負担の原則です。

そこで、契約書にてルールを修正することになります。ひな形においては、引渡しまでの間の滅失や損傷は原則として売主の負担としています。第1号は、滅失の場合には、契約を解除し、売主は受領済みのお金を返すこととしています。第2号及び第3号は、損傷の場合です。軽微な損傷の場合には、契約を解除するほどの必要がない場合もあるため、売主が修復したうえで引き渡すこととしています。他方で、大きな損傷の場合には、第1号と同様に契約を解除し、売主は受領済みのお金を返すこととしています。

2. 引渡し後の危険負担

改正民法では、目的物の引渡しがあった時以後に、その目的物が当事者双方の責めに帰することができない事由によって滅失し、又は損傷したときは、買主は、その滅失又は損傷を理由として、履行の追完の請求、代金の減額の請求、損害賠償の請求及び契約の解除をすることができないと規定されています（民法567条1項）。

ひな形でも、引渡し後の滅失等については、もはや、買主の支配下で生じたものである以上、買主の負担とすることが合理的ですのでその旨規定しています。

旧民法下では、目的物に不具合が生じた場合について「瑕疵担保責任」として規定されていました。

改正民法では、目的物の不具合が「瑕疵」に該当するかではなく、「契約の内容に適合しない」（契約不適合）かが判断され、仮に契約不適合と判断される場合には契約上の義務違反として構成されるようになりました（民法562条・565条）。そして、契約不適合が認められる場合には、その救済として、追完請求、損害賠償請求、解除のほか代金減額請求が認められうることになります（民法562条から565条まで）。

契約書のひな形も、この改正に沿った内容としています。

1. 追完請求

改正民法では、引き渡された目的物が契約不適合の場合、買主は、売主に対し、履行の追完を請求することができるとされています（民法562条1項）。しかしながら、契約不適合が買主の帰責事由によるものであるときまで請求を認めることは不合理ですので、この点をただし書に規定しています。民法も同様の規律を設けています（民法562条2項）。

2. 代金減額請求

また、履行の追完の請求をしてもなお追完がされない場合にはそれに応じた代金の減額を請求できるというのが改正民法のルールです（民法563条1項）。また、そもそも履行の追完を請求をしても追完が期待できないような場合には直ちに代金減額請求を認めることが相当です（民法563条2項）。

これらを踏まえてひな形では第2項として規定しています。

3. 解除・損害賠償請求

前述したとおり、契約不適合に関する責任は契約上の義務違反として構成されますので、解除や損害賠償請求など契約上の義務違反の場合に適用されるルールも適用されます。改正民法でも、この点明文化されています（民法564条）。ひな形でも第3項として規定しています。

4. 期間制限

1から3までの各請求に関して、改正民法は、種類又は品質に関する契約不適合に

ついて、その不適合を知った時から1年以内にその旨を売主に通知しなければならないという規律を設けています（民法566条）。数量又は権利に関する契約不適合についてはこの規律は適用されません。

これらを踏まえてひな形では第4項として規定しています。

5.商法526条の適用排除

最後に、商人間の売買の場合には、買主側は、遅滞なく検査する義務や、その検査により契約不適合を発見したときに直ちに通知を発する義務を負うことになりますが（商法526条）、そもそも不動産を引渡し後に検査するということは現実的でありませんので、この規定の適用は排除することとしています。

●第9条（公租公課等の負担）について

物件から生ずる収益（たとえばテナント賃料等）のほか、固定資産税及び都市計画税、電気、ガス、水道料金をいつの時点までどちらが負担するのかを定める必要があります。

引渡し日を基準として、精算する方法を採用しています。

なお、固定資産税及び都市計画税は、毎年1月1日時点の名義人宛に1年間分の税額が記載された納税通知書が送付されてきて支払うものです。引渡し日時点でその年の税額がわからない場合もありますので、その場合には、例えば前年度の税額をもとに負担額を決めて精算する等の対応をすることになります（契約書にもその旨明記することになります）。

●第10条（費用負担）について

1. 登記等の費用の負担

所有権移転登記に必要な諸費用は、通常買主負担で、その移転登記までに必要な費用については売主負担とするのが一般的であり、公平の観点からも妥当です。

2. 印紙代の負担

民法は、売買契約に関する費用は、当事者双方が等しい割合で負担する旨定めています（民法558条）。印紙代も、売買契約に関する費用に含まれると考えられますが、明確化の趣旨から、ひな形のように折半して負担する旨を定めるのが通常です。

なお、契約書原本を2通作成すると、それぞれに印紙を貼付しなければならないた

め、原本は1通のみ作成し、もう1通は写しとする方法により印紙代の総額を実質的に半分にする方法がとられる場合も少なくありません。その場合には、後文にその旨を明示します（例えば、「以上、本契約締結の証として、本契約書の原本1通を作成し、甲乙署名又は記名及び捺印のうえ、原本を乙が、その写しを甲がをそれぞれ保有する。」等）。

●第11条（権利の譲渡等の禁止）について

（P57参照）

契約は、相手方を信用して締結されるものです。それにもかかわらず、相手方が変わってしまうことは看過できない事態となります。このような事態を避けるため、契約上の地位、権利や義務を譲渡する又は引き受けさせることを禁止することが一般的に行われています。また、担保に供することも、担保権が実行されれば譲渡と同様の事態となりますので、併せて禁止するのが一般的です。

なお、1-3節（P29）も参照してください。

●第12条（手付解除）について

（P57参照）

1. 解約手付

民法は、「買主が売主に手付を交付したときは、買主はその手付を放棄し、売主はその倍額を現実に提供して、契約の解除をすることができる。ただし、その相手方が契約の履行に着手した後は、この限りでない。」旨定めています（民法557条1項）。これが解約手付としての性質ですが、明確にするために同様の規定を設けています。

2. 解約の場合の損害賠償

解約手付による解約の場合には、前記1.のとおり、その手付の放棄又は倍額の償還の負担のみで契約からの解放を可能とする趣旨であるため、損害賠償の請求を排除する規定を設けています。

●第13条（解除）について

（P57参照）

1. 催告解除

今回のような不動産売買契約においては、無催告解除規定の必要はないと考えられます（規定を設けてはいけないという趣旨ではありません）。そのため、シンプルな催告解除の規定のみを置いています。例えば、売買代金を期限どおりに支払わないといった契約違反の状態が生じた場合には、1週間以内に支払ってほしい旨の催告

をして、それでも支払いがない場合には解除するということを想定しています。

　なお、1-3節 (P32) も参照してください。

2. 違約金

　契約違反により解除した場合の違約金を設ける規定です。第1号と第2号で扱い
を分けていますが、これは、売主側は、受領済みの金員を有している可能性があるた
め、それとの関係で、売主側が解除された当事者にあたる場合には、その金員にプラ
スして違約金を支払うこととし、逆に、買主側が解除された当事者にあたる場合に
は、売主は、受領済みの金員から違約金相当額を控除することによって違約金が支
払われた扱いとすることを念頭においています。

3. 違約金を超える損害

　違約金の支払規定を置いた場合には、それ以上の損害が生じても、違約金の限度
でしか賠償を請求できなくなってしまう可能性があります。このような可能性を排
除するため、違約金を超える損害が生じた場合には、その賠償を求められる規定を
おいています。

●第14条（反社会的勢力の排除）について

　暴力団等の反社会的勢力の排除に関する上記のような条項を契約に盛り込むこと
は、政府の指針や各都道府県の暴力団排除条例に沿うものであり、自社を守る上で
も非常に重要です。

●第15条（協議解決）について

　誠実協議条項とも呼ばれます。ただし、この条項を設けたからといって、特別な意
味が生じるとはいえません。紛争が生じた場合には、最終的に裁判等の手続によっ
て解決を求めることになります。

●第16条（専属的合意管轄）について

　一般的には、被告とする相手方の所在地や民事訴訟法所定の地を管轄する裁判所
に訴訟を提起することになるのですが（民事訴訟法4条以下）、当事者は、第一審に
限り、合意によって、管轄裁判所を定めることができます（民事訴訟法11条）。

　法定の管轄裁判所に付加的に管轄裁判所を合意したものではなく、ここの裁判所

のみ、という趣旨で合意したことを示すために「専属的合意」という表現を用いることになります。

 ## 立場に応じた攻め方・守り方（ひな形の修正）

●売主側の立場から

1. 境界の非明示等

　売主としては、隣地所有者の協力を得られず、隣地との境界の確認さえできないこともあります。それを前提として公簿売買を行うことも十分にあります。その場合には、境界確認義務を負わないことや、実測面積が相違した場合であっても代金の増減等の精算を行わない旨を規定しておく必要があります。

【ひな形－第2条の修正例】

> **第2条（土地の実測売買及び建物の公簿売買）**
> 1.　売主及び買主は、本件土地を実測面積により売買する。
> 2.　売主は、令和○年○月○日までに、売主及び本件土地の隣地所有者の立会いの下に、本件土地と隣地との境界及びその標識を確認したうえ、買主が承認した土地家屋調査士にその境界に基づいて本件土地の実測図面を作成させて、この図面を買主に交付し、買主とともに本件土地の実測面積を確認するとともに、買主に対し、隣地所有者の境界確認書（境界が実測図面どおりである旨確認し、署名捺印されているもの）を交付しなければならない。
> 3.　前項の規定による本件土地の実測の結果、本件土地の登記簿上の面積と実測面積が異なる場合には、売主は、買主の請求に従い、直ちに本件土地の地積更正登記手続をするか、又は買主が登記手続を行うために必要な書類を買主に対して交付しなければならない。
> 4.　前2項に基づく本件土地と隣地との境界確認、本件土地の実測図面の作成費用及び地積更正登記手続費用等は、全て売主の負担とする。
> 5.　本件建物は、後記登記簿上の表示面積により売買するものとし、本件建物の登記簿上の表示面積と実測面積とが相違した場合であっても、売主及び買主は、相手方に対し、売買代金の増減等について一切異議を申し立てない。

> **第2条（公簿売買）**
> 1.　売主及び買主は、本件物件を後記登記簿上の各表示面積により売買するものとし、当該表示面積と実測面積とが相違した場合であっても、売主及び買主は、相手方に対し、売買代金の増減等について一切異議を申し立てない。
> 2.　売主は、買主に対し、本件土地について、本件土地と隣地との境界及びその標識の確認を行わず引き渡すものとし、将来、隣地所有者との間で紛争等が生じた場合であっても、売主は一切責任を負わない。

2.契約不適合責任の免責等

　売主としては、契約不適合責任を完全に排除することができれば、非常に有利です。その場合には、次のような条項に修正することになります。なお、売主が事業者で、買主が消費者の場合には、消費者契約法により、契約不適合責任を免責する旨の特約は無効となる可能性があるので留意が必要です。

【ひな形－第8条の修正例①】

> **第8条（契約不適合責任）**
> 1.　買主は、売主に対し、第4条第1項に基づき引き渡された本件物件がその種類、品質又は数量に関して契約の内容に適合しないものである場合（地中障害物、地中埋設物、埋蔵文化物等を含むがこれに限られない。以下「契約不適合」という。）、相当の期間を定めて履行の追完を請求することができる。ただし、契約不適合が買主の責めに帰すべき事由によるものであるときはこの限りでない。
> 2.　買主が前項の請求をしたにもかかわらず売主が相当の期間内に履行の追完をしないとき、又は次の各号のいずれかに該当するときは、買主は、売主に対し、契約不適合の程度に応じて売買代金の減額を請求できる。ただし、契約不適合が買主の責めに帰すべき事由によるものであるときはこの限りでない。
> 　(1)　履行の追完が不能であるとき。
> 　(2)　売主が履行の追完を拒絶する意思を明確に表示したとき。
> 　(3)　前二号に掲げる場合のほか、買主が前項の請求をしても履行の追完を受ける見込みがないことが明らかであるとき。
> 3.　前二項の規定は、第13条に定める解除及び損害賠償の請求を妨げない。
> 4.　前各項の請求のうち種類及び品質に関する契約不適合についての請求は、買主がその契約不適合を知った時から1年以内にその旨を売主に通知しない場合にはできない。ただし、売主が引渡しの時に、その契約不適合につき故意又は重過失であった場合にはこの限りでない。
> 5.　商法526条は本契約に適用しない。

> **第8条（契約不適合責任の免責）**
> 　売主は、買主に対し、第4条第1項に基づき引き渡された本件物件がその種類、品質又は数量に関して契約の内容に適合しないものであった場合であっても一切の責任を負わない。

　または、完全に排除（免責）を得ることが難しい場合には、期間を制限する、責任を負う範囲を限定する等の規定に変更することができれば、売主にとっては有利です。これを前提とした修正例は次のとおりです。引渡し後3か月以内に発見された所定の不具合のみ責任を負うこととしており（1項）、かつ、その場合も買主は修復の請求しかできず、代金減額請求、解除及び損害賠償請求はできないことを規定しています（3項）。

第8条（契約不適合責任）

1. 　売主は、買主に対し、第4条第1項に基づき引き渡された本件物件について、その引渡し後3か月以内に発見された本件建物の雨漏り、シロアリの害、構造上主要な部位の腐食、給排水管の故障（以下総称して「不具合」という。）についてのみ責任を負い、その他の本件物件の種類、品質又は数量に関する契約内容の不適合については責任を負わない。

2. 　買主は、前項の不具合を発見したときは、速やかに売主に通知し、修復に急を要する場合を除いては立会う機会を与えなければならない。

3. 　第1項の不具合が発見された場合、売主は、自己の負担においてその不具合を修復しなければならない。なお、買主は、売主に対し、本件物件の不具合について修復請求以外に、代金減額請求、本契約の解除及び損害賠償請求をすることはできない。

4. 　買主が、第1項の不具合を知っていたときは、売主は、買主に対し、第1項の責任を負わない。

●買主側の立場から

1. 契約不適合責任の追及期間の延長

　買主側としては、契約不適合責任の追及期間は長い方がよいということになります。

　例えば、以下のように契約不適合を知った時から2年間という期間にすること等が考えられます（4項）。

【ひな形－第8条の修正例②】

第8条（契約不適合責任）

1. 　買主は、売主に対し、第4条第1項に基づき引き渡された本件物件がその種類、品質又は数量に関して契約の内容に適合しないものである場合（地中障害物、地中埋設物、埋蔵文化物等を含むがこれに限られない。以下「契約不適合」という。）、相当の期間を定めて履行の追完を請求することができる。ただし、契約不適合が買主の責めに帰すべき事由によるものであるときはこの限りでない。

2. 　買主が前項の請求をしたにもかかわらず売主が相当の期間内に履行の追完をしないとき、又は次の各号のいずれかに該当するときは、買主は、売主に対し、契約不適合の程度に応じて売買代金の減額を請求できる。ただし、契約不適合が買主の責めに帰すべき事由によるものであるときはこの限りでない。

 (1) 　履行の追完が不能であるとき。

 (2) 　売主が履行の追完を拒絶する意思を明確に表示したとき。

 (3) 　前二号に掲げる場合のほか、買主が前項の請求をしても履行の追完を受ける見込みがないことが明らかであるとき。

3. 　前二項の規定は、第13条に定める解除及び損害賠償の請求を妨げない。

4. 　前各項の請求のうち種類及び品質に関する契約不適合についての請求は、買主がその契約不適合を知った時から1年以内にその旨を売主に通知しない場合にはできない。ただし、売主が引渡しの時に、その契約不適合につき故意又は重過失であった場合にはこの限りでない。

5. 　商法526条は本契約に適用しない。

第8条（契約不適合責任）

1. 買主は、売主に対し、第4条第1項に基づき引き渡された本件物件がその種類、品質又は数量に関して契約の内容に適合しないものである場合（地中障害物、地中埋設物、埋蔵文化物等を含むがこれに限られない。以下「契約不適合」という。）、相当の期間を定めて履行の追完を請求することができる。ただし、契約不適合が買主の責めに帰すべき事由によるものであるときはこの限りでない。

2. 買主が前項の請求をしたにもかかわらず売主が相当の期間内に履行の追完をしないとき、又は次の各号のいずれかに該当するときは、買主は、売主に対し、契約不適合の程度に応じて売買代金の減額を請求できる。ただし、契約不適合が買主の責めに帰すべき事由によるものであるときはこの限りでない。
   (1) 履行の追完が不能であるとき。
   (2) 売主が履行の追完を拒絶する意思を明確に表示したとき。
   (3) 前二号に掲げる場合のほか、買主が前項の請求をしても履行の追完を受ける見込みがないことが明らかであるとき。

3. 前二項の規定は、第13条に定める解除及び損害賠償の請求を妨げない。

4. 前各項の請求のうち種類及び品質に関する契約不適合についての請求は、買主がその契約不適合を知った時から2年以内にその旨を売主に通知しない場合にはできない。ただし、売主が引渡しの時に、その契約不適合につき故意又は重過失であった場合にはこの限りでない。

5. 商法526条は本契約に適用しない。

2. 融資利用の特例

いわゆるローン条項と呼ばれるものですが、買主が不動産購入にあたりローンを利用しようと考えていたものの結局ローンが承認されなかった場合に備え、解除を可能とするものです。なお、以下の規定では、売主側からの要請も想定したうえで、買主がわざとローンの承認を妨げるような行為をした場合の解除権の制限規定も設けています（4項）。

【ひな形－条項の追加例】

第○条（融資利用の特例）

1. 買主は、本契約締結後速やかに、次の融資の申込手続をしなければならない。
   金融機関：
   支　店：
   融資承認予定日：
   融　資　額：

2. 前項に定める融資承認予定日までに、融資の全部又は一部について承認を得られない場合には、買主は、令和○年○月○日までの間、本契約を解除することができる。

3. 前項により本契約が解除された場合、売主は、買主に対し、受領済みの金員を無利息にて遅滞なく返還する。
4. 買主が故意に第1項の融資の承認を妨げるような行為をした場合には、第2項にかかわらず、買主は、本契約を解除することはできない。
5. 本条第2項に基づく本契約の解除について、第12条及び第13条の規定は適用しない。

条文

民法557条 （手付）
1 買主が売主に手付を交付したときは、買主はその手付を放棄し、売主はその倍額を現実に提供して、契約の解除をすることができる。
　　ただし、その相手方が契約の履行に着手した後は、この限りでない。
2 第545条第4項の規定は、前項の場合には、適用しない。

民法558条 （売買契約に関する費用）
　売買契約に関する費用は、当事者双方が等しい割合で負担する。

民法562条 （買主の追完請求権）
1 引き渡された目的物が種類、品質又は数量に関して契約の内容に適合しないものであるときは、買主は、売主に対し、目的物の修補、代替物の引渡し又は不足分の引渡しによる履行の追完を請求することができる。
　　ただし、売主は、買主に不相当な負担を課するものでないときは、買主が請求した方法と異なる方法による履行の追完をすることができる。
2 前項の不適合が買主の責めに帰すべき事由によるものであるときは、買主は、同項の規定による履行の追完の請求をすることができない。

民法563条 （買主の代金減額請求権）
1 前条第1項本文に規定する場合において、買主が相当の期間を定めて履行の追完の催告をし、その期間内に履行の追完がないときは、買主は、その不適合の程度に応じて代金の減額を請求することができる。
2 前項の規定にかかわらず、次に掲げる場合には、買主は、同項の催告をすることなく、直ちに代金の減額を請求することができる。
　① 履行の追完が不能であるとき。
　② 売主が履行の追完を拒絶する意思を明確に表示したとき。
　③ 契約の性質又は当事者の意思表示により、特定の日時又は一定の期間内に履行をしなければ契約をした目的を達することができない場合において、売主が履行の追完をしないでその時期を経過したとき。
　④ 前3号に掲げる場合のほか、買主が前項の催告をしても履行の追完を受ける見込みがないことが明らかであるとき。
3 第1項の不適合が買主の責めに帰すべき事由によるものであるときは、買主は、前2項の規定による代金の減額の請求をすることができない。

民法564条 （買主の損害賠償請求及び解除権の行使）
　前2条の規定は、第415条の規定による損害賠償の請求並びに第541条及び第542条の規定による解除権の行使を妨げない。

民法565条 （移転した権利が契約の内容に適合しない場合における売主の担保責任）
　前3条の規定は、売主が買主に移転した権利が契約の内容に適合しないものである場合（権利の一部が他人に属する場合においてその権利の一部を移転しないときを含む。）について準用する。

民法566条 （目的物の種類又は品質に関する担保責任の期間の制限）
　売主が種類又は品質に関して契約の内容に適合しない目的物を買主に引き渡した場合において、買主がその不適合を知った時から1年以内にその旨を売主に通知しないときは、買主は、その不適合を理由として、履行の追完の請求、代金の減額の請求、損害賠償の請求及び契約の解除をすることができない。ただし、売主が引渡しの時にその不適合を知り、又は重大な過失によって知らなかったときは、この限りでない。

民法570条 （抵当権等がある場合の買主による費用の償還請求）

買い受けた不動産について契約の内容に適合しない先取特権、質権又は抵当権が存していた場合において、買主が費用を支出してその不動産の所有権を保存したときは、買主は、売主に対し、その費用の償還を請求することができる。

商法526条 （買主による目的物の検査及び通知）

1 商人間の売買において、買主は、その売買の目的物を受領したときは、遅滞なく、その物を検査しなければならない。

2 前項に規定する場合において、買主は、同項の規定による検査により売買の目的物が種類、品質又は数量に関して契約の内容に適合しないことを発見したときは、直ちに売主に対してその旨の通知を発しなければ、その不適合を理由とする履行の追完の請求、代金の減額の請求、損害賠償の請求及び契約の解除をすることができない。

売買の目的物が種類又は品質に関して契約の内容に適合しないことを直ちに発見することができない場合において、買主が6箇月以内にその不適合を発見したときも、同様とする。

3 前項の規定は、売買の目的物が種類、品質又は数量に関して契約の内容に適合しないことにつき売主が悪意であった場合には、適用しない。

2

3 新規取引で必要？ 売買取引基本契約書って？
（動産の継続的売買に関する契約書）

今度、A社の商品をわが社でも取り扱うことになった。新規取引となる。取引基本契約書はこちらから提示することになったから準備してほしい

わかりました。A社が売主で、わが社が買主ですね。普通の売買契約書でいいのでしょうか？

まずは、個別の取引の基本となる契約書をつくってほしい

疑問 売買取引基本契約書における注意点は？

　売買取引基本契約書は、継続的取引に関する契約で、1回切りの売買契約書とは異なります。例えば、同じ商品を大量に、時期を異にして100回仕入れると仮定した場合、100回のそれぞれの取引に売買契約書を作成するのは非常に煩雑です。

　個別の取引の最大公約数的な条件を抜き出して基本契約書という形式で最初に締結しておき、個別の取引は発注書や注文書と請書などで行う方が迅速にビジネスを行うことができます。

　1つの基本契約が基本契約書によって成立し、多数の個別契約は発注書と請書で成立することになります。

　したがって、売買取引基本契約書は、最大公約数的な条件、それはどういうものか、という視点が重要になります。

　取引の流れにそって、イメージをふくらませると注意点が見えてきます。

　まずは個別契約が成立して、個別契約が成立した後には目的物の納入があり、検査をして、合否に応じて対応をし、代金の支払いがあり、その後契約不適合が発見される場合もあり、そのような流れの中で、買主と売主の権利義務を明確に定めておくことが紛争を予防するうえで大切です。

売買取引基本契約書の「ひな形」

　それでは、売買取引基本契約書のひな形を見てみましょう。

　なお、ここではあくまでも売買取引基本契約書ということで、売買の性質のみを有する取引を前提としていますが、例えば、買主側が、仕様を指定して、部品を供給して、オリジナル商品の製造を依頼し、完成したものを仕入れるというような売買の性質のみとは言い切れない取引基本契約書もあります。そのような場合には、想定する取引の内容に沿って、取引基本契約書の条項を追加修正していく必要があります。

2

売買取引基本契約書 （P82参照）

　［売主］●●●●株式会社（以下「売主」という。）と［買主］株式会社○○○○（以下「買主」という。）は、売主及び買主間における以下に定める売買対象物（以下「本件目的物」という。）の売買を継続して行うにあたり、その基本的条件を定めるため、以下のとおり売買取引基本契約（以下「本契約」という。）を締結する。（P82参照）

第1条（適用範囲） 重要度Ａ （P82参照）
1. 本契約は、売主及び買主間で締結される本件目的物の個別売買契約（以下「個別契約」という。）の全てに適用する。
2. 個別契約の内容が、本契約と異なるときは、個別契約が優先する。

第2条（個別契約） 重要度Ａ （P83参照）
1. 本件目的物の品名、仕様、規格、数量、単価、代金の額、発注日、納入期日、納入場所及び代金支払期日等は、売主及び買主協議のうえ、個別契約で定める。
2. 個別契約は、買主が前項の取引内容を記載した注文書を売主に送付し、売主が注文請書を買主に送付し、買主に到達した時に成立する。ただし、買主が送付した注文書が売主に到達した後○営業日以内に、売主が諾否の回答を発しなかったときは、個別契約は成立したものとみなす。

第3条（納入） 重要度Ａ （P83参照）
　売主は、個別契約に従い、買主の指定する納品書を付し、本件目的物を納入する。なお、納入に要する費用は売主の負担とする。

第4条（検査） 重要度Ａ （P83参照）
1. 売主及び買主は、個別契約の成立に先立ち、本件目的物の検査に関する基準を協議のうえ定める。
2. 買主は、本件目的物の納入後○営業日以内に、前項の検査基準に基づいて本件目的物を検査し、売主に対し、合格又は不合格の通知を行わなければならない。通知がなされないまま、前項の期間が経過したときは、本件目的物が検査に合格したものとみなす。
3. 買主は、前項の検査により、本件目的物につき種類、品質又は数量に関して本契約の内容に適合しないこと（以下「契約不適合」という。）を発見したときは、売主に対し、理由を記載した書面をもって不合格の通知を行わなければならない。
4. 売主は、買主による第2項の検査の結果に関し、疑義又は異議のあるときは、遅滞なく買主にその旨申し出て、売主及び買主の協議のうえ解決するものとする。

第5条（不合格品の取扱い） (P84参照)

1. 買主は、売主に対し、前条第2項の検査の結果、不合格となった本件目的物（以下「不合格品」という。）について、買主の指示に基づいて、○営業日以上の期間を定めて、売主の費用負担で代替品を納入又は不合格品の修理等を行い納入することを請求することができる。

2. 買主が前項に基づく納入の請求をしたにもかかわらず、買主が定めた期間内に売主が納入しないときは、買主は、売主に対し、契約不適合の程度に応じて代金の減額を請求することができる。

3. 前2項にかかわらず、買主は、不合格品が些細な契約不適合によるものであり、買主の工夫により使用可能と認めるときは、売主及び買主が協議し、その代金を減額することを条件として、当該不合格品に限り、売主に対し、書面により当該不合格品を特別に採用する旨の意思表示をしたうえで、これを引き取ることができる。

第6条（所有権の移転） (P85参照)

本件目的物の所有権は、買主が売買代金債務を完済したときに、売主から買主に移転する。ただし、手形支払いの場合は、手形の決済が完了するまで債務弁済の効力は生じない。

第7条（危険負担） (P85参照)

天災地変等の不可抗力その他売主及び買主のいずれの責にも帰すことのできない事由により、本件目的物の滅失又は損傷等の損害は、第3条に規定された本件目的物の納入をもって区分し、納入までの損害は売主が負担し、それ以降の損害は買主が負担する。

第8条（代金支払） (P86参照)

1. 買主は、本件目的物の代金を、納入期日の属する月の末日に締め切り、売主に対し、翌月末日までに、売主の指定する金融機関の口座に振り込む方法により支払う。振込手数料は買主の負担とする。

2. 売主又は買主は、相手方から支払いを受けるべき金銭債権を有するときは、売主又は買主は、弁済期にあるか否かを問わず、いつでも当該金銭債権と前項に定める代金とを対当額で相殺することができる。

3. 買主は、本契約又は個別契約に基づく売主に対する金銭債務の支払を遅延したときは、売主に対し、支払期日の翌日から支払済みに至るまで、年14.6％（年365日日割計算）の割合による遅延損害金を支払う。

第9条（品質管理） (P86参照)

1. 売主は、本件目的物に関する法規制及び安全規格に従って、個別契約を履行するものとし、買主が要求する品質を確認するとともに、これを実現するための品質管理体制を確立し、維持する。

2. 売主は、本件目的物の品質に影響を及ぼすおそれのある製作工程、原材料又は設計等を変更する場合は、事前に買主に対して通知し、買主の承諾を得なければならない。

第10条（契約不適合責任）

重要度 **A** (P86参照)

1. 買主は、売主に対し、本件目的物に第4条第2項が定める検査では発見することのできない契約不適合がある場合、納入後6か月以内に買主がその契約不適合を発見し、売主に対してその旨通知したときに限り、第5条第1項に定める履行の追完を請求できる。
2. 買主は、買主が前項に基づく納入の請求をしたにもかかわらず、買主が定めた期間内に売主が納入しないときは、買主は、売主に対し、契約不適合の程度に応じて代金の減額を請求することができる。

第11条（製造物責任）

重要度 **B** (P87参照)

1. 売主及び買主は、本件目的物に関し製造物責任法第2条第2項で定める欠陥が存在していることが判明した場合、又はその可能性がある場合には、速やかに相手方に通知し、売主及び買主が協議のうえ、解決するものとする。
2. 前項の欠陥により、第三者に対して損害賠償責任が発生した場合の責任の分担についても前項と同様とする。ただし、売主の責任は、当該目的物の代金額を限度とし、買主の作成した仕様書等に起因する場合、及び欠陥が生じたことにつき売主に過失がない場合は、売主は一切の責任を負わない。

第12条（知的財産権）

重要度 **B** (P87参照)

売主及び買主は、相手方から開示されたアイデア並びにノウハウ、貸与図面、仕様書、試験データ等の情報をもとにして発明、考案、創作等（以下「発明等」という。）をなした場合には、その内容を事前に相手方に通知するとともに、当該発明等に関する知的財産権の帰属等の取扱いについて売主及び買主協議のうえ決定する。

第13条（第三者の権利侵害）

重要度 **A** (P87参照)

1. 売主は、本件目的物が第三者の特許権、実用新案権、意匠権、商標権、著作権、ノウハウその他これらに準じ又は類似する権利（以下「知的財産権」という。）を侵害しないことを保証する。
2. 売主及び買主は、本件目的物及びその製造方法に関して第三者から知的財産権侵害を理由として何らかの請求（提訴を含む。）を受けたときは、相手方に対して、遅滞なく通知する。
3. 売主及び買主は、協議の上、前項の請求にかかる紛争の解決に向けて協力する。ただし、売主は、同紛争に関し、買主に何ら迷惑をかけないものとし、買主又は知的財産権の権利者その他の第三者に損害が発生した場合には、その損害を賠償する。

第14条（権利の譲渡等の禁止）

重要度 **C** (P88参照)

売主及び買主は、あらかじめ相手方の書面による承諾がない限り、本契約上の地位を第三者に移転し、本契約に基づく権利の全部若しくは一部を第三者に譲渡し、若しくは第三者の担保に供し、又は、本契約に基づく義務の全部若しくは一部を第三者に引き受けさせてはならない。

第15条（不可抗力免責）  (P88参照)

地震、台風その他の天変地変、戦争・暴動・内乱、法令の制定・改廃、公権力による命令・処分、ストライキ等の争議行為、輸送機関の事故、その他不可抗力による本契約に基づく債務の履行遅滞又は履行不能が生じた場合は、いずれの当事者もその責任を負わない。ただし、金銭債務は除く。

第16条（秘密保持）  (P88参照)

1. 売主及び買主は、本契約の遂行により知り得た相手方の技術上又は営業上その他業務上の一切の情報を、相手方の事前の書面による承諾を得ないで第三者に開示又は漏洩してはならず、本契約の遂行のためにのみ使用するものとし、他の目的に使用してはならない。ただし、弁護士、公認会計士又は税理士等法律に基づき守秘義務を負う者に対して当該情報を開示することが必要であると合理的に判断される場合には、本項本文と同内容の義務を負わせることを条件として、自己の責任において必要最小限の範囲に限って当該情報をそれらの者に対し開示することができる。また、法令に基づき行政機関及び裁判所から当該情報の開示を求められた場合においても、自己の責任において必要最小限の範囲に限って開示することができる。
2. 前項の規定は、次のいずれかに該当する情報については、適用しない。
    (1) 相手方から開示を受けた時に既に自己が保有していた情報
    (2) 相手方から開示を受けた時に既に公知となっている情報
    (3) 相手方から開示を受けた後に自己の責めによらずに公知となった情報
    (4) 正当な権限を有する第三者から適法に取得した情報
    (5) 相手方から開示された情報によることなく独自に開発・取得した情報

第17条（通知事項）  (P89参照)

売主及び買主は、相手方に対し、以下の事項を事前に通知する。
    (1) 本店所在地、住所、商号、名称、代表者及び使用印鑑等の変更
    (2) 合併、会社分割、株式交換、株式移転等の組織に関する重大な変更
    (3) 増資、減資又は事業内容の著しい変更
    (4) 株主を全議決権の3分の1を超えて変動させる等の支配権の実質的な変更

第18条（有効期間） (P89参照)

本契約の有効期間は、本契約締結日より1年間とする。ただし、期間満了日の3か月前までにいずれの当事者からも更新拒絶する旨の意思表示なき場合、本契約は同一内容で更に1年間継続更新されるものとし、以後も同様とする。

第 19 条（中途解約） （P90 参照）

　売主及び買主は、本契約の有効期間中であっても、相手方に対して 6 か月前までに書面をもって通知することにより、本契約を解約することができる。

第 20 条（契約の解除） （P90 参照）

1.　売主又は買主は、相手方が次の各号のいずれか一つに該当したときは、催告その他の手続を要しないで、直ちに本契約及び個別契約の全部又は一部を解除することができる。
　(1)　監督官庁より営業の許可取消し、停止等の処分を受けたとき
　(2)　支払停止若しくは支払不能の状態に陥ったとき、又は手形若しくは小切手が不渡りとなったとき
　(3)　第三者より差押え、仮差押え、仮処分若しくは競売の申立て、又は公租公課の滞納処分を受けたとき
　(4)　破産手続開始、民事再生手続開始、会社更生手続開始、特別清算手続開始の申立てを受け、又は自ら申立てを行ったとき
　(5)　解散、会社分割、事業譲渡又は合併の決議をしたとき
　(6)　資産又は信用状態に重大な変化が生じ、本契約に基づく債務の履行が困難になるおそれがあると認められるとき
　(7)　株主構成又は役員等の変動等により会社の実質的支配関係が変化したとき
　(8)　相手方に対する詐術その他の背信的行為があったとき
　(9)　その他、前各号に準じる事由が生じたとき
2.　売主及び買主は、相手方が本契約に定める条項に違反し、相手方に催告したにもかかわらず、催告後相当の期間を経過してもこれが是正されない場合には、本契約及び個別契約の全部又は一部を解除することができる。
3.　前 2 項の場合、本契約又は個別契約の全部又は一部を解除された当事者は、解除した当事者が解除により被った損害の一切を賠償する。

第 21 条（期限の利益の喪失） （P91 参照）

　売主又は買主が前条第 1 項各号のいずれかに該当したとき、又は前条第 2 項に定める契約の解除がなされたとき、相手方に対する一切の債務について、催告その他の手続を要することなく、当然に期限の利益を喪失し、直ちに相手方に弁済しなければならない。

第 22 条（残存条項） （P91 参照）

　本契約が期間満了もしくは解除等により終了し、又は個別契約が解除等により終了した場合でも、第 10 条、第 11 条、第 12 条、第 13 条、第 16 条、本条、第 23 条及び第 26 条の規定は、引き続きその効力を有する。

第 23 条（損害賠償） （P91 参照）

売主及び買主は、本契約又は個別契約に違反して相手方に損害を与えたときは、相手方に対し、その損害につき賠償する責任を負う。

第24条（反社会的勢力の排除） (P91参照)

1. 売主及び買主は、それぞれ相手方に対し、次の各号に掲げる事項を確約する。
   (1) 自らが、暴力団、暴力団員、暴力団員でなくなった時から5年を経過していない者、暴力団準構成員、暴力団関係企業、総会屋等その他これらに準ずる者又はその構成員（以下、総称して「反社会的勢力」という。）ではないこと
   (2) 自らの役員（取締役、執行役、執行役員、業務を執行する社員、監査役又はこれらに準ずる者をいう。）が反社会的勢力ではないこと
   (3) 反社会的勢力に自己の名義を利用させ、本契約を締結するものでないこと
   (4) 自ら又は第三者を利用して、本契約に関して相手方に対する脅迫的な言動若しくは暴力を用いる行為、又は偽計若しくは威力を用いて相手方の業務を妨害し、若しくは信用を毀損する行為をしないこと
2. 売主及び買主は、相手方が次の各号のいずれかに該当した場合には本契約及び個別契約を何らの催告を要しないで、直ちに解除することができる。
   (1) 前項第1号又は第2号の確約に反する申告ないし表明をしたことが判明した場合
   (2) 前項第3号の確約に反し、本契約又は個別契約を締結したことが判明した場合
   (3) 前項第4号の確約に反する行為をした場合
3. 前項の規定により、本契約及び個別契約が解除された場合には、解除された者は、その相手方に対し、相手方の被った損害を賠償する。
4. 第2項の規定により、本契約及び個別契約が解除された場合には、解除された者は、解除により生じた損害について、その相手方に対し一切の請求を行わない。

第25条（協議解決）  (P92参照)

本契約及び個別契約に定めのない事項並びに本契約及び個別契約の内容の解釈に疑義が生じた事項については、両当事者間で誠実に協議の上、これを解決するものとする。

第26条（専属的合意管轄）  (P92参照)

本契約又は個別契約に関する一切の紛争については、●●地方裁判所を第一審の専属的合意管轄裁判所とする。

以上、本契約締結の証として、本契約書2通を作成し、売主及び買主が、署名又は記名及び押印のうえ、各1通を保有する。

令和●年●月●日

　　　　　　　　　　売主　東京都●●区・・・
　　　　　　　　　　●●●●株式会社

　　　　　　　　　　　代表取締役　　●● ●●　　　　　　印

　　　　　　　　　買主　東京都○○区・・・
　　　　　　　　　　　株式会社○○○○
　　　　　　　　　　　代表取締役　　○○ ○○　　　　　印

●タイトル・表題 (P76参照)

　今回取り上げたひな形は、売買の性質のみを有する取引を継続的に行う場合の基本契約です。そのため、「売買取引基本契約書」というタイトルにしました。例えば、単に「取引基本契約書」というタイトルにしてもNGではありません。

●収入印紙について (P76参照)

　動産の売買契約書は、印紙税はかかりませんが、取引基本契約書のように継続的取引の基本となる契約書については、4,000円の印紙を貼付する必要があります。ただし、契約期間が3か月以内で、かつ更新の定めのない契約書の場合を除きます。

●前文について (P76参照)

　ひな形では、売主側を「売主」、買主側を「買主」とそれぞれ定義しています。

　「売主」「買主」と定義するのではなく、「甲」「乙」と定義することも可能ですが、甲と乙を間違えて記載するミスにご注意ください。

●第1条(適用範囲)について (P76参照)

1. 適用される範囲

　個別契約で、その都度、条件を定めて売買契約書を作成することは煩雑であるため、共通の条件部分を中心にあらかじめ定めておくのが取引基本契約の位置付けです。どの個別契約に適用されるのかを最初に明示しています(ひな形では、「本件目的物の個別売買契約」としています)。

2. 優先関係

　取引基本契約と個別契約との間で、内容に齟齬が生じる場合がありますので、そ

のような場合に備えて2つの契約間の優先関係を定めておくことが大切です。一般的には、個別契約を優先させるのが通常です。

●第2条（個別契約）について
重要度 A
(P76参照)

1. 個別契約で定める内容

個別契約では、目的物に関する情報や代金額を中心として、取引基本契約に定めていない事項を定めることになります。

2. 個別契約の成立

本件の個別契約においては、注文書を発送し、それに対して、注文請書を返送するということを想定しています。改正民法は、「意思表示は、その通知が相手方に到達した時からその効力を生ずる。」として（民法97条1項）、広く意思表示一般について到達時に効力が発生するものと定めています。隔地者間の契約は、承諾の通知を発した時に成立する旨定めています（民法526条1項）。

もっとも、商法は、会社のような商人が、平常取引をする者からその営業の部類に属する契約の申込みを受けたときは、遅滞なく、契約の申込みに対する諾否の通知を発しなければならず、それを怠ったときは、当該申込みを承諾したものとみなす旨を定めています（商法509条1項、2項）。ひな形では、この規定に準じて、○営業日以内に諾否の回答を発しなかったときは個別契約が成立する旨を定めています。この規定のもとでは、売主は、諾否の回答を発しない場合には個別契約が成立してしまう旨を念頭においておく必要があります。

●第3条（納入）について
重要度 A
(P76参照)

例えば、運送費などの納入に要する費用の負担は、民法においても原則として売主の負担とされており（民法485条）、一般的にも売主の負担とするのが通常です。疑義がないようにするためにも契約書に設けておくべきでしょう。なお、買主の負担としたい場合には、「買主の負担とする」というように修正することになります。

●第4条（検査）について
重要度 A
(P76参照)

1. 検査基準の策定

一般的に、紛争を予防する見地から、検査の方法や基準について、当事者間で協議して別途定めることがあるため、ひな形でもその旨を定めています。

2. 検査の実施及び通知

　企業間のような商人間の売買では、買主は、その売買の目的物を受領したときは、遅滞なく、その目的物を検査しなければならず、検査の結果、目的物が種類、品質又は数量に関して契約の内容に適合しないことを発見したときは、直ちに、売主に対してその旨の通知をしない限り、その不適合を理由とする履行の追完、代金減額及び損害賠償の請求並びに契約の解除をすることができないというのが商法上のルールです（商法526条1項、2項）。

　ひな形でも、これに準じて、さらに明確化するため、「納入後○営業日以内」の検査の実施及び通知を定め、かつ、通知がない場合には合格とみなされることも定めています。

3. 契約不適合の発見

　実際に目的物に契約不適合が発見された場合に通知の義務も定めています。

4. 検査結果に関する異議

　売主としては、買主側の検査結果に不服が生ずる場合も想定されますので、その場合に協議するチャンスを定めています。

●第5条（不合格品の取扱い）について

（P77 参照）

1. 不合格品への対応（履行の追完）

　改正民法では、目的物の不具合が「瑕疵」に該当するかではなく、「契約の内容に適合しない」（契約不適合）かが判断され、仮に契約不適合と判断される場合には契約上の義務違反として構成されるようになりました（民法562条・565条）。

　そして、契約不適合が認められる場合には、以下のとおり、その救済として、追完請求、損害賠償請求、解除のほか代金減額請求が認められうることになります（民法562条から565条まで）。

　引き渡された目的物が契約不適合の場合、買主は、売主に対し、履行の追完を請求することができるとされています（民法562条1項）。

　また、履行の追完の請求をしてもなお追完がされない場合にはそれに応じた代金の減額を請求できるというのが改正民法のルールです（民法563条1項）。また、そもそも履行の追完を請求しても追完が期待できないような場合には直ちに代金減額請求を認めることが相当です（民法563条2項）。

そして、契約不適合に関する責任は契約上の義務違反として構成されますので、解除や損害賠償請求など契約上の義務違反の場合に適用されるルールも適用されます。改正民法でも、この点明文化されています（民法564条）。

　このうち、今回のような動産の継続的取引の場合には、履行の追完の請求で原則として対応しつつ、追完がなされない場合には代金減額請求で対応するのが一案として考えられますので、ひな形においても、まずは、履行の追完の請求をすることとし、その方法として、代替物の納入又は不合格品の修理等のうち買主の指定によることとしています。

2. 履行の追完がなされない場合の代金減額

　そして、履行の追完がなされない場合の代金減額の請求をすることができるものを定めています。

3. 些細な不適合の場合の特別採用

　もっとも、些細な不適合の場合で、買主側でディスカウントすれば引き取ってもよいと思われる場合には、売主側にとっても良いとも考えられます。そのため、特別に採用することができる旨を定めています。

●第6条（所有権の移転）について

重要度 **B**
（P77 参照）

　当事者の合意によって、所有権の移転時期を決定することが可能です。売主としては、代金を回収するまで可能な限り遅い時期にした方が有利となります。ひな形では、代金完済時を基準としていますので、売主に有利な規定となっています。

●第7条（危険負担）について

重要度 **A**
（P77 参照）

　改正民法では、目的物の引渡しがあった時以後に、その目的物が当事者双方の責めに帰することができない事由によって滅失し、又は損傷したときは、買主は、その滅失又は損傷を理由として、履行の追完の請求、代金の減額の請求、損害賠償の請求及び契約の解除をすることができないと規定されています（民法567条1項）。

　ひな形でも、納入後の滅失等については、もはや、買主の支配下で生じたものである以上、買主の負担とすることが合理的ですのでその旨規定しています。

●第8条（代金支払）について

重要度 B（P77参照）

1. 代金の支払方法

　単発ではなく継続的な取引であるため、締め日を設定して代金を支払うのが通常です。

2. 相殺の要件の緩和

　互いに債権を有している場合には、相殺によって精算することが可能ですが、そのためには、その債権の弁済期が到来していなければなりません（民法505条1項）。しかし、相手方が既に債権を弁済できなくなるおそれが生じているような場合に、相殺さえできずに弁済期を待たなければならないというのは不利益です。そのため、ひな形にあるように双方合意する形で、弁済期になくても、相殺することができることを定めておくことがあります。

3. 遅延損害金

　改正民法では、従来、年5%であった法定利率を、年3%として定め（民法404条2項）、3年ごとに見直されることになりました（404条3項から5項まで）。この改正と同時に、年6%と定めていた商法514条も削除されました。

　しかしながら、実務では、支払期限を経過した場合に、上記の法定の利息ではなく、より高い利率の遅延損害金の支払を定めておくことにより、代金未払いの状態を防止するため、遅延損害金の規定が設けられることが多いです。実務上は、年14.6%の遅延損害金が設定されることが多いといえます（買主側としては、そもそも遅延損害金の規定を削除するか、利率を下げた方がメリットとなります）。

●第9条（品質管理）について

重要度 B（P77参照）

　買主としては、要求する水準を維持してもらうために、品質管理体制を確立することを求めることは有用です。また、同様の趣旨から、品質に影響を及ぼすような事項の変更については承諾を条件とすることも有用です。

●第10条（契約不適合責任）について

重要度 A（P78参照）

　前述した検査で発見された契約不適合については不合格品の対応という形で明記されています。もっとも、検査では発見できない契約不適合が生ずる場合に、どのように処理をするのかについても、契約書においても明記するのが通常です。

商法では、買主が6か月以内に契約不適合を発見したときについて売主に対してその不適合を理由とする履行の追完、代金減額及び損害賠償の請求並びに契約の解除ができることとされています（商法526条2項）。

もっとも、継続的取引であることを考慮すると、契約解除による巻き戻しまでは認めず、あくまでも履行の追完と代金減額、そして損害賠償請求での対応とすることが一案として考えられますので、ひな形では、第1項で履行の追完を、第2項で代金減額を、第3項で損害賠償請求に関する内容を定め、この限度で売主の責任を定めています。

●第11条（製造物責任）について

1. 製造物責任法上の欠陥

製造物責任法上の欠陥がある場合には、消費者に多大な被害を生じさせる可能性がありますので、そのような場合には甲乙が情報共有して、解決に向けて協議する旨を定めています。

2. 責任分担

万が一、欠陥により第三者に損害が生じた場合において、メーカーである売主と販売業者である買主間の責任分担に関してのルールはありませんので、あらかじめ契約で合意しておくことが紛争を予防する観点からは望ましいです。ひな形は、売主は過失がない限り責任を負わず、責任を負うとしても代金額を限度としているため、売主に有利な規定となっています。買主にとって有利な規定に変更することも可能です（後述）。

●第12条（知的財産権）について

取引との関係で知的財産権が生じた場合には、誰に帰属するかの判断は認識がバラバラになることが多いため、協議のうえで決定することを定めています。

●第13条（第三者の権利侵害）について

1. 非侵害の保証

売主としては、目的物が第三者の知的財産権を侵害している場合には、債務の本旨に従った履行とはいえず、債務不履行に基づく責任を負うと考えられます。換言すれば、売主としては、第三者の権利を侵害しない目的物を売らなければなりません。当然、買主としても、それを望むことは多言を要しません。その点を明確化する

ために、非侵害の保証を定めています。

2. 請求を受けた場合

　万が一、第三者から権利侵害を理由に、差止めや損害賠償請求を受けた場合には、情報を共有して対応する必要があるため、互いに通知することを定めています。

3. 損害の負担

　さらに、紛争に発展した場合には、最終的には売主の責任で処理すべきであることから、その点を明確化しています。

●第14条（権利の譲渡等の禁止）について

（P78参照）

　契約は、相手方を信用して締結されるものです。それにもかかわらず、相手方が変わってしまうことは看過できない事態となります。このような事態を避けるため、契約上の地位、権利や義務を譲渡する又は引き受けさせることを禁止することが一般的に行われています。また、担保に供することも、担保権が実行されれば譲渡と同様の事態になりますので、併せて禁止するのが一般的です。

　なお、1-3節（P29）も参照してください。

●第15条（不可抗力免責）について

（P79参照）

　当事者の責任とはいえない不可抗力によって債務の履行が遅滞した場合や不能になった場合も想定されますので、あらかじめ、ひな形の条項例のように、いくつかの事情を例示のうえ不可抗力の内容を一定程度明確にしたうえで、債務不履行の責任に問われないようにすることがあります。

　ひな形の条項例のただし書で、金銭債務は除く旨を定めていますが、これは民法のルールと同様です（民法419条3項）。

●第16条（秘密保持）について

（P79参照）

1. 秘密保持義務

　契約を締結して取引を行うと、相互に自社の情報を開示することがあります。その情報は、外部に出ても問題ない情報だけではないことは容易に想像がつくと思います。そのため、お互いに開示した情報は、外部（第三者）に開示しないこと、目的外に使用しないことを約束をするということが一般的に行われています。その場合にも、

上記ひな形のように、もともと守秘義務を負う専門家等に開示する必要性は生じる場合もありますので、その場合には、秘密保持義務を負わせることを条件として開示可能とする例外規定も設けています。また、行政機関や裁判所から法令に基づいて照会を求められることもありますので、その場合においても開示することができる例外規定をおいています。

なお、本体の契約書の中に条項として盛り込む方法のほか、後記7-1節のように本体の契約書とは別に秘密保持契約を結ぶこともよく行われています。

2. 適用除外の情報

上記1.のとおり開示された情報は原則として秘密保持義務の対象となりますが、もともと自己が有していた情報であったり、既に公に知られている情報等であれば、秘密保持義務の対象とする合理性はありません。そのため、適用を除外する情報を列挙して明示しておくことが通常です。

● 第17条（通知事項）について
（P79参照）

当事者としては、相手方の情報に変更があった場合には、その変更後の情報を把握しておきたいところです。契約を継続していくうえでも、契約に問題が生じた場合に対応していくうえでも、情報を把握しておくことは重要です。

● 第18条（有効期間）について
（P79参照）

一定の期間、契約が継続する継続的契約の場合には、いつからいつまでの間、契約を有効とするのかについて条項を設ける必要があります。期間の設け方としては、始期と終期がはっきりすればよいので、上記の例のほか、「令和○年○月○日から令和○年○月○日まで」といった規定の仕方でもOKです。

また、一定の期間、契約が継続する継続的契約の場合において、順調にビジネスが進んでいるときは契約を継続させ、逐一再契約することなく、自動で更新されるようなことを互いに望むことがあります。その場合に備えて、ただし書のような自動更新条項を設けることがあります。このような条項を設けたときは、所定の期間内に、何もしない限り、契約は満了することなく契約が自動更新されていくので注意が必要です。

●第19条（中途解約）について
重要度 C
(P80 参照)

継続的契約の場合において、契約の有効期間を前述のように定めた場合において、その期間が長期に及ぶ場合には、その期間中でも中途で解約することができる旨を定めることがあります。その場合には、事前の予告期間を設けるのが通常です。

このような中途解約条項を設けずに、むしろ、中途解約を禁止することも可能です。その場合には、民法上、任意の解約ができる類型の契約もあるため、疑義が生じないように、「売主及び買主は、本契約の有効期間中は、本契約を解約することはできない。」ということを確認的に条項化しておいた方がいいでしょう。

●第20条（契約の解除）について
重要度 C
(P80 参照)

1. 解除①—無催告解除

民法上も、相手方が義務の履行を遅滞している場合や、その履行が不能になった場合等に、契約を解除することができますが、契約書においては、これら以外の事由の場合にも、解除する動機と合理性を見出すことができるため、あらかじめ条項化しておくことが通常となります。

例えば、上記の例のように、相手方が監督官庁から処分を下されたときや、資産状態や信用状態が悪化したとき等が挙げられます。このようなときは、待ったなしで、一刻も早く解除できる方が有利ですし、そもそも、是正を求めることも非現実的です。そのため、相手方に催告することなく（無催告で）、解除できる旨を定めています。

なお、1-3節（P31）も参照してください。

2. 解除②—催告解除

上記1.のような無催告の解除のケースではなく、契約上の義務に違反した場合において、是正を求めて、それでも違反状態が是正されないときは解除できる旨を定めています。

仮に、このような契約上の義務に違反した場合にでも、待ったなしで解除できるようにする場合には、上記1.の中に、「本契約に定められた条項に違反したとき」という条項を設けることになります。

なお、1-3節（P32）も参照してください。

3. 解除時の損害賠償

解除に伴う損害の賠償義務を確認する条項です。

●第21条（期限の利益の喪失）について

　期限の利益とは、義務の履行が先（将来）の期限として定められている場合のその時間的な利益のことを意味します。このような利益は、特に問題がなければ、契約で決められたとおりそのまま維持していても問題ありませんが、前記の解除のところで説明したような、待ったなしの状態が生じた場合には、当該利益を維持させておく理由はありません。

　民法においても、例えば、債務者が破産手続開始の決定を受けたときには期限の利益を失う旨の規定が設けられていますが（民法137条）、その他の事由が網羅されているわけではありません。そのため、契約書において、期限の利益を喪失させる事由を定めておくことが通常です。上記の例のように解除の条項とセットで引用する方法で規定されることが多いといえます。

●第22条（残存条項）について

　契約が解除や期間満了等により終了した場合、契約で定められた条項は効力を持たないのが原則となりますが、終了後においても引き続き効力を維持させることが望ましい条項があります。例えば、秘密保持に関する条項であったり、後述する専属的合意管轄に関する条項です。このような場合に備えて、上記の例のようにあらかじめ契約が終了した場合であっても、効力が維持される旨を定めておく場合があります。

●第23条（損害賠償）について

　契約上の義務に違反し、それが自己の責任にある場合には、それによって生じた相手方の損害を賠償しなければなりません。上記の条項は、その基本を確認的に規定したものです。もっとも、実際には、責任の範囲を限定したりすることがよく行われます。

●第24条（反社会的勢力の排除）について

　暴力団等の反社会的勢力の排除に関する上記のような条項を契約に盛り込むことは、政府の指針や各都道府県の暴力団排除条例に沿うものであり、自社を守る上でも非常に重要です。そのため、最近の契約書には、上記のような条項が設けられるのが通常です。

2

● 第25条（協議解決）について

誠実協議条項とも呼ばれますが、上記のような条項を設けられることは多いです。ただし、この条項を設けたからといって、特別な意味が生じるとはいえません。紛争が生じた場合には、最終的に裁判等の手続によって解決を求めることになります。

● 第26条（専属的合意管轄）について

一般的には、被告とする相手方の所在地や民事訴訟法所定の地を管轄する裁判所に訴訟を提起することになるのですが（民事訴訟法4条以下）、当事者は、第一審に限り、合意によって、管轄裁判所を定めることができます（民事訴訟法11条）。

法定の管轄裁判所に付加的に管轄裁判所を合意したものではなく、ここの裁判所のみ、という趣旨で合意したことを示すために「専属的合意」という表現を用いることになります。

 ## 立場に応じた攻め方・守り方（ひな形の修正）

● 売主側の立場から

1. 個別契約のみなし成立の排除

ひな形では、注文書が到達した後、売主側が、○営業日以内に、諾否の回答をしなかったときは、個別契約が成立したものとみなされるものとされています。売主側としては、諾否の回答をしなかったときには、個別契約は成立しないものとした方がよい場合があります（2項）。

【ひな形－第2条の修正例】

> **第2条（個別契約）**
> 1. 本件目的物の品名、仕様、規格、数量、単価、代金の額、発注日、納入期日、納入場所及び代金支払期日等は、売主及び買主協議のうえ、個別契約で定める。
> 2. 個別契約は、買主が前項の取引内容を記載した注文書を売主に送付し、売主が注文請書を買主に送付し、買主に到達した時に成立する。ただし、買主が送付した注文書が売主に到達した後○営業日以内に、売主が諾否の回答を発しなかったときは、個別契約は成立したものとみなす。

第2条（個別契約）

1. （略）
2. 個別契約は、買主が前項の取引内容を記載した注文書を売主に送付し、売主が注文請書を買主に送付し、買主に到達した時に成立する。ただし、買主が送付した注文書が売主に到達した後○営業日以内に、売主が諾否の回答を発しなかったときは、個別契約は成立しないものとする。

2. 保全のための措置

買主側に代金を支払えないような事情が生じた場合に、債権を保全するために保証を求めることができれば売主には有利です（2項）。

【ひな形－第3条の修正例】

第3条（納入）

売主は、個別契約に従い、買主の指定する納品書を付し、本件目的物を納入する。なお、納入に要する費用は売主の負担とする。

第3条（納入）

1. （略）
2. 売主は、買主の信用資力に不安がある等債権保全上必要と認めたときは、個別契約にかかわらず、買主から適切な保証を受け取るまで商品の引渡しにつき数量の制限又は中止をすることができる。この場合、売主は、買主の損害を賠償する責は負わない。

3. 契約不適合の意味

契約不適合に当たるか否かを巡って紛争になることは少なくありません。売主としては、契約不適合と認められる範囲を、当事者間で定めた基準や仕様書をベースにすることによって可能な限り明確に限定する方が有利となります（1項・3項）。

【ひな形－第4条第3項の修正例】

第4条（検査）

1. 売主及び買主は、個別契約の成立に先立ち、本件目的物の検査に関する基準を協議のうえ定める。
2. 買主は、本件目的物の納入後○営業日以内に、前項の検査基準に基づいて本件目的物を検査し、売主に対し、合格又は不合格の通知を行わなければならない。通知がなされないまま、前項の期間が経過したときは、本件目的物が検査に合格したものとみなす。
3. 買主は、前項の検査により、本件目的物につき種類、品質又は数量に関して本契約の内容に適合しないこと（以下「契約不適合」という。）を発見したときは、売主に対し、理由を記載した書面をもって不合格の通知を行わなければならない。
4. 売主は、買主による第2項の検査の結果に関し、疑義又は異議のあるときは、遅滞なく買主にその旨申し出て、売主及び買主の協議のうえ解決するものとする。

第 4 条（検査）

1.　売主及び買主は、個別契約の成立に先立ち、本件目的物の検査に関する基準（品質基準を含む。）を協議のうえ定めるものとする。
2.　（略）
3.　買主は、前項の検査により、本件目的物につき種類、品質又は数量に関して本契約の内容に適合しないこと（第 1 項に基づき定めた品質基準との不一致に限る。以下「契約不適合」という。）を発見したときは、売主に対し、理由を記載した書面をもって不合格の通知を行わなければならない。
4.　（略）

4. 契約不適合責任

　売主としては、契約不適合について、自己の責に帰すべき事由によるものに限定する方によって、責任の範囲が狭まりますので有利となります（1項ただし書）。また、買主から損害賠償請求されるケースも限定する方が有利となります（3項）。

【ひな形－第10条の修正例】

第 10 条（契約不適合責任）

1.　買主は、売主に対し、本件目的物に第 4 条第 2 項が定める検査では発見することのできない契約不適合がある場合、納入後 6 か月以内に買主がその契約不適合を発見し、買主に対してその旨通知したときに限り、第 5 条第 1 項に定める履行の追完を請求できる。
2.　買主は、買主が前項に基づく納入の請求をしたにもかかわらず、買主が定めた期間内に売主が納入しないときは、買主は、売主に対し、契約不適合の程度に応じて代金の減額を請求することができる。

▽

第 10 条（契約不適合責任）

1.　買主は、売主に対し、本件目的物に第 4 条第 2 項が定める検査では発見することのできない契約不適合がある場合、納入後 6 か月以内に買主がその契約不適合を発見し、買主に対してその旨通知したときに限り、第 5 条第 1 項に定める履行の追完を請求できる。ただし、その契約不適合が売主の責めに帰すべき事由によるものである場合に限る。
2.　買主は、買主が前項に基づく納入の請求をしたにもかかわらず、買主が定めた期間内に売主が納入しないときは、買主は、売主に対し、契約不適合の程度に応じて代金の減額を請求することができる。
3.　本条の規定は、買主による損害賠償請求を妨げないが、売主が前 2 項の請求に応じなかった場合に限る。

5. 保証金

　売主としては、買主の代金の支払債務の不履行等に備えて、あらかじめ、保証金を差し入れてもらうことができれば、一定の限度で担保となりますので、有利となります。

【ひな形－条項の追加例】

> **第○条（保証金）**
> 1.　買主は、本契約及び個別契約に基づき、買主が売主に対し現在及び将来にわたって負担する一切の債務の履行を担保するため、別途売主及び買主が協議して定める金額を保証金として売主に差し入れる。なお、保証金には利息を付さない。
> 2.　買主に第○条第○項に定める事由が生じたとき、又は期間満了もしくは解約等により本契約が終了したときは、売主は前項に定める債務と保証金とを対当額で相殺することができる。なお、本契約が終了した場合を除き、売主は買主に対して保証金の補充及び増額を請求することができる。

6. 連帯保証人

　売主としては、買主の代金の支払債務の不履行等に備えて、連帯保証人を立ててもらうことができれば、人的な担保を得ることになり、有利となります。

　民法改正により、保証人となろうとするものが個人である場合において、たとえ主たる債務が金銭の貸渡し等によって負担した債務が含まれない場合であっても、一定の範囲に属する不特定の債務を主たる債務とする保証契約を締結するときは、極度額の定めをしなければ効力を生じないとされました（民法465条の2第1項・第2項）。

　そこで、ひな形でも、保証人となろうとするものが個人であることを想定し、確定した金額を極度額とする文言を入れています。

【ひな形－条項の追加例】

> **第○条（連帯保証人）**
> 　○○○○（以下「連帯保証人」という。）は、金○円を限度として、買主が売主に対し本契約及び個別契約に基づき負担する一切の債務につき、連帯保証し、買主とともにその全額の支払いの責を負う。

●買主側の立場から

1. 受注義務

　買主としては、売主に対して、原則として受注義務を負わせたいと考える場合があります。個別契約の申込み（発注）をした場合に、売主に原則受注してもらう方が有利です（3項）。

> **第2条（個別契約）**
> 1. （略）
> 2. （略）
> 3. 売主は、買主から前項に基づき注文書を受領することにより個別契約の締結を求められた場合、当該個別契約を締結できない合理的理由がある場合を除き、当該個別契約の締結に応じるものとする。

2. 所有権の移転

売主としては可能なかぎり遅らせる方が望ましいということになりますが、買主としては、不安定な地位となりますので、代金完済時よりも早く、例えば、検査に合格した時とした方が有利となります。

【ひな形－第6条の修正例】

> **第6条（所有権の移転）**
> 本件目的物の所有権は、買主が売買代金債務を完済したときに、売主から買主に移転する。ただし、手形支払いの場合は、手形の決済が完了するまで債務弁済の効力は生じない。

> **第6条（所有権の移転）**
> 本件目的物の所有権は、第4条第2項の定める検査により合格したときに、売主から買主に移転する。ただし、買主が第5条第2項に基づき不合格品を引き取る場合には、その所有権は、同条項に基づく意思表示をしたときに、売主から買主に移転する。

3. 契約不適合責任

ひな形では、納入後6か月以内となっておりますが、買主としては、この期間が長い方が有利となります（1項）。また、損害賠償請求をできる旨を明確に定めておく方が有利となります（3項）。

【ひな形－第10条の修正例】

> **第10条（契約不適合責任）**
> 1. 買主は、売主に対し、本件目的物に第4条第2項が定める検査では発見することのできない契約不適合がある場合、納入後6か月以内に買主がその契約不適合を発見し、買主に対してその旨通知したときに限り、第5条第1項に定める履行の追完を請求できる。
> 2. 買主は、買主が前項に基づく納入の請求をしたにもかかわらず、買主が定めた期間内に売主が納入しないときは、買主は、売主に対し、契約不適合の程度に応じて代金の減額を請求することができる。

第 10 条（契約不適合責任）

1. 買主は、売主に対し、本件目的物に第 4 条第 2 項が定める検査では発見することのできない契約不適合がある場合、納入後 1 年以内に買主がその契約不適合を発見し、買主に対してその旨通知したときに限り、第 5 条第 1 項に定める履行の追完を請求できる。
2. 買主は、買主が前項に基づく納入の請求をしたにもかかわらず、買主が定めた期間内に売主が納入しないときは、買主は、売主に対し、契約不適合の程度に応じて代金の減額を請求することができる。
3. 本条の規定は、買主による損害賠償請求を妨げない。

4. 製造物責任

　買主としては、製造物責任が発生した場合の売主との責任分担について、可能な限り、売主に負担してもらうことを規定した方が有利となります（2項）。

【ひな形－第11条の修正例】

第 11 条（製造物責任）

1. 売主及び買主は、本件目的物に関し製造物責任法第 2 条第 2 項で定める欠陥が存在していることが判明した場合、又はその可能性がある場合には、速やかに相手方に通知し、売主及び買主が協議のうえ、解決するものとする。
2. 前項の欠陥により、第三者に対して損害賠償責任が発生した場合の責任の分担についても前項と同様とする。ただし、売主の責任は、当該目的物の代金額を限度とし、買主の作成した仕様書等に起因する場合、及び欠陥が生じたことにつき売主に過失がない場合は、売主は一切の責任を負わない。

第 11 条（製造物責任）

1. 売主及び買主は、本件目的物に関し製造物責任法第 2 条第 2 項で定める欠陥が存在していることが判明した場合、又はその可能性がある場合には、速やかに相手方に通知し、売主及び買主が協議のうえ、解決するものとする。
2. 前項の欠陥により、第三者に対して損害賠償責任が発生した場合には、売主は、故意及び過失の有無にかかわらず、その第三者及び買主が被った一切の損害（売主が第三者に支払った賠償金、売主が本件目的物を市場から回収するために要した費用、弁護士費用を含むが、これらに限らない。）を賠償する。

5. 再委託

　買主としては、売主が有する技術力等を信用して取引を行っている場合があり、売主が製造業務を外部へ委託することを禁止したいと考える場合があります。その場合には、以下のような条項を入れることになります。

【ひな形－条項の追加例】

第○条（再委託）

1. 売主は、本件目的物の製造にあたり、その業務の全部又は一部を、あらかじめ買主の書面による同意を得ない限り、第三者に委託してはならない。

2. 前項の売主の同意を得て第三者に委託する場合、売主は、本契約に基づき自己が負う義務と同等の義務を当該委託先に負わせ、当該委託先の業務の実施に係る一切の行為に関して、自己がなしたものとして、買主に対しその一切の責任を負う。

条文

民法97条 （意思表示の効力発生時期等）

1 意思表示は、その通知が相手方に到達した時からその効力を生ずる。

2 相手方が正当な理由なく意思表示の通知が到達することを妨げたときは、その通知は、通常到達すべきであった時に到達したものとみなす。

3 意思表示は、表意者が通知を発した後に死亡し、意思能力を喪失し、又は行為能力の制限を受けたときであっても、そのためにその効力を妨げられない。

民法404条 （法定利率）

1 利息を生ずべき債権について別段の意思表示がないときは、その利率は、その利息が生じた最初の時点における法定利率による。

2 法定利率は、年3パーセントとする。

3 前項の規定にかかわらず、法定利率は、法務省令で定めるところにより、3年を1期とし、1期ごとに、次項の規定により変動するものとする。

4 各期における法定利率は、この項の規定により法定利率に変動があった期のうち直近のもの（以下この項において「直近変動期」という。）における基準割合と当期における基準割合との差に相当する割合（その割合に1パーセント未満の端数があるときは、これを切り捨てる。）を直近変動期における法定利率に加算し、又は減算した割合とする。

5 前項に規定する「基準割合」とは、法務省令で定めるところにより、各期の初日の属する年の6年前の年の1月から前々年の12月までの各月における短期貸付けの平均利率（当該各月において銀行が新たに行った貸付け（貸付期間が1年未満のものに限る。）に係る利率の平均をいう。）の合計を60で除して計算した割合（その割合に0.1パーセント未満の端数があるときは、これを切り捨てる。）として法務大臣が告示するものをいう。

民法419条 （金銭債務の特則）

1 金銭の給付を目的とする債務の不履行については、その損害賠償の額は、債権者が遅滞の責任を負った最初の時点における法定利率によって定める。
ただし、約定利率が法定利率を超えるときは、約定利率による。

2 前項の損害賠償については、債権者は、損害の証明をすることを要しない。

3 第1項の損害賠償については、債権者は、不可抗力をもって抗弁とすることができない。

民法562条 （買主の追完請求権）

1 引き渡された目的物が種類、品質又は数量に関して契約の内容に適合しないものであるときは、買主は、売主に対し、目的物の修補、代替物の引渡し又は不足分の引渡しによる履行の追完を請求することができる。
ただし、売主は、買主に不相当な負担を課するものでないときは、買主が請求した方法と異なる方法による履行の追完をすることができる。

2 前項の不適合が買主の責めに帰すべき事由によるものであるときは、買主は、同項の規定による履行の追完の請求をすることができない。

民法563条 （買主の代金減額請求権）

1 前条第1項本文に規定する場合において、買主が相当の期間を定めて履行の追完の催告をし、その期間内に履行の追完がないときは、買主は、その不適合の程度に応じて代金の減額を請求することができる。

2 前項の規定にかかわらず、次に掲げる場合には、買主は、同項の催告をすることなく、直ちに代金の減額を請求することができる。

① 履行の追完が不能であるとき。

② 売主が履行の追完を拒絶する意思を明確に表示したとき。

③ 契約の性質又は当事者の意思表示により、特定の日時又は一定の期間内に履行をしなければ契約をした目的を達することができない場合において、売主が履行の追完をしないでその時期を経過したとき。

④ 前3号に掲げる場合のほか、買主が前項の催告をしても履行の追完を受ける見込みがないことが明らかであるとき。

3 第1項の不適合が買主の責めに帰すべき事由によるものであるときは、買主は、前2項の規定による代金の減額の請求をすることができない。

民法564条 （買主の損害賠償請求及び解除権の行使）

前2条の規定は、第415条の規定による損害賠償の請求並びに第541条及び第542条の規定による解除権の行使を妨げない。

民法565条 （移転した権利が契約の内容に適合しない場合における売主の担保責任）

前3条の規定は、売主が買主に移転した権利が契約の内容に適合しないものである場合（権利の一部が他人に属する場合においてその権利の一部を移転しないときを含む。）について準用する。

民法567条 （目的物の滅失等についての危険の移転）

1 売主が買主に目的物（売買の目的として特定したものに限る。以下この条において同じ。）を引き渡した場合において、その引渡しがあった時以後にその目的物が当事者双方の責めに帰することができない事由によって滅失し、又は損傷したときは、買主は、その滅失又は損傷を理由として、履行の追完の請求、代金の減額の請求、損害賠償の請求及び契約の解除をすることができない。この場合において、買主は、代金の支払を拒むことができない。

2 売主が契約の内容に適合する目的物をもって、その引渡しの債務の履行を提供したにもかかわらず、買主がその履行を受けることを拒み、又は受けることができない場合において、その履行の提供があった時以後に当事者双方の責めに帰することができない事由によってその目的物が滅失し、又は損傷したときも、前項と同様とする。

商法509条 （契約の申込みを受けた者の諾否通知義務）

1 商人が平常取引をする者からその営業の部類に属する契約の申込みを受けたときは、遅滞なく、契約の申込みに対する諾否の通知を発しなければならない。

2 商人が前項の通知を発することを怠ったときは、その商人は、同項の契約の申込みを承諾したものとみなす。

商法526条 （買主による目的物の検査及び通知）

1 商人間の売買において、買主は、その売買の目的物を受領したときは、遅滞なく、その物を検査しなければならない。

2 前項に規定する場合において、買主は、同項の規定による検査により売買の目的物が種類、品質又は数量に関して契約の内容に適合しないことを発見したときは、直ちに売主に対してその旨の通知を発しなければ、その不適合を理由とする履行の追完の請求、代金の減額の請求、損害賠償の請求及び契約の解除をすることができない。

売買の目的物が種類又は品質に関して契約の内容に適合しないことを直ちに発見することができない場合において、買主が6箇月以内にその不適合を発見したときも、同様とする。

3 前項の規定は、売買の目的物が種類、品質又は数量に関して契約の内容に適合しないことにつき売主が悪意であった場合には、適用しない。

2

第3章
お金の貸し借りの契約
〜消費貸借契約〜

消費貸借契約の キホンは？

お金を借りるときにも契約書ってつくるの？

借用書は、借りる側がつくるものだよね。消費貸借契約書という言葉は聞いたことある？

疑問 消費貸借契約ってそもそも何？

生活資金のため、事業資金のため、様々な理由から、社会ではお金の貸し借りが行われています。他人からお金を借りて、将来お金を返すという内容の契約、それが**消費貸借契約**です。

"貸し借り" といえば、第4章で説明する賃貸借契約と何がどう違うの？　と思われる方もいらっしゃるでしょう。

消費貸借と賃貸借の大きな違いは、その物を返すのかどうかという点です。

受け取ったその物ではなく、同種同等同量の物を返せばよいのが消費貸借です。受け取ったその物を返さなくてはならないのが賃貸借ということになります。

例えば、1万円を借りたとしましょう。借りた際の1万円札をそのまま返さなくてはならないというわけではなく、その1万円札は使って消費してしまってもいいけれど、別途1万円を返さなくてはならないというのが消費貸借です。

ここでは、消費貸借契約に絞って説明していきたいと思います。

基本 民法の基本ルールをおさえる

まずは、民法の基本ルールからおさえていきましょう。

民法は、「消費貸借は、当事者の一方が種類、品質及び数量の同じ物をもって返還をすることを約して相手方から金銭その他の物を受け取ることによって、その効力を生ずる。」と規定しています（民法587条）。先ほどお金の貸し借りの際の契約が消費貸借契約であると述べましたが、厳密にはお金に限られません。ただし、現在、締

結される消費貸借のほとんどはお金の貸し借りがその内容となります。

お金を貸す側の当事者を「**貸主**」と呼び、借りる側の当事者を「**借主**」と呼びます。

民法上は、「貸主は、特約がなければ、借主に対して利息を請求することができない。」と定めています（民法589条1項）。例えば、100万円を借りたら原則として100万円のみを返すということになります。もっとも、「前項の特約があるときは、貸主は、借主が金銭その他の物を受け取った日以後の利息を請求することができる。」とも定められています（民法589条2項）。

そして、通常は、利息を付して返還することが合意されるのが通常です。貸主と借主の間に特別な関係があって、利息を付けずにお金を貸す場合もあるとは思いますが、通常は、貸主側のメリットとして、利息を付けることになります。なお、商法上、例えば企業間のような商人間の消費貸借においては、利息を請求できることが原則となっています（商法513条1項）。

返還時期の定めがない場合には、「貸主は、相当の期間を定めて返還の催告をすることができる。」とされています（民法591条1項）。「相当の期間を定めて」返還の催告をする旨が規定されていますが、相当な期間を定めずに返還の催告をした場合には、その催告の時から返還の準備をするのに相当の期間が経過した後に遅滞の責任が生じます。つまり、返還時期の定めがない場合には、返還の請求をされてから相当の期間内に返還をすればよいということになります。

返還時期の定めがある場合には、勿論、その時期が到来するまでに返還しなければなりません。いつから遅滞の責任を負うかについては、「○年○月○日」というように確定期限を定めた場合には期限の到来により、「貸主が死亡したとき」というような不確定期限を定めた場合には、債務者が、その期限の到来した後に履行の請求を受けた時又はその期限の到来を知った時のいずれか早い時から遅滞の責任が生じます（民法412条1項及び2項）。

なお、借主側は、いつでも返還できることとされています（民法591条2項）。ただし、返還時期の定めがある場合において、借主がその時期の前に返還したことによって貸主に損害が生じた場合、貸主は、借主に対し、その損害を賠償することができることとされています（民法591条3項）。

消費貸借契約における留意点

民法は、消費貸借は「金銭その他の物を受け取ることによって」効力を生ずるとされています（民法587条）。つまり、単に、お金を「貸す」、「借りる」という口頭の約束

だけでは、消費貸借契約は効力を生じないということになります。このような契約のことを「**要物契約**」と呼びます。

　改正民法により、「要物契約」であること（要物性）の要件は明文により緩和されました。すなわち、「書面でする消費貸借は、当事者の一方が金銭その他の物を引き渡すことを約し、相手方がその受け取った物と種類、品質及び数量の同じ物をもって返還を約することによって、その効力を生ずる。」とされました（民法587条の2第1項）。なお、電磁的記録によってされたとき、要するに電子契約の場合も、書面でされたものとみなされます（民法587条の2第3項）。

　その他、前述したとおり、民法上は無利息が原則となっているため、利息をつけるためにはその旨の合意をしなければならないということも留意点の1つです。また、返還時期についても、明確にいついつまでというような確定期限を設けるべきでしょう。

　また、消費貸借契約において、特に事業資金の融資を受ける際に締結されるものについては、連帯保証人をつけることが一般的です。連帯保証人は、実質的に借主の返済債務を負うものです（連帯保証債務として弁済しなければならなくなります）。改正前の民法では、特段の規制がなかったため、頼まれたからといってよくリスクがわからないまま保証契約を締結してしまい、多額の連帯保証債務が履行できず、保証人の生活が破綻するケースも存在していました。そこで、改正により、公的機関である公証人が介在し、保証人となろうとする者が保証債務のリスクを認識する機会を制度的に担保することとしました。

　すなわち、事業のために負担した貸金等債務を主たる債務とする保証契約又は債務の範囲に同債務が含まれる根保証契約は、その契約に先立ち、締結日の前1か月以内に公正証書を作成して、その公正証書において、保証人となろうとする者が保証債務を履行する意思を表示することを、契約の効力発生要件としました（民法465条の6第1項）。

　この条項が適用されるのは、個人の保証人に限られます（民法465条の6第3項）。

　ただし、借主（主債務者）の事業の状況をよくわかっており、保証した場合のリスクの認識が不十分なまま保証契約を締結してしまうおそれが低いと考えられる者についてまで上記の規制を適用するのは過剰となってしまいますので、次に掲げる者については公証人の意思確認を不要としました（民法465条の9）。

▼公証人の意思確認が不要となる保証人候補者

主債務者	保証人候補者
法人	その法人の理事、取締役、執行役orこれらに準ずる者 ・その法人の議決権の過半数を有する者 ・「"その法人の議決権の過半数"を有する株式会社」の議決権の過半数を有する者（2号ロ） ・"その法人の議決権の過半数"を株式会社及びその株式会社の議決権の過半数を有する者が有する場合における、「その株式会社」の議決権の過半数を有する者（2号ハ） ・以上に準ずる者（2号ニ））
個人	・その個人と共同して事業を行う者（3号前段） ・その個人が行う事業に現に従事している、その個人の配偶者（3号後段）

条文

民法412条　（履行期と履行遅滞）

1　債務の履行について確定期限があるときは、債務者は、その期限の到来した時から遅滞の責任を負う。

2　債務の履行について不確定期限があるときは、債務者は、その期限の到来した後に履行の請求を受けた時又はその期限の到来したことを知った時のいずれか早い時から遅滞の責任を負う。

3　債務の履行について期限を定めなかったときは、債務者は、履行の請求を受けた時から遅滞の責任を負う。

民法465条の6　（公正証書の作成と保証の効力）

1　事業のために負担した貸金等債務を主たる債務とする保証契約又は主たる債務の範囲に事業のために負担する貸金等債務が含まれる根保証契約は、その契約の締結に先立ち、その締結の日前1箇月以内に作成された公正証書で保証人になろうとする者が保証債務を履行する意思を表示していなければ、その効力を生じない。

2　前項の公正証書を作成するには、次に掲げる方式に従わなければならない。

①　保証人になろうとする者が、次のイ又はロに掲げる契約の区分に応じ、それぞれ当該イ又はロに定める事項を公証人に口授すること。

イ　保証契約（ロに掲げるものを除く。）　主たる債務の債権者及び債務者、主たる債務の元本、主たる債務に関する利息、違約金、損害賠償その他その債務に従たる全てのものの定めの有無及びその内容並びに主たる債務者がその債務を履行しないときには、その債務の全額について履行する意思（保証人になろうとする者が主たる債務者と連帯して債務を負担しようとするものである場合には、債権者が主たる債務者に対して催告をしたかどうか、主たる債務者がその債務を履行することができるかどうか、又は他に保証人があるかどうかにかかわらず、その全額について履行する意思）を有していること。

ロ　根保証契約　主たる債務の債権者及び債務者、主たる債務の範囲、根保証契約における極度額、元本確定期日の定めの有無及びその内容並びに主たる債務者がその債務を履行しないときには、極度額の限度において元本確定期日又は第465条の4第1項各号若しくは第2項各号に掲げる事由その他の元本を確定すべき事由が生ずる時までに生ずべき主たる債務の元本及び主たる債務に関する利息、違約金、損害賠償その他その債務に従たる全てのものの全額について履行する意思（保証人になろうとする者が主たる債務者と連帯して債務を負担しようとするものである場合には、債権者が主たる債務者に対して催告を

3

したかどうか、主たる債務者がその債務を履行することができるかどうか、又は他に保証人があるかどうかにかかわらず、その全額について履行する意思）を有していること。

② 公証人が、保証人になろうとする者の口述を筆記し、これを保証人になろうとする者に読み聞かせ、又は閲覧させること。

③ 保証人になろうとする者が、筆記の正確なことを承認した後、署名し、印を押すこと。
ただし、保証人になろうとする者が署名することができない場合は、公証人がその事由を付記して、署名に代えることができる。

④ 公証人が、その証書は前３号に掲げる方式に従って作ったものである旨を付記して、これに署名し、印を押すこと。

3 前２項の規定は、保証人になろうとする者が法人である場合には、適用しない。

民法465条の9 （公正証書の作成と保証の効力に関する規定の適用除外）

前３条の規定は、保証人になろうとする者が次に掲げる者である保証契約については、適用しない。

① 主たる債務者が法人である場合のその理事、取締役、執行役又はこれらに準ずる者

② 主たる債務者が法人である場合の次に掲げる者

　イ 主たる債務者の総株主の議決権（株主総会において決議をすることができる事項の全部につき議決権を行使することができない株式についての議決権を除く。以下この号において同じ。）の過半数を有する者

　ロ 主たる債務者の総株主の議決権の過半数を他の株式会社が有する場合における当該他の株式会社の総株主の議決権の過半数を有する者

　ハ 主たる債務者の総株主の議決権の過半数を他の株式会社及び当該他の株式会社の総株主の議決権の過半数を有する者が有する場合における当該他の株式会社の総株主の議決権の過半数を有する者

　ニ 株式会社以外の法人が主たる債務者である場合におけるイ、ロ又はハに掲げる者に準ずる者

③ 主たる債務者（法人であるものを除く。以下この号において同じ。）と共同して事業を行う者又は主たる債務者が行う事業に現に従事している主たる債務者の配偶者

民法587条 （消費貸借）

消費貸借は、当事者の一方が種類、品質及び数量の同じ物をもって返還をすることを約して相手方から金銭その他の物を受け取ることによって、その効力を生ずる。

民法589条 （利息）

1 貸主は、特約がなければ、借主に対して利息を請求することができない。

2 前項の特約があるときは、貸主は、借主が金銭その他の物を受け取った日以後の利息を請求することができる。

民法591条 （返還の時期）

1 当事者が返還の時期を定めなかったときは、貸主は、相当の期間を定めて返還の催告をすることができる。

2 借主は、返還の時期の定めの有無にかかわらず、いつでも返還をすることができる。

3 当事者が返還の時期を定めた場合において、貸主は、借主がその時期の前に返還をしたことによって損害を受けたときは、借主に対し、その賠償を請求することができる。

商法513条 （利息請求権）

1 商人間において金銭の消費貸借をしたときは、貸主は、法定利息を請求することができる。

2 商人がその営業の範囲内において他人のために金銭の立替えをしたときは、その立替えの日以後の法定利息を請求することができる。

お金の貸し借りで必要？消費貸借契約書って？

部長、弊社取引先のA株式会社が資金繰りで困っているようでして、1,000万円の融資をしてほしいとのことです

A株式会社の経営状況を把握する必要があるな。君の方では、ひとまず、こちらに有利な消費貸借契約書の案を作っておいてほしい

疑問 消費貸借契約書における注意点は？

消費貸借契約における注意点は何でしょうか。

3-1節で述べましたが、従来は要物契約であることから、契約書には、お金を受け取ったことを記すのが一般的でしたが、改正民法により、書面による消費貸借契約の場合には要物性の要件が緩和されたため、必ずしも受け取らない段階でも契約の効力が生ずることとなりました。ただし、契約締結時点で受け取っているのかいないのか、いない場合の受領方法・時期の詳細を明確にすることは重要です。

また、利息の定めをおかないと無利息となってしまう可能性があるため、どのくらいの利息をつけるのかについても明記しておくべきです。

貸した側としては、貸したお金が返ってくるのか不安です。そこで、連帯保証人を立てる等の対応をする必要があります。

基本 消費貸借契約書の「ひな形」

さっそく、まずは「ひな形」を見てみましょう。そのうえで、貸主側、借主側それぞれの立場から有利となるように「ひな形」の修正例を取り上げます。

金銭消費貸借契約書

　［貸主］○○○○（以下「貸主」という。）、［借主］□□□□（以下「借主」という。）及び［連帯保証人］◎◎◎◎（以下「連帯保証人」という。）は、次のとおり金銭消費貸借契約（以下「本契約」という。）及び連帯保証契約を締結する。

第1条（金銭の貸借） （P112参照）

　貸主は、借主に対し、本日、金○円を貸し渡し、借主はこれを受領した。

第2条（返済方法）（P112参照）

　借主は、貸主に対し、前条の借入金を、次のとおり分割して、貸主が指定する下記金融機関口座に振り込む方法により支払う。振込手数料は借主の負担とする。

　(1)　　令和○年○月○日限り　　金○円
　(2)　　令和○年○月から令和○年○月まで毎月末日限り　　各金○円（○回払い）

記

【振込先口座】
　　金融機関：
　　支　　店：
　　種　　別：
　　口座番号：
　　口座名義：
　　カ　　ナ：

第3条（利息）（P112参照）

　利息は、元金に対して年○％（年365日日割計算）とし、借主は、貸主に対し、前条の各弁済期に、前条の口座に元金とともに振り込む方法により支払う。振込手数料は借主の負担とする。

第4条（期限の利益の喪失）（P113参照）

　借主について、次の各号の事由が一つでも生じた場合には、貸主からの何らの通知催告がなくても借主は当然に期限の利益を失い、直ちに元利金全額を支払う。

　(1)　　本契約の一つにでも違反したとき
　(2)　　差押、仮差押、仮処分、強制執行、担保権の実行としての競売、租税滞納処分その他これらに準じる手続が開始されたとき

(3) 破産、特別清算、民事再生もしくは会社更生の手続開始の申立てをし、又はなされたとき

(4) 自ら振り出しもしくは引き受けた手形又は小切手が1回でも不渡りとなったとき

(5) 支払停止状態に至ったとき

(6) 合併による消滅、資本の減少、営業の廃止もしくは変更又は解散決議がなされたとき

(7) 貸主に対する詐術その他の背信的行為があったとき

(8) その他、資産、信用又は支払能力に重大な変更を生じたとき

第5条（遅延損害金） 重要度 B （P113参照）

借主が、本契約に基づく支払を遅滞したとき、又は前条により期限の利益を喪失したときは、借主は、貸主に対し、弁済期の翌日から支払済みに至るまで残元金に対する年○%（年365日日割計算）の割合による遅延損害金を支払う。

第6条（報告） 重要度 B （P114参照）

1. 借主及び連帯保証人は、その印章、署名、名称、商号、代表者、住所等に変更があった場合には、書面により直ちに貸主に報告する。

2. 前項の報告を怠るなど借主又は連帯保証人の責に帰すべき事由により、貸主が行った通知又は送付した書類等が延着し又は到達しなかった場合には、通常到達すべき時に到達したものとみなす。

第7条（連帯保証） 重要度 B （P114参照）

連帯保証人は、借主が貸主に対し本契約第2条から第5条までに基づき負担する債務につき、借主と連帯して保証する。

第8条（情報提供に関する同意等） 重要度 A （P114参照）

1. 借主は、連帯保証人から貸主に対して請求があったときに貸主が民法458条の2に規定される情報を連帯保証人に提供すること、及び借主が期限の利益を喪失したときに貸主がその旨を連帯保証人に通知することについて、あらかじめ同意する。

2. 借主及び連帯保証人は、貸主に対し、借主が連帯保証人に対し本契約締結日までに書面をもって次に掲げる事項に関する情報を提供し、連帯保証人が同提供を受けたことを表明し、保証する。

(1) 借主の財産及び収支の状況

(2) 借主が他に負担している債務並びにその額及び履行状況

(3) 借主が担保として他に提供し、又は提供しようとするものがあるときは、その旨及びその内容

第9条（反社会的勢力の排除） 重要度 C （P116参照）

3

1. 貸主、借主及び連帯保証人は、それぞれ相手方に対し、次の各号に掲げる事項を確約する。
   (1) 自らが、暴力団、暴力団員、暴力団員でなくなった時から 5 年を経過していない者、暴力団準構成員、暴力団関係企業、総会屋等その他これらに準ずる者又はその構成員（以下、総称して「反社会的勢力」という。）ではないこと
   (2) 自らの役員（取締役、執行役、執行役員、業務を執行する社員、監査役又はこれらに準ずる者をいう。）が反社会的勢力ではないこと
   (3) 反社会的勢力に自己の名義を利用させ、本契約及び連帯保証契約（以下、併せて「本契約等」という。）を締結するものでないこと
   (4) 自ら又は第三者を利用して、本契約等に関して相手方に対する脅迫的な言動若しくは暴力を用いる行為、又は偽計若しくは威力を用いて相手方の業務を妨害し、若しくは信用を毀損する行為をしないこと
2. 貸主は、借主又は連帯保証人が次の各号のいずれかに該当した場合には本契約等を、借主又は連帯保証人は、貸主が次の各号のいずれかに該当した場合には本契約等を、それぞれ、その相手方は、何らの催告を要しないで、直ちに解除することができる。
   (1) 前項第 1 号又は第 2 号の確約に反する申告ないし表明をしたことが判明した場合
   (2) 前項第 3 号の確約に反し、本契約等を締結したことが判明した場合
   (3) 前項第 4 号の確約に反する行為をした場合
3. 前項の規定により、本契約等が解除された場合には、解除された者は、その相手方に対し、相手方の被った損害を賠償する。
4. 第 2 項の規定により、本契約等が解除された場合には、解除された者は、解除により生じた損害について、その相手方に対し一切の請求を行わない。

第 10 条（協議解決） 重要度 C (P116参照)

　本契約等に定めのない事項及び本契約等の内容の解釈に疑義が生じた事項については、当事者間で誠実に協議の上、これを解決するものとする。

第 11 条（専属的合意管轄） 重要度 C (P116参照)

　本契約等に関して生じた一切の紛争については、○○地方裁判所を第一審の専属的合意管轄裁判所とする。

　以上、本契約等の締結の証として、本契約書 3 通を作成し、貸主、借主及び連帯保証人が、署名又は記名及び押印のうえ、各 1 通を保有する。

　令和○年○月○日

　　　　　　　　貸　　　主　　東京都○○区・・・
　　　　　　　　　　　　○○　○○　　　　印

借　　主　東京都○○区・・・
　　　　　　□□　□□　　　　　印

連帯保証人　東京都○○区・・・
　　　　　　◎◎　◎◎　　　　　印

●タイトル・表題

　今回取り上げたひな形は、金銭を貸し借りする契約です。「消費貸借契約書」というタイトルや単に「契約書」といったタイトルでも、法的に問題があるわけではありませんが、わかりやすさの観点から「金銭消費貸借契約書」というタイトルにしました。

●収入印紙について

　金銭消費貸借契約書は、以下のとおり、契約書に記載された契約金額によって印紙税の額が変わります。なお、印紙税は、契約書原本1通又は1冊についてかかるものです。

▼金銭消費貸借契約書の印紙税額（令和元年6月現在）

記載された契約金額	印紙税額
1万円未満	非課税
1万円以上10万円以下	200円
10万円を超え50万円以下	400円
50万円を超え100万円以下	1,000円
100万円を超え500万円以下	2,000円
500万円を超え1,000万円以下	1万円
1,000万円を超え5,000万円以下	2万円
5,000万円を超え1億円以下	6万円
1億円を超え5億円以下	10万円
5億円を超え10億円以下	20万円
10億円を超え50億円以下	40万円
50億円を超える	60万円
金額の記載なし	200円

●前文

　ひな形では、連帯保証人を含めて、連帯保証契約も、消費貸借契約と同時に締結することを想定しているため、当事者を貸主、借主及び連帯保証人の3者とし、締結する契約は、消費貸借契約と連帯保証契約であることを明記しています。ひな形では、3者をそれぞれ「貸主」「借主」「連帯保証人」と定義していますが、これを「甲」「乙」「丙」と定義することも可能です。

●第1条（金銭の貸借）について

　誰が、誰に対して、いつ、いくらを貸したのかを明確にする条項です。後々、金額で揉めることのないように、明記することが大切です。

　また、前述したとおり、書面による消費貸借契約は要物性が緩和されていますが、ひな形のように、契約締結時に金員を受領している場合には、「貸し渡し、・・・これを受領した」という表現を用いて明らかにするのが重要です。

　他方で、仮に契約締結後に金銭の授受を行う場合（要物性が緩和されていますので契約の効力は生じる）、例えば「貸主は、借主に対し、令和○年○月○日限り、金○円を、借主が指定する下記金融機関口座に振り込む方法により貸し渡し、借主はこれを受領する。振込手数料は、借主の負担とする。」といった条項にすることが考えられます。

●第2条（返済方法）について

　借入金をどのように弁済するのか（一括なのか分割なのか）、いつまでに弁済するのか（弁済期はいつなのか）等について定めた条項です。返済スケジュールを示す条項となりますので重要です。

　弁済のための振込手数料は、弁済をする側である借主の負担とするのが通常です。そのため、ひな形でも「借主の負担」としています。

　なお、第1号の令和○年○月○日「限り」というのは、その日にならなければ支払えないという意味ではなく、「までに」という意味を表すものです。

●第3条（利息）について

　利息を付すのが通常ですが、その利息を何％にするかについて定めた条項です。利息制限法に抵触しないように注意する必要があります。利息制限法に抵触する利息を定めた場合には、上限を超える部分については無効となります。

▼利息制限法の上限利率

元本金額	上限利率
10万円未満	年20%
10万円以上100万円未満	年18%
100万円以上	年15%

　なお、仮に、この条項がない場合においては、商法上、商人間の消費貸借と認められるときには、法定利息を請求できることとなります（商法513条1項）。この場合の法定利率は、従来の商事法定利率（年6%）の規定は民法の改正とともに削除されますので、民法の規定が適用されることになります。改正民法では、従来、年5%であった法定利率を、年3%として定め（民法404条2項）、3年ごとに見直されることになりました（民法404条3項から5項まで）。

●第4条（期限の利益の喪失）について
（P108 参照）

　弁済期を設けることになりますので、借主としては、その弁済期が到来するまで、お金を返さなくてよいということになります。これを「期限の利益」といいます。民法でも出てくる用語です（民法136条、137条）。

　もっとも、貸主としては、一定の場合に、借主のこの「期限の利益」を当然に喪失させて、直ちに、お金を返す義務を負わせたいところです。民法は、3つの場合において期限の利益を喪失させることを規定していますが（民法137条）、それ以外の場合も挙げて期限の利益喪失条項を設けることが一般的です。ひな形で挙げた各号の事由は、契約締結当初の借主の信用状況が悪化したことを示す事情を中心に挙げています。

●第5条（遅延損害金）について
（P109 参照）

　遅延損害金をいくらにするかについてですが、法定利率は前記第3条の解説部分で述べた民法の規定により定まることになります（民法419条1項、404条）。ただし、法定利率よりも約定利率が優先となりますので、合意によって定めた利率に基づいて遅延損害金を支払うことになります。貸主としては、支払を確保するうえでも高い利率をペナルティとして定めておいた方がよいということになりますが、借主としては、万が一に備えて、低い利率の方がよいということになります。

　利息制限法は、前記第3条の解説部分で示した上限利率の1.46倍を超える場合には、その超過部分について無効とする旨を定めています。すなわち、以下の利率が上限利率となります。

▼利息制限法における遅延損害金の上限利率

元本金額	上限利率
10万円未満	年29.2%
10万円以上100万円未満	年26.28%
100万円以上	年21.9%

　また、消費者契約法では上限利率を14.6%としていますので、消費者と事業者との間で締結される場合には注意が必要です。

●第6条（報告）について （P109参照）

　貸主としては、借主や連帯保証人の情報に変更があった場合には、その変更後の情報を把握しておきたいところです。請求をする際のみならず裁判をする際にも重要な情報となります。

●第7条（連帯保証）について （P109参照）

　連帯保証をさせる旨の条項となります。どの範囲の債務を誰と連帯するのかという点を明記することになります。ひな形では、「借主が貸主に対し本契約第2条から第5条までに基づき負担する債務」を「借主」と連帯して保証すると定めています。

　なお、前述したとおり、事業のために負担した貸金等債務を主たる債務とする保証契約は、その契約に先立ち、締結日の前1か月以内に公正証書を作成して、その公正証書において、保証人となろうとする者が保証債務を履行する意思を表示することを、契約の効力発生要件となっています（民法465条の6第1項）。保証人候補者が個人であり、かつ、所定の例外（民法465条の9）に該当しない場合には、公正証書の作成を要することに注意が必要です。

●第8条（情報提供に関する同意等） （P109参照）

1. 債権者による保証人に対する情報提供に関する同意

　改正前民法では、主債務者がその債務を履行していないこと（それ故遅延損害金が日々生じていること）や残高が現在いくらになっているのか等について、保証人は債権者に情報提供を求めることができる規定はありませんでした。実務においては、保証人からの求めに応じて、債権者側で任意に開示している例もありましたが、その法的根拠が不明瞭であり、結果として情報提供を委縮せざるを得ないものでした。

　そこで、改正により、保証人が正当に情報提供を受けられるようにするため、債権

者に情報提供義務を課すこととされました（民法458条の2）。もっとも、当該情報は債務者にとっては信用情報にほかならないため、すべての保証人に権利を認めるのは相当ではないという判断から、委託を受けて保証した場合に限ることとされています。

　法律上の義務とはなっているとはいえ、情報提供をすることについてあらかじめ主債務者である借主の同意を取得しておくことは事実上のクレームへの対応としても望ましいです。そこで、ひな形でも、第1項で借主の同意規定を設けています。

　また、上記の情報提供のほかに、保証人が個人である場合において保証人を保護するために、債権者は、保証人に対し、主債務につき期限の利益が失われたときは、2か月以内に通知しなければならない旨の規定が置かれました（民法458条の3第1項）。

　この点についても、債権者である貸主側で画一的な取扱いを図る観点から、借主側の同意規定をデフォルトで設けておくことが望ましいので、ひな形では第1項で規定を設けています。

3

2. 主債務者による保証人に対する情報提供に関する表明保証

　改正前の民法では、主債務者が、委託を受けて保証になろうとする者に対して何らかの情報提供をしなければならないとする規定はなく、委託を受けて保証人になろうとする者は、任意に主債務者から情報を開示してもらうほかないというのが実情で、主債務者の財産や収支の状況等に基づいて、保証人になった場合のリスクを適切に把握する機会は制度的に与えられてはいませんでした。

　そこで、改正により、委託を受けて保証人になろうとする者に対して、リスクを検討する機会を与えるべく、主債務者が、事業のために負担する債務について保証を委託する場合、その委託を受ける者に対して、次の事項に関する情報を提供しなければならないというルールが新設されました（民法465条の10第1項）。

　　・財産及び収支の状況
　　・主債務以外に負担している債務並びにその額及び履行状況
　　・主債務の担保として他に提供し、又は提供しようとするものがあるときは、
　　　その旨及びその内容

　そして、仮に主債務者が情報提供義務を怠った場合（提供しなかった場合又は事

実と異なる情報を提供した場合）において、それが故に、保証人がその事項について誤認をして、保証契約を締結したときに、債権者が情報提供義務違反を知り、又は知ることができたときは、その保証人は、保証契約を取り消すことができるとされました（民法465条の10第2項）。

したがって、債権者である貸主としては、保証契約が取り消されることがないように、主債務者（借主）が連帯保証人に情報提供をしていることを表明し保証してもらうことが妥当といえます。そこで、ひな形でも第2項として規定を設けています。

なお、以上のルールは、委託を受けて保証をする者が個人の場合に限られますが（民法465条の10第3項）、債権者である貸主側で画一的な取扱いを図る観点から、規定をデフォルトで設けておくことが望ましいでしょう。

●第9条（反社会的勢力の排除）について

暴力団等の反社会的勢力の排除に関する上記のような条項を契約に盛り込むことは、政府の指針や各都道府県の暴力団排除条例に沿うものであり、自社を守る上でも非常に重要です。そのため、最近の契約書には、上記のような条項が設けられるのが通常です。

●第10条（協議解決）について

誠実協議条項とも呼ばれますが、上記のような条項を設けられることは多いです。ただし、この条項を設けたからといって、特別な意味が生じるとはいえません。紛争が生じた場合には、最終的に裁判等の手続によって解決を求めることになります。

●第11条（専属的合意管轄）について

一般的には、被告とする相手方の所在地や民事訴訟法所定の地を管轄する裁判所に訴訟を提起することになるのですが（民事訴訟法4条以下）、当事者は、第一審に限り、合意によって、管轄裁判所を定めることができます（民事訴訟法11条）。

法定の管轄裁判所に付加的に管轄裁判所を合意したものではなく、ここの裁判所のみ、という趣旨で合意したことを示すために「専属的合意」という表現を用いることになります。

立場に応じた攻め方・守り方（ひな形の修正）

●貸主側の立場から

1. 連帯保証債務の付従性に関する条項の追加

　付従性とは連帯保証債務の性質のことを指しますが、改正民法では、保証人が主債務者の有する抗弁権を援用できる旨の規定を拡充されました（民法457条2項・3項）。また、債権者による連帯保証人に対する履行の請求は主債務者に対してその効力を生じないこととされました（民法458条）。

　もっとも、債権者と主債務者が別の合意をしていた場合には、上記のルールよりもその合意が優先することされています（民法458条、441条）。

　そのため、債権者である貸主としては、下記のように、抗弁権を援用できない旨及び履行請求の効力が主債務者に対しても及ぶ旨を契約書に盛り込むことは有利となります（2項から4項まで）。

【ひな形－条項の追加例】

> **第7条（連帯保証）**
> 1.　連帯保証人は、借主が貸主に対し本契約に基づき負担する一切の債務につき、借主と連帯して保証する。
> 2.　連帯保証人は、借主が貸主に対して主張することができる抗弁をもって、貸主に対抗することができない。
> 3.　連帯保証人は、借主が貸主に対して相殺権、取消権又は解除権を有する場合であっても、これらの権利の行使をすることはできず、第1項に基づく連帯保証債務の履行を拒むことはできない。
> 4.　貸主から連帯保証人に対する履行の請求は、貸主及び他の保証人に対してもその効力を生ずる。

2. 公正証書の作成

　金銭の支払債務については、強制執行認諾文言を付けた公正証書を作成することによって、裁判をせずに強制執行を行うことが可能となりますので、貸主にとって非常に有利となります。

【ひな形－条項の追加例①】

> **第○条（公正証書）**
> 　借主は、貸主の要請があったときは、本契約に基づく債務につき強制執行認諾文言付き公正証書の作成に応じなければならない。なお、公正証書の作成に要する費用は借主の負担とする。

3

最初から公正証書により契約書を作成する場合には、次のような強制執行認諾文言を追記することになります。

【ひな形－条項の追加例②】

> **第○条（強制執行認諾）**
> 　借主は、本契約上の金銭債務を履行しないときは、直ちに強制執行に服する旨認諾した。

●借主側の立場から

1. 期限の利益の喪失の修正

　ひな形では、「本契約の一つにでも違反したとき」を期限の利益の喪失の事由として掲げています。借主が1回でも期限通りに支払えなかった場合には、契約違反として期限の利益を喪失することになってしまいます。

　そこで、例えば、以下のように滞納額のラインを設けて期限の利益を喪失する旨に修正できれば、借主に有利となります（4条1号）。

【ひな形－第4条第1号の修正例】

> **第4条（期限の利益の喪失）**
> 　借主について、次の各号の事由が一つでも生じた場合には、貸主からの何らの通知催告がなくても借主は当然に期限の利益を失い、直ちに元利金全額を支払う。
> 　(1)　本契約の一つにでも違反したとき
> 　(2)　差押、仮差押、仮処分、強制執行、担保権の実行としての競売、租税滞納処分その他これらに準じる手続が開始されたとき
> 　(3)　破産、特別清算、民事再生もしくは会社更生の手続開始の申立てをし、又はなされたとき
> 　(4)　自ら振り出しもしくは引き受けた手形又は小切手が1回でも不渡りとなったとき
> 　(5)　支払停止状態に至ったとき
> 　(6)　合併による消滅、資本の減少、営業の廃止もしくは変更又は解散決議がなされたとき
> 　(7)　貸主に対する詐術その他の背信的行為があったとき
> 　(8)　その他、資産、信用又は支払能力に重大な変更を生じたとき

> **第4条（期限の利益喪失）**
> 　借主について、次の各号の事由が一つでも生じた場合には、貸主からの何らの通知催告がなくても借主は当然に期限の利益を失い、直ちに元利金全額を支払う。
> 　(1)　本契約の一つにでも違反したとき（ただし、借主が債務の支払を怠ったときは、その額が○万円を超えたときに限る）

2. 権利の譲渡等の禁止

　第1章で述べたとおり、改正民法では、当事者が債権の譲渡を禁止し、又は制限する旨の意思表示（譲渡制限の意思表示）をしたときであっても、債権の譲渡の効力が妨げられないものとされました（民法466条2項）。そのうえで、譲受人が、その譲渡制限の意思表示につき悪意又は重過失であった場合には、債務者の期待を優先させ、債務者はその譲受人からの履行請求を拒むことができ、かつ、譲渡人に対する弁済等をもって、その譲受人に対抗できるとされました（民法466条3項）。

　借主としては、自由に譲渡されてしまうと、それまで知らなかった見ず知らずの第三者から請求を受けることになってしまいます。

　そこで、悪意又は重過失である譲受人に対してしか対抗できないとはいえ、以下のような条項（特約）を加えておく方が借主にとって有利です。

【ひな形－条項の追加例】

3

> **第〇条（権利の譲渡等の禁止）**
> 　貸主及び借主は、あらかじめ相手方の書面による承諾がない限り、本契約上の地位を第三者に移転し、本契約に基づく権利の全部若しくは一部を第三者に譲渡し、若しくは第三者の担保に供し、又は、本契約に基づく義務の全部若しくは一部を第三者に引き受けさせてはならない。

条文

民法136条 （期限の利益及びその放棄）
1　期限は、債務者の利益のために定めたものと推定する。
2　期限の利益は、放棄することができる。ただし、これによって相手方の利益を害することはできない。

民法137条 （期限の利益の喪失）
　次に掲げる場合には、債務者は、期限の利益を主張することができない。
① 債務者が破産手続開始の決定を受けたとき。
② 債務者が担保を滅失させ、損傷させ、又は減少させたとき。
③ 債務者が担保を供する義務を負う場合において、これを供しないとき。

民法404条 （法定利率）
1　利息を生ずべき債権について別段の意思表示がないときは、その利率は、その利息が生じた最初の時点における法定利率による。
2　法定利率は、年3パーセントとする。
3　前項の規定にかかわらず、法定利率は、法務省令で定めるところにより、3年を1期とし、1期ごとに、次項の規定により変動するものとする。
4　各期における法定利率は、この項の規定により法定利率に変動があった期のうち直近のもの（以下この項において「直近変動期」という。）における基準割合と当期における基準割合との差に相当する割合（その割合に1パーセント未満の端数があるときは、これを切り捨てる。）を直近変動期における法定利率に加算し、又は減算した割合とする。

5 前項に規定する「基準割合」とは、法務省令で定めるところにより、各期の初日の属する年の6年前の年の1月から前々年の12月までの各月における短期貸付けの平均利率（当該各月において銀行が新たに行った貸付け（貸付期間が1年未満のものに限る。）に係る利率の平均をいう。）の合計を60で除して計算した割合（その割合に0.1パーセント未満の端数があるときは、これを切り捨てる。）として法務大臣が告示するものをいう。

民法419条 （金銭債務の特則）
1 金銭の給付を目的とする債務の不履行については、その損害賠償の額は、債務者が遅滞の責任を負った最初の時点における法定利率によって定める。
ただし、約定利率が法定利率を超えるときは、約定利率による。
2 前項の損害賠償については、債権者は、損害の証明をすることを要しない。
3 第1項の損害賠償については、債務者は、不可抗力をもって抗弁とすることができない。

民法441条 （相対的効力の原則）
第438条、第439条第1項及び前条に規定する場合を除き、連帯債務者の一人について生じた事由は、他の連帯債務者に対してその効力を生じない。
ただし、債権者及び他の連帯債務者の一人が別段の意思を表示したときは、当該他の連帯債務者に対する効力は、その意思に従う。

民法457条 （主たる債務者について生じた事由の効力）
1 主たる債務者に対する履行の請求その他の事由による時効の完成猶予及び更新は、保証人に対しても、その効力を生ずる。
2 保証人は、主たる債務者が主張することができる抗弁をもって債権者に対抗することができる。
3 主たる債務者が債権者に対して相殺権、取消権又は解除権を有するときは、これらの権利の行使によって主たる債務者がその債務を免れるべき限度において、保証人は、債権者に対して債務の履行を拒むことができる。

民法458条 （連帯保証人について生じた事由の効力）
第438条、第439条第1項、第440条及び第441条の規定は、主たる債務者と連帯して債務を負担する保証人について生じた事由について準用する。

民法458条の2 （主たる債務の履行状況に関する情報の提供義務）
保証人が主たる債務者の委託を受けて保証をした場合において、保証人の請求があったときは、債権者は、保証人に対し、遅滞なく、主たる債務の元本及び主たる債務に関する利息、違約金、損害賠償その他その債務に従たる全てのものについての不履行の有無並びにこれらの残額及びそのうち弁済期が到来しているものの額に関する情報を提供しなければならない。

民法458条の3 （主たる債務者が期限の利益を喪失した場合における情報の提供義務）
1 主たる債務者が期限の利益を有する場合において、その利益を喪失したときは、債権者は、保証人に対し、その利益の喪失を知った時から2箇月以内に、その旨を通知しなければならない。
2 前項の期間内に同項の通知をしなかったときは、債権者は、保証人に対し、主たる債務者が期限の利益を喪失した時から同項の通知を現にするまでに生じた遅延損害金（期限の利益を喪失しなかったとしても生ずべきものを除く。）に係る保証債務の履行を請求することができない。
3 前2項の規定は、保証人が法人である場合には、適用しない。

民法465条の6 （公正証書の作成と保証の効力）
1 事業のために負担した貸金等債務を主たる債務とする保証契約又は主たる債務の範囲に事業のために負担する貸金等債務が含まれる根保証契約は、その契約の締結に先立ち、その締結の日前1箇月以内に作成された公正証書で保証人になろうとする者が保証債務を履行する意思を表示していなければ、その効力を生じない。
2 前項の公正証書を作成するには、次に掲げる方式に従わなければならない。
① 保証人になろうとする者が、次のイ又はロに掲げる契約の区分に応じ、それぞれ当該イ又はロに定める事項を公証人に口授すること。
イ 保証契約（ロに掲げるものを除く。） 主たる債務の債権者及び債務者、主たる債務の元本、主たる債務に関する利息、違約金、損害賠償その他その債務に従たる全てのものの定めの有無及びその内容並びに主たる債務者がその債務を履行しないときには、その債務の全額について履行する意思（保証人になろうとする者が主たる債務者と連帯して債務を負担しようとするものである場合には、債権者が主たる債務者に対して催告をしたかどうか、主

たる債務者がその債務を履行することができるかどうか、又は他に保証人があるかどうかにかかわらず、その全額について履行する意思）を有していること。

　　ロ　根保証契約　主たる債務の債権者及び債務者、主たる債務の範囲、根保証契約における極度額、元本確定期日の定めの有無及びその内容並びに主たる債務者がその債務を履行しないときには、極度額の限度において元本確定期日又は第465条の4第1項各号若しくは第2項各号に掲げる事由その他の元本を確定すべき事由が生ずる時までに生ずべき主たる債務の元本及び主たる債務に関する利息、違約金、損害賠償その他の債務に従たる全てのものの全額について履行する意思（保証人になろうとする者が主たる債務者と連帯して債務を負担しようとするものである場合には、債権者が主たる債務者に対して催告をしたかどうか、主たる債務者がその債務を履行することができるかどうか、又は他に保証人があるかどうかにかかわらず、その全額について履行する意思）を有していること。
　②　公証人が、保証人になろうとする者の口述を筆記し、これを保証人になろうとする者に読み聞かせ、又は閲覧させること。
　③　保証人になろうとする者が、筆記の正確なことを承認した後、署名し、印を押すこと。
　　ただし、保証人になろうとする者が署名することができない場合は、公証人がその事由を付記して、署名に代えることができる。
　④　公証人が、その証書は前3号に掲げる方式に従って作ったものである旨を付記して、これに署名し、印を押すこと。
3　前2項の規定は、保証人になろうとする者が法人である場合には、適用しない。

民法465条の10　（契約締結時の情報の提供義務）

1　主たる債務者は、事業のために負担する債務を主たる債務とする保証又は主たる債務の範囲に事業のために負担する債務が含まれる根保証の委託をするときは、委託を受ける者に対し、次に掲げる事項に関する情報を提供しなければならない。
　①　財産及び収支の状況
　②　主たる債務以外に負担している債務の有無並びにその額及び履行状況
　③　主たる債務の担保として他に提供し、又は提供しようとするものがあるときは、その旨及びその内容
2　主たる債務者が前項各号に掲げる事項に関して情報を提供せず、又は事実と異なる情報を提供したために委託を受けた者がその事項について誤認をし、それによって保証契約の申込み又はその承諾の意思表示をした場合において、主たる債務者がその事項に関して情報を提供せず又は事実と異なる情報を提供したことを債権者が知り又は知ることができたときは、保証人は、保証契約を取り消すことができる。
3　前2項の規定は、保証をする者が法人である場合には、適用しない。

民法466条　（債権の譲渡性）

1　債権は、譲り渡すことができる。
　　ただし、その性質がこれを許さないときは、この限りでない。
2　当事者が債権の譲渡を禁止し、又は制限する旨の意思表示（以下「譲渡制限の意思表示」という。）をしたときであっても、債権の譲渡は、その効力を妨げられない。
3　前項に規定する場合には、譲渡制限の意思表示がされたことを知り、又は重大な過失によって知らなかった譲受人その他の第三者に対しては、債務者は、その債務の履行を拒むことができ、かつ、譲渡人に対する弁済その他の債務を消滅させる事由をもってその第三者に対抗することができる。
4　前項の規定は、債務者が債務を履行しない場合において、同項に規定する第三者が相当の期間を定めて譲渡人への履行の催告をし、その期間内に履行がないときは、その債務者については、適用しない。

商法513条　（利息請求権）

1　商人間において金銭の消費貸借をしたときは、貸主は、法定利息を請求することができる。
2　商人がその営業の範囲内において他人のために金銭の立替えをしたときは、その立替えの日以後の法定利息を請求することができる。

3

第4章
物の貸し借りの契約
～賃貸借契約～

賃貸借契約のキホンは？

 割と身近な賃貸借契約ってあるけど、どのようなもの？

 えーっと。お金を払って物を借りる契約です（言われてみれば、よくわからない……）

疑問 賃貸借契約ってそもそも何？

賃貸マンション等を探すインターネットサイトも今はたくさんありますね。賃貸借契約は、賃貸マンションや賃貸アパートを借りる際に締結する馴染みのある契約ではないでしょうか。

会社運営においても、オフィス（事務所）を新たに設立する場合や移転する場合、逆に、自社ビルをテナントに貸し出す場合等には、建物の賃貸借契約を締結することになります。

賃貸借契約の基本ルールは後で詳しく説明しますが、物の貸し借りであること、賃料を支払うことのほかに、物を返却すること等がポイントとなります。

より身近な賃貸借契約として、CDやDVDのレンタルがあります（最近は減ってきましたが…）。借りてきたCDを再生しようとしても再生できなかった場合でもレンタル料は支払う必要はあるのでしょうか？　借りてきたCDに傷をつけてしまった場合には補償する必要はあるのでしょうか？　CDの返却期限に遅れて返却した場合には追加で費用を支払う必要はあるのでしょうか？　などなど、少し考えただけでも、いろいろな問題がイメージできますね。契約書を考えていく際にも、こういうイメージ（想像力）が大切です。

貸し借りの対象となる「物」は、不動産（土地・建物）に限られません。自動車や機械も対象となりますし、前記のとおり、より日常生活に近い部分では、CDやDVDレンタルも、賃貸借契約といえます。

ここでは、実務上接する機会の多い建物賃貸借契約、すなわち、貸し借りの対象を「建物」に絞って説明していきたいと思います。

まずは、民法の基本ルールからおさえていきましょう。

民法は、「賃貸借は、当事者の一方がある物の使用及び収益を相手方にさせること
を約し、相手方がこれに対してその賃料を支払うこと及び引渡しを受けた物を契約
が終了したときに返還することを約することによって、その効力を生ずる。」と規定
しています (民法601条)。

目的物を貸す側の当事者を「**賃貸人**」と呼び、借りる側の当事者を「**賃借人**」と呼
びます。

①賃貸人が賃借人に対して目的物の使用収益をさせること、②賃借人が賃貸人に
対して使用収益 (①) の対価として賃料を支払うこと及び契約が終了したときにその
目的物を返還すること、がそれぞれの主な義務です。

その他にも、民法には規定が設けられています。

賃貸人側の義務として、他にも、目的物の使用収益をさせるために必要な修繕を
行う義務があります (民法606条1項)。

また、賃借人が支出した必要費及び有益費を償還する義務があります (民法608
条)。

賃借人側の義務としては、契約終了時に目的物を原状に復して返還すべき義務が
あります (民法621条)。「原状に復する」ことを原状回復と呼びますが、これは、目
的物を契約締結時の状態に戻すことを意味します。

4

発展 賃貸借契約における留意点

前記「基本」で見た民法のルールは、当事者間の合意に優先する効力はありません
(**任意規定**と呼びます)。

他方で、建物の賃貸借契約を考えるうえでは、民法のルールの理解を前提に、**借地
借家法**の規定を念頭に置く必要があります。

借地借家法は、民法に対する**特別法**で、賃借人保護のために、当事者間の合意に優
先する効力を有する規定を設けています (**強行規定**と呼びます)。

建物賃貸借契約では、普通建物賃貸借契約と定期建物賃貸借契約があります。

4-2節で、**建物普通賃貸借契約**を、4-3節で、**定期建物賃貸借契約**をそれぞれ説明
していきたいと思います。

民法601条 （賃貸借）

　賃貸借は、当事者の一方がある物の使用及び収益を相手方にさせることを約し、相手方がこれに対してその賃料を支払うこと及び引渡しを受けた物を契約が終了したときに返還することを約することによって、その効力を生ずる。

民法606条 （賃貸人による修繕等）

　1　賃貸人は、賃貸物の使用及び収益に必要な修繕をする義務を負う。
　ただし、賃借人の責めに帰すべき事由によってその修繕が必要となったときは、この限りでない。

　2　賃貸人が賃貸物の保存に必要な行為をしようとするときは、賃借人は、これを拒むことができない。

民法608条 （賃借人による費用の償還請求）

　1　賃借人は、賃借物について賃貸人の負担に属する必要費を支出したときは、賃貸人に対し、直ちにその償還を請求することができる。

　2　賃借人が賃借物について有益費を支出したときは、賃貸人は、賃貸借の終了の時に、第196条第2項の規定に従い、その償還をしなければならない。ただし、裁判所は、賃貸人の請求により、その償還について相当の期限を許与することができる。

民法621条 （賃借人の原状回復義務）

　賃借人は、賃借物を受け取った後にこれに生じた損傷（通常の使用及び収益によって生じた賃借物の損耗並びに賃借物の経年変化を除く。以下この条において同じ。）がある場合において、賃貸借が終了したときは、その損傷を原状に復する義務を負う。ただし、その損傷が賃借人の責めに帰することができない事由によるものであるときは、この限りでない。

② 建物の賃貸借で必要？ 建物普通賃貸借契約書って？

部長、例のＡ社物件を借りる件ですが、いつものひな形を使えばよいですか？

こちらの要望に沿って変更してもらえる可能性が低いかもしれないが、まずは、内容を確認して問題点の有無の把握だ。そのうえで、修正案を考えて先方に提案できるようにしよう

賃料の額や敷金・礼金の額はわかりやすいけど、他に何があるだろう…

疑問 建物普通賃貸借契約書における注意点は？

建物の普通賃貸借契約における注意点は何でしょうか。

まずは、

> ①どの範囲を貸し借りするのか
> ②賃料はいくらとするのか

については勿論重要です。

その他にも、

③契約期間

④共益費

⑤敷金・礼金

⑥使用目的・禁止事項

⑦解除・解約申入れ

⑧原状回復・明渡し

等の規定が重要になります。

基本 建物普通賃貸借契約書の「ひな形」

早速、実際に、まずは「ひな形」を見てみましょう。そのうえで、賃貸人側、賃借人側それぞれの立場から有利となるように「ひな形」の修正例を取り上げます。

なお、ここでは、事業用の賃貸借として、1つの建物の1フロアをオフィスとして貸し借りすることを前提としたものを題材とします。賃借人は、個人事業主や企業であることを前提としています。

建物賃貸借契約書

　[賃貸人] ○○○○（以下「賃貸人」という。）、[賃借人] □□□□（以下「賃借人」という。）及び [連帯保証人] ◎◎◎◎（以下「連帯保証人」という。）は、次のとおり建物賃貸借契約（以下「本契約」という。）及び連帯保証契約を締結する。

第1条（契約目的）
重要度 A（P134参照）

　賃貸人は、賃借人に対し、下記の物件（以下「本物件」という。）を第 3 条に定める使用を前提として賃貸し、賃借人は同条に定める使用目的のためにこれを賃借する。

記

所 在 地	○県○市○町○丁目　○番地○
家屋番号	○番○
種　　類	○○
構　　造	○造○葺○階建
床 面 積	○階　○平方メートル
	○階　○平方メートル
建物の名称	○○○○
のうち○階全部（○平方メートル）	

第2条（契約期間）
重要度 A（P135参照）

1. 本契約の期間は、令和○年○月○日から令和○年○月○日までの 2 年間とする。
2. 前項の期間は、期間満了の 6 か月前までに賃貸人及び賃借人いずれからも相手方に対して書面による更新しない旨の通知がない場合には、同一条件にて 2 年間更新され、以後も同様とする。
3. 本契約を更新する場合は、賃借人は、賃貸人に対し、更新後の新賃料の 1 か月分を更新料として支払う。

第3条（使用目的）
重要度 A（P136参照）

　賃借人は、本物件を事務所として使用し、他の用途には使用してはならない。

第4条（賃料）
重要度 A（P136参照）

1. 本物件の賃料は、月額○円（消費税別）とし、賃借人は、賃貸人に対し、毎月末日までに、その翌月分を賃貸人が指定する金融機関口座に振り込んで支払う。ただし、1 か月に満たない期間の賃料は、当該月の暦日数により日割計算した額とする。なお、振込手数料は賃借人の負担とする。
2. 賃貸人及び賃借人は、賃料が、本物件に対する租税その他の公課の増減、建物の価格の上昇若しくは低下その他の経済事情の変動、又は近傍類似の建物の賃料の比較等により、客観的に不相当となった場合は、前項の規定にかかわらず、契約期間中であっても、相手方に対し、将来に向かって賃料の増額又は減額を請求することができる。

4

第 5 条（共益費） 重要度 Ⓐ
(P137 参照)

賃借人は、階段及び廊下等の共益部分の維持管理に必要な光熱費、上下水道料、掃除費等に充てるため、前条の賃料とともに、共益費として月額〇円（消費税別）を賃貸人に支払うものとする。ただし、1 か月に満たない期間の共益費は、当該月の暦日数により日割計算した額とする。

第 6 条（礼金） 重要度 Ⓑ
(P137 参照)

1. 賃借人は、賃貸人に対し、本契約締結と同時に、礼金〇円を差し入れる。
2. 前項の礼金は、返還を要しないものとする。

第 7 条（保証金） 重要度 Ⓐ
(P137 参照)

1. 賃借人は、賃貸人に対し、本契約締結と同時に、本契約に関して生ずる賃借人の一切の債務を担保するため、保証金〇円を預託する。
2. 賃借人に、賃料の支払債務その他の本契約に基づく債務の不履行がある場合には、賃貸人は、任意に、前項の保証金の全部又は一部をもって、当該債務の弁済に充当できるものとする。この場合、賃貸人は、賃借人に対し、充当後の保証金の残額と前項の保証金の金額との差額を預託することを請求したときには、賃借人は、その請求を受けた日から 7 日以内に当該差額の金員を預託しなければならない。
3. 賃借人は、賃貸人に預託した保証金の全部又は一部をもって、賃料の支払債務その他の本契約に基づく債務の弁済に充当することはできない。
4. 本契約の終了により、賃借人が賃貸人に対し本物件を明け渡した場合、賃貸人は、保証金から賃借人の未払債務額を差し引いたうえで、賃借人に返還する。なお、返還すべき保証金には利息は発生しない。
5. 賃借人は、保証金返還請求権を第三者に譲渡し、又は担保に供してはならない。

第 8 条（修繕） 重要度 Ⓐ
(P139参照)

1. 賃貸人は、次の各号に掲げるものを除き、本物件及び賃貸人所有の造作設備（以下、本条において併せて「本物件等」という。）の保全及び修繕に必要な措置を自己の費用負担において行う。ただし、賃借人の故意又は過失により、本物件等に保全及び修繕の必要が生じた場合には、賃貸人は、これに要する費用を事前に若しくは事後に賃借人に請求し、又は賃借人に対してその修繕を行うよう請求することができる。この場合、修繕後の造作設備や新たに設置された設備等につき、賃借人に、所有権が移転及び発生するものではない。
   (1)　床及び壁紙の張替え
   (2)　電球及び蛍光灯の交換
   (3)　その他費用が軽微な修繕
2. 前項による保全及び修繕の必要が生じた場合には、賃借人は、直ちにこの旨を賃貸人に通知しなければならない。

3. 本物件等の保全又は修繕のために賃貸人が必要な措置を行う場合は、賃貸人は、予め、その旨を賃借人に通知しなければならない。この場合において、賃借人は、正当な理由がある場合を除き、当該措置の実施を拒否することができない。
4. 賃借人は、賃借人所有の造作設備の保全及び修繕に必要な措置を自己の費用負担において行う。
5. 賃貸人から賃借人に対し、賃借人所有の造作設備の保全又は修繕のための措置の実施につき要請があった場合には、賃借人は、賃借人の費用負担により速やかに必要な措置を実施しなければならない。

第9条（禁止行為） 重要度 **A** (P140参照)

賃借人は、次の各号に掲げる行為をしてはならない。
(1) 本物件を増改築、改造若しくは模様替えし、又は本物件に新たな造作設備を設置すること
(2) 本物件を転貸すること（第三者に使用させることを含む）
(3) 本契約に基づく賃借権を譲渡し、又は担保に供すること
(4) ペットを飼育すること
(5) 爆発物、危険物又は重量物等を持ち込むこと
(6) 賃貸人及び近隣住民その他の第三者に対し、危険又は迷惑を及ぼすこと（騒音、振動又は悪臭等を含む）
(7) その他本契約の条項に違反する行為

4

第10条（中途解約） 重要度 **A** (P140参照)

1. 賃借人は、本契約期間中にかかわらず、賃貸人に対し、3か月以上の予告期間をもって書面にて通知することにより、本契約を中途解約することができる。
2. 前項にかかわらず、賃借人は、予告期間の賃料に相当する金員を直ちに支払ったときは、即時に本契約を中途解約することができる。

第11条（解除） 重要度 **A** (P141参照)

賃借人が、次の各号の一つに該当したときは、賃貸人は、何らの催告を要しないで、直ちに本契約を解除することができる。
(1) 第4条に規定する賃料の支払いを2か月分以上怠ったとき
(2) 第3条の規定に違反したとき
(3) 第9条の規定に違反したとき
(4) 前3号のほか本契約に定める条項に違反する行為があった場合に、催告したにもかかわらず1週間以内に当該違反が是正されないとき
(5) 支払停止若しくは支払不能の状態に陥ったとき、又は手形若しくは小切手が不渡りとなったとき
(6) 第三者より差押え、仮差押え、仮処分若しくは競売の申立て、又は公租公課の滞納処分を受けたとき

- (7)　破産、民事再生、会社更生若しくは特別清算の手続開始の申立てを受け、又は自ら申立てを行ったとき
- (8)　解散、会社分割、事業譲渡又は合併の決議をしたとき
- (9)　資産又は信用状態に重大な変化が生じ、本契約に基づく債務の履行が困難になるおそれがあると認められるとき
- (10)　その他賃貸人と賃借人との間の信頼関係が破壊されたと認められるとき

第 12 条（原状回復及び明渡） 重要度 Ⓐ (P141 参照)

1.　本契約が期間満了、解約又は解除等の事由により終了するときは、賃借人は、直ちに、本物件及び造作設備の破損及び故障を補修し、新たに床及び壁紙の張替え並びに電球及び蛍光灯の交換を行ったうえで、本物件を原状に復して賃貸人に明け渡さなければならない。
2.　前項に規定する本物件の明渡しが遅延した場合、賃借人は、賃貸人に対し、本契約終了の翌日から、1 か月あたり賃料の 2 倍に相当する額の割合による遅延損害金を支払わなければならない。

第 13 条（造作買取請求権等の放棄） 重要度 Ⓐ (P142 参照)

　賃借人は、本物件及び造作設備について支出した諸費用の償還請求権、及び本物件内に賃借人の費用負担により設置した造作設備の買取請求権を放棄し、本契約が終了した場合といえども、同請求権を賃貸人に対して行使することはできない。

第 14 条（連帯保証） 重要度 Ⓐ (P142 参照)

　連帯保証人は、金〇円を限度として、賃借人が賃貸人に対し本契約に基づき負担する一切の債務の履行につき、賃借人と連帯して保証する。

第 15 条（情報提供に関する同意等） 重要度 Ⓐ (P142 参照)

1.　賃借人は、連帯保証人から賃貸人に対して請求があったときに賃貸人が民法 458 条の 2 に規定される情報を連帯保証人に提供することについて、あらかじめ同意する。
2.　賃借人及び連帯保証人は、賃貸人に対し、賃借人が連帯保証人に対し本契約締結日までに書面をもって次に掲げる事項に関する情報を提供し、連帯保証人が同提供を受けたことを表明し、保証する。
- (1)　賃借人の財産及び収支の状況
- (2)　賃借人が他に負担している債務並びにその額及び履行状況
- (3)　賃借人が担保として他に提供し、又は提供しようとするものがあるときは、その旨及びその内容

第 16 条（反社会的勢力の排除） 重要度 Ⓑ (P144 参照)

1.　賃貸人、賃借人及び連帯保証人は、それぞれ相手方に対し、次の各号に掲げる事項を確約する。

(1)　自らが、暴力団、暴力団員、暴力団員でなくなった時から 5 年を経過していない者、暴力団準構成員、暴力団関係企業、総会屋等その他これらに準ずる者又は若しくはその構成員（以下、総称して「反社会的勢力」という。）ではないこと

(2)　自らの役員（取締役、執行役、執行役員、業務を執行する社員、監査役又はこれらに準ずる者をいう。）が反社会的勢力ではないこと

(3)　反社会的勢力に自己の名義を利用させ、本契約及び連帯保証契約（以下、併せて「本契約等」という。）を締結するものでないこと

(4)　自ら又は第三者を利用して、本契約等に関して相手方に対する脅迫的な言動若しくは暴力を用いる行為、又は偽計又は威力を用いて相手方の業務を妨害し、又は信用を毀損する行為をしないこと

2.　賃貸人は、賃借人又は連帯保証人が次の各号のいずれかに該当した場合には本契約等を、賃借人又は連帯保証人は、賃貸人が次の各号のいずれかに該当した場合には本契約等を、それぞれ、相手方に対して、何らの催告を要しないで、直ちに解除することができる。

(1)　前項第 1 号又は第 2 号の確約に反する申告ないし表明をしたことが判明した場合

(2)　前項第 3 号の確約に反し、本契約等を締結したことが判明した場合

(3)　前項第 4 号の確約に反する行為をした場合

3.　前項の規定により、本契約等が解除された場合には、解除された者は、その相手方に対し、相手方の被った損害を賠償する。

4.　第 2 項の規定により、本契約等が解除された場合には、解除された者は、解除により生じた損害について、その相手方に対し一切の請求を行わない。

第 17 条（協議解決） 重要度 **C** (P144参照)

本契約等に定めのない事項及び本契約等の内容の解釈に疑義が生じた事項については、当事者間で誠実に協議の上、解決する。

第 18 条（専属的合意管轄） 重要度 **B** (P144参照)

本契約等に関する一切の紛争については、○○地方裁判所を第一審の専属的合意管轄裁判所とする。

以上、本契約等の締結の証として、本契約書 3 通を作成し、賃貸人、賃借人及び連帯保証人が、署名又は記名及び押印のうえ、各 1 通を保有する。

令和○年○月○日

賃　貸　人　　東京都○○区・・・

　　　　　　　○○　○○　　　　　　印

4

```
賃　借　人　　東京都○○区・・・
　　　　　　　□□　□□　　　　　　印


連帯保証人　　東京都○○区・・・
　　　　　　　◎◎　◎◎　　　　　　印
```

●タイトル・表題

　ここでは、建物普通賃貸借契約書を取り上げています。タイトルは「建物賃貸借契約書」としましたが、単に「賃貸借契約書」というものでもOKです。

●収入印紙について

　国税庁のサイト（https://www.nta.go.jp/taxes/shiraberu/taxanswer/inshi/7106.htm）でも説明されていますが、建物の賃貸借契約については、原則として印紙税はかかりません。そのため、収入印紙を契約書に貼る必要はないということになります。

　なお、厳密にいうと、今回の契約には、連帯保証契約も含まれています。この点、主たる債務の契約書（今回でいうと賃貸借契約書）に併記した債務の保証に関する契約書（今回でいうと連帯保証契約書）は、課税されないとされています（国税庁のサイト、https://www.nta.go.jp/law/shitsugi/inshi/16/05.htm）。

●前文

　ひな形では、連帯保証人を含めて、連帯保証契約も、賃貸借契約と同時に締結することを想定しているため、当事者を賃貸人、賃借人及び連帯保証人の3者とし、締結する契約は、賃貸借契約と連帯保証契約であることを明記しています。ひな形では、3者をそれぞれ「賃貸人」「賃借人」「連帯保証人」と定義していますが、これを「甲」「乙」「丙」と定義することも可能です。

●第1条（契約目的）について

　ここで重要なのは、賃貸借の目的物を疑義がないように特定することです。法務局で取得できる**不動産登記簿謄本（全部事項証明書）**の記載を間違いがないように転記して、特定しましょう。

ひな形では、1棟の建物のうちの1フロア部分を貸し出すことを前提としたものですが、例えば、さらに狭めて1フロアのうちの1室部分のみを貸し出す場合には、次のように特定することになります。1室部分がどの範囲なのかを特定するために、図面を契約書の別紙として用います。

所 在 地	○県○市○町○丁目　○番地○
家屋番号	○番○
種　　類	○○
構　　造	○造○葺○階建
床 面 積	○階　○平方メートル
	○階　○平方メートル
建物の名称	○○○○
のうち○階○号室（専有面積○平方メートル、別紙図面の赤線で囲まれた範囲内の部分）

　また、民法改正では、「契約その他の債務の発生原因及び取引上の社会通念に照らして」という文言が随所で採用され、契約の趣旨がますます重要となってくることが想定されます。契約の趣旨の判断にあたっては、当事者がなぜ、この契約を締結したのか？　という契約目的も事情の一つとして考慮されますので、ひな形では、第3条の使用目的を前提として賃貸が行われることを明確にしています。

4

●第2条（契約期間）について　重要度 Ⓐ （P129参照）

1. 契約期間

　借地借家法29条1項は、期間を1年未満とする賃貸借は、期間の定めがないものとみなす旨を定めているため、契約期間は1年以上として設定する必要があります。ひな形では2年間として設定しています。

　なお、契約で定められる期間の上限ですが、借地借家法において、建物の所有を目的とする土地の賃貸借についての上限はないものとされ（借地借家法3条）、建物の賃貸借についても上限はないものとされています（借地借家法29条2項）。また、これらに以外に農地法の規制がありますが、その他の賃貸借についての存続期間の上限は50年とされています（民法604条）。

2. 自動更新

　通常の賃貸借契約では、契約の自動更新の条項が設けられることが多いです。賃貸人又は賃借人のいずれかからの申し出（更新拒絶）がない限り更新される旨の条項です。

ひな形では、「期間満了の6か月前までに」としていますが、賃貸人側からの更新拒絶については、これよりも短縮することはできません（借地借家法30条、26条1項）。

　なお、賃貸人側にとっては、更新拒絶をした場合であっても、借地借家法28条に基づき「正当の事由」がなければなりませんので注意が必要です。

3. 更新料

　契約が更新される場合の更新料の規定です。この規定を入れておかない限り、更新料の支払義務は発生しないことになります。

●第3条（使用目的）について

　通常、賃貸借契約では、使用目的が定められます。その理由は、賃貸人側からすると、意図しない使用を防ぎたいという要請があるからです。

　ひな形では、「事務所」としての使用を前提としていますが、それ以外の用途として、居住用なのか、店舗なのか、店舗だとしても飲食なのかアパレルなのかなど様々なバリエーションが考えられます。

●第4条（賃料）について

1. 賃料

　まずは、賃料を1か月あたりいくらにするのか、ということを定める必要があります。賃料は、前払いとすることが通常ですので、ひな形では、「毎月末日までに、その翌月分を」支払うことと定めています。

　細かい点ですが、1か月に満たない期間の賃料について、その月の日数（暦日数）に応じて日割計算とするのか、それとも、一律30日として日割計算するのかについても定めておくことが紛争予防の観点からは望ましいです。ひな形では、暦日数に応じた日割計算を想定して規定をおいています。

　賃料の支払いの際に発生する振込手数料については、弁済（支払い）にかかる費用として弁済者である賃借人が負担することが通常です（民法485条）。そのため、ひな形でも「賃借人の負担」としています。

2. 賃料の増額・減額

　賃料については、契約で合意した以上、その金額を増額することも減額することもできないということが原則になりますが、長期間にわたって契約が継続するため、

その間に賃料額が不相当となることも考えられます。そのため、法律上、賃料の増額又は減額の請求をすることが認められています（借地借家法32条1項）。ひな形でも、このことを確認的に明記しています。

●第5条（共益費）について

共益費についても、賃料と同様に、金額を特定した上で支払うべきことを明記しておくべきです。

●第6条（礼金）について

礼金がない場合には不要ですが、礼金の支払いを必要とする場合には、規定を設ける必要があります。礼金は、保証金や敷金と対比して返還が予定されているものではないので、その旨もひな形のように明記しておくことが望ましいです。

●第7条（保証金）について

保証金は、礼金と異なり、返還が予定された金員であり、敷金と呼ばれることもあります。

改正前の民法では、敷金の基本的な法律関係について明らかにした条文は存在しませんでしたが、判例は、賃貸借契約が終了してその目的物が返還されたときに敷金の返還債務が発生する（あくまでも目的物が返還され"た"ときなので、目的物の返還と敷金の返還は同時に履行すべきものではなく、目的物の返還が先に履行されることが前提）、賃借人が適法に賃借権を譲渡したときもその時点で敷金の返還債務が発生する旨が示されており、その返還すべき金額については、敷金額からそれまでの賃貸借に基づいて生じた金銭債務の額を控除した残額と判断していました。

そこで、改正法では、まず、敷金の定義を「いかなる名目によるかを問わず、賃料債務その他の賃貸借に基づいて生ずる賃借人の賃貸人に対する金銭の給付を目的とする債務を担保する目的で、賃借人が賃貸人に交付する金銭」と定めたうえで、上記判例に従った法律関係を明文化しました（民法622条の2第1項）。また、賃貸人は、賃借人の債務の弁済に充当することはできるものの、賃借人からは充当をすることはできないとされていた判例も明文化されました（民法622条の2第2項）。

1. 保証金の預託

保証金、敷金、その他名称の如何を問わず、賃借人の債務を担保することを目的と

して金員の預託を必要とする場合には、規定を設ける必要があります。

　なお、事業用の賃貸借では、保証金と称されることが多いですが、名称の如何で金員の性質が決まるわけではありません。ひな形のように「本契約に関して生ずる乙の一切の債務を担保するため」という金員の性質を明らかにする文言を入れることが重要です。

2.賃貸人による保証金の充当

　前述した民法の規律と同様、賃貸人は、任意に、賃借人の債務の弁済に充当ができることを明確にしています。

　また、仮に充当した場合には当初の預託金額が減ることになりますので、賃貸人が賃借人に対して差額を預託することを請求できることを規定するのが一般的です。

3.賃借人による保証金の充当の禁止

　前述した民法の規律と同様、賃借人からの充当を禁止することを明確にしています。

4.保証金の返還

　前述した民法の規律と同様、保証金は、物件の明渡時に、未払債務に当然に充当され、その残額が賃貸人から賃借人へ返還されるものであることを確認的に定めています。

　なお、物件の明渡時から、実際の返還までに時間が空くことが想定されるため、利息がつかないことを記載しておくべきです。

5.保証金返還請求権の譲渡等の禁止

　保証金返還請求権も債権であるため、賃借人は、第三者に対し、原則として自由に譲渡することができます（民法466条1項）。

　しかしながら、仮に譲渡されてしまうと、賃貸人側としては、その譲受人に返還しなければならず煩雑であり、さらに二重譲渡という事態が生じると、真の債権者を判別しなければならないリスクを負い、供託しなければならないといったことになりかねません。

　したがって、保証金返還請求権の譲渡等を禁止する旨の条項が設けられることが

通常です。

なお、1-3節（P29）も参照してください。

●第8条（修繕）について
（P130参照）

1. 本物件等の修繕費の負担

　賃貸人は、賃借物の使用及び収益に必要な修繕をする義務を負います（民法606条1項本文）。そのため、本物件のほか本物件の付加一体物ではない造作設備も含めて、これらの修繕及び修繕の必要性が生じるおそれがある段階の保全の措置を賃貸人の費用負担で行うことを定めています。

　ただし、軽微な修繕についてまで、賃貸人が全て行うことは煩雑ですので、一定の修繕（第1号から第3号まで）については除外しています。

　また、修繕が必要となった原因が賃借人の不注意等による場合にまで賃貸人が修繕義務を負うのは不公平ですので、民法改正により、この場合に修繕義務を賃貸人が負わないことが明文化されました（民法606条1項ただし書）。ひな形においても、賃貸人が修繕義務を負わないことを前提として、賃借人の費用負担とする又は賃借人に修繕してもらうよう請求できることを定めています。

　なお、もともとは賃貸人の所有に属するものである以上、賃借人が費用を負担したとしても、賃借人に所有権が移転及び発生するわけではないことを注意的に定めています。

2. 修繕のための通知

　物件の利用者である賃借人は、その利用中に物件に修繕が必要となった場合に、賃貸人に対して通知をすることを義務付けています。民法615条にも同様の規定がありますが、注意的に定めています。

　賃貸人にとっては、通知を受けることにより、自ら業者に依頼するなどして修繕する機会を得ることができ、他方、賃借人にとっても、自ら費用負担せずに修繕を実現することが可能となります。

3. 修繕の措置の実施

　賃貸人が賃貸物の保存に必要な行為をしようとするときは、賃借人はこれを拒むことはできません（民法606条2項）。これを踏まえて、賃貸人による修繕の措置の実施を行うことを定めています。

4

4. 賃借人所有物の修繕費の負担

前記1.で説明したとおり、賃貸人が本物件等の修繕義務を負うことになりますが、賃借人が所有する設備まで賃貸人が修繕しなければならないことは行き過ぎであり、賃借人自らがその費用負担において修繕すべきですので、ひな形のような規定を設けています。

5. 賃貸人による修繕の要請

賃借人所有物に修繕を要する事態が生じた場合に、それを放置しておくと物件自体に支障を及ぼす可能性があるため、賃貸人から賃借人に対して修繕の要請ができるように定めています。

●第9条（禁止行為）について

重要度 A
（P131 参照）

賃貸借契約を継続していくうえで、賃借人が行ってはいけない行為を定める規定です。ひな形の第2号の転貸や第3号の譲渡については、民法が賃貸人の承諾がない限り禁止していますが（民法612条1項）、契約書においても明記しておくことが望ましいです。ひな形で掲げた行為以外でも、禁止行為を設ける必要性がある場合には、追加して設けることになります。

仮に、例えば第1号の模様替えや新たな造作設備を設置する必要性が生じた場合には、賃借人は、賃貸人の承諾を得ることにより契約違反の責任を免れることができます。なお、この場合には、後の紛争を予防するためにも書面による承諾を得た方がよいです。

●第10条（中途解約）について

重要度 A
（P131 参照）

1. 予告による中途解約

賃借人が中途解約をすることができる権利を定めています。民法において、中途解約条項がある場合には、その権利行使をしたときから3か月の経過により契約は終了することと定めています（民法618条、617条1項2号）。ひな形でも、これと同様の規定を定めています。

2. 金員の支払いによる中途解約

前記1.のように予告期間をおいて中途解約する条項を設けてある場合には、賃貸人としては、予告期間に相当する賃料を得られさえすれば、契約を即時に終了させる

ことと実質的には同じになります。そのため、このような規定を設けています。

●第11条（解除）について

（P131参照）

賃貸借契約の解除事由を定める規定です。解除事由は多くなればなるほど賃借人にとっては不利になり、他方で、賃貸人にとっては有利になります。

もっとも、ここで定められた解除事由に該当して解除を行った場合であっても、解除の有効性が認められない場合があります。すなわち、賃貸借契約は、賃貸人と賃借人との間の信頼関係を基礎とする継続的契約であるため、判例によって、「信頼関係を破壊したといえない場合には、解除権の行使は信義則に反し許されない」とされています。

したがって、解除を実際に行う場合には、留意が必要です。

●第12条（原状回復及び明渡）について

（P132参照）

1. 原状回復及び明渡義務

賃借人は、賃貸借契約が終了した場合には、物件を原状に復したうえで（原状回復）、返還しなければなりません（民法621条）。

賃借人が通常の状態で使用した場合の経年劣化等の通常損耗と呼ばれるものについても、原状回復の対象となるかが問題となりますが、特約のない限り含まれないとするのが判例の立場であり、民法改正により、この点が明文化されました（民法621条）。

もっとも、一般的な契約書では、通常損耗部分も原状回復の対象として含めることが多いため、ひな形でも明記しています。その際ですが、通常損耗の範囲を具体的に明記すべきであるというのが判例の立場ですので、留意が必要です。

2. 明渡遅延損害金の額

契約が終了したにもかかわらず、賃借人が明渡を遅延した場合には、損害賠償義務が生じます。賃貸人としては、その損害額について、賃料よりも多い金額を定めておくことによって、損害額の多寡で争いが生じることはないことに加えて、賃借人に早期に明渡を履行させる事実上の強制力が働くため、ひな形のように賃料の2倍といった割合で損害金の額を定めることがあります。

4

●第13条（造作買取請求権等の放棄）について

　民法によると、賃借人が、賃貸人の負担に属する必要費や賃借物について有益費を支出したときは、賃貸人に対してその償還を要求することができます（民法608条）。もっとも、この必要費や有益費の該当性は不明確であるため、賃貸人側の希望により、ひな形のように、これらの償還請求権を「放棄」する旨が定められていることがあります。

　また、借地借家法は、賃借人が、賃貸人の同意を得て建物に付加した造作（例えばガス設備、水洗便所、シャワー設備等）がある場合には、契約が終了するときに、賃借人は、賃貸人に対し、それを時価で買い取らせる請求権を規定しています（借地借家法33条1項）。

　もっとも、この請求権は、契約書で排除することはでき、賃貸人側の希望により、ひな形の定めのように、「放棄」する旨が定められていることがあります。

●第14条（連帯保証）について

　連帯保証をさせる旨の条項となります。どの範囲の債務を誰と連帯するのかという点を明記することになります。ひな形では、「賃借人が賃貸人に対し本契約に基づき負担する一切の債務」を「賃借人」と連帯して保証すると定めています。

　民法改正により、保証人となろうとするものが個人である場合において、たとえ主たる債務が金銭の貸渡し等によって負担した債務が含まれない場合であっても、一定の範囲に属する不特定の債務を主たる債務とする保証契約を締結するときには、極度額の定めをしなければ効力を生じないとされました（民法465条の2第1項・第2項）。

　そこで、ひな形でも、保証人となろうとするものが個人であることを想定し、確定した金額を極度額とする文言を入れています。

●第15条（情報提供に関する同意等）

1.債権者による保証人に対する情報提供に関する同意

　改正前民法では、主債務者がその債務を履行していないこと（それ故遅延損害金が日々生じていること）や残高が現在いくらになっているのか等は、保証人は債権者に情報提供を求めることができる規定はありませんでした。実務においては、保証人からの求めに応じて、債権者側で任意に開示している例もありましたが、その法的根拠が不明瞭であり、結果として情報提供を委縮せざるを得ないものでした。

そこで、改正により、保証人が正当に情報提供を受けられるようにするため、債権者に情報提供義務を課すこととされました（民法458条の2）。もっとも、当該情報は債務者にとっては信用情報にほかならないため、すべての保証人に権利を認めるのは相当ではないという判断から、委託を受けて保証した場合に限ることとされています。

法律上の義務とはなっているとはいえ、情報提供をすることについてあらかじめ主債務者である賃借人の同意を取得しておくことは事実上のクレームへの対応としても望ましいです。そこで、ひな形でも、第1項で賃借人の同意規定を設けています。

2.主債務者による保証人に対する情報提供に関する表明保証

改正前の民法では、主債務者が、委託を受けて保証になろうとする者に対して何らかの情報提供をしなければならないとする規定はなく、委託を受けて保証人になろうとする者は、任意に主債務者から情報を開示してもらうほかないというのが実情で、主債務者の財産や収支の状況等に基づいて、保証人になった場合のリスクを適切に把握する機会は制度的に与えられてはいませんでした。

4

そこで、改正により、委託を受けて保証人になろうとする者に対して、リスクを検討する機会を与えるべく、主債務者が、事業のために負担する債務について保証を委託する場合、その委託を受ける者に対して、次の事項に関する情報を提供しなければならないというルールが新設されました（民法465条の10第1項）。

- ・財産及び収支の状況
- ・主債務以外に負担している債務並びにその額及び履行状況
- ・主債務の担保として他に提供し、又は提供しようとするものがあるときは、その旨及びその内容

そして、仮に主債務者が情報提供義務を怠った場合（提供しなかった場合又は事実と異なる情報を提供した場合）において、それが故に、保証人がその事項について誤認をして、保証契約を締結したときに、債権者が情報提供義務違反を知り、又は知ることができたときは、その保証人は、保証契約を取り消すことができるとされました（民法465条の10第2項）。

したがって、債権者である賃貸人としては、保証契約が取り消されることがないように、主債務者（賃借人）が連帯保証人に情報提供をしていることを表明し保証してもらうことが妥当といえます。そこで、ひな形でも第2項として規定を設けています。

なお、以上のルールは、委託を受けて保証をする者が個人の場合に限られますが

（民法465条の10第3項）、債権者である賃貸人側で画一的な取扱いを図る観点から、規定をデフォルトで設けておくことが望ましいでしょう。

●第16条（反社会的勢力の排除）について
重要度 B
（P132参照）

　暴力団等の反社会的勢力の排除に関する上記のような条項を契約に盛り込むことは、政府の指針や各都道府県の暴力団排除条例に沿うものであり、自社を守る上でも非常に重要です。そのため、最近の契約書には、上記のような条項が設けられるのが通常です。

●第17条（協議解決）について
重要度 C
（P133参照）

　誠実協議条項とも呼ばれますが、上記のような条項を設けられることは多いです。この条項を設けたからといって、特別な意味が生じるとはいえません。紛争が生じた場合には、最終的に裁判等の手続によって解決を求めることになります。

●第18条（専属的合意管轄）について
重要度 B
（P133参照）

　一般的には、被告とする相手方の所在地や民事訴訟法所定の地を管轄する裁判所に訴訟を提起することになるのですが（民事訴訟法4条以下）、当事者は、第一審に限り、合意によって、管轄裁判所を定めることができます（民事訴訟法11条）。

　法定の管轄裁判所に付加的に管轄裁判所を合意したものではなく、ここの裁判所のみ、という趣旨で合意したことを示すために「専属的合意」という表現を用いることになります。

立場に応じた攻め方・守り方（ひな形の修正）

●賃借人側の立場から

1. 更新拒絶の期限

　ひな形では、更新拒絶については、期間満了の6か月前までに行わなければならないと定めています。前述したとおり、賃貸人側からの更新拒絶についてこの期間を短縮することはできませんが、賃借人側からの更新拒絶については短縮可能です。

　そこで、例えば、「3か月前」や「1か月前」とすることができれば、賃借人に有利となります（2項）。

> 第2条（契約期間）
> 1. （略）
> 2. 前項の期間は、期間満了の6か月前までに甲乙いずれからも相手方に対して書面による更新しない旨の通知がない場合には、同一条件にて2年間更新され、以後も同様とする。

第2条（契約期間）
1. （略）
2. 前項の期間は、甲については期間満了の6か月前までに、又は乙については期間満了の3か月前までに、いずれからも相手方に対して書面による更新しない旨の通知がない場合には、同一条件にて2年間更新され、以後も同様とする。

2. 解除権

　ひな形では、賃借人に所定の事由が生じたときに、賃貸人が解除する旨が定められていますが、賃借人においても解除することができる旨を定めておくことによって、契約を終了させる手段が増えることになりますので、賃借人に有利となります（2項）。

第11条（解除）
1. （略）
2. 甲が、前項の第4号から第10号までのいずれかに該当したときは、乙は、何らの催告を要しないで、直ちに本契約を解除することができる。

3. 原状回復の対象

　ひな形では、通常損耗についても、「新たに床及び壁紙の張替え並びに電球等の交換を行ったうえで」という文言を入れることにより、賃借人が原状回復の対象として定めていますが、賃借人にとっては負担が大きくなります。そこで、次のように当該文言を排除し、むしろ対象から外して定めることによって、賃借人に有利となります（1項）。

4

【ひな形－第12条第1項の修正例】

> 第12条（原状回復及び明渡）
> 1. 本契約が期間満了、解約又は解除等の事由により終了するときは、乙は、直ちに、本物件及び造作設備の破損及び故障を補修し、新たに床及び壁紙の張替え並びに電球及び蛍光灯の交換を行ったうえで、本物件を原状に復して甲に明け渡さなければならない。

> 第12条（原状回復及び明渡）
> 1. 本契約が期間満了、解約又は解除等の事由により終了するときは、乙は、直ちに、本物件及び造作設備の破損及び故障を補修し、本物件を原状に復して甲に明け渡さなければならない。本物件の通常損耗については、原状回復の対象とはしない。

4. 明渡遅延損害金の額

ひな形では、明渡遅延損害金の額を1か月あたり賃料の2倍相当額と定めていますが、賃借人にとっては負担が大きくなります。そこで、次のように賃料の相当額（同額）を明渡遅延損害金の額として定めることによって、賃借人に有利となります（2項）。

【ひな形－第12条第2項の修正例】

> 第12条（原状回復及び明渡）
> 1. （略）
> 2. 前項に規定する本物件の明渡しが遅延した場合、乙は、甲に対し、本契約終了の翌日から、1か月あたり賃料の2倍に相当する額の割合による遅延損害金を支払わなければならない。

> 第12条（原状回復及び明渡）
> 1. （略）
> 2. 前項に規定する本物件の明渡しが遅延した場合、乙は、甲に対し、本契約終了の翌日から、1か月あたり賃料に相当する額の割合による遅延損害金を支払わなければならない。

5. 造作買取請求権等の行使

ひな形では、費用の償還請求権及び造作の買取請求権を放棄する旨が定められていますが、賃借人にとっては、これらの権利を行使できた方が有利です。

そのため、この条項自体を削除する又は、次のように権利行使できることを定めることが望ましいです。

【ひな形－第13条の修正例】

第13条（造作買取請求権等の放棄）

　乙は、本物件及び造作設備について支出した諸費用の償還請求権、及び本物件内に乙の費用負担により設置した造作設備の買取請求権を放棄し、本契約が終了した場合といえども、同請求権を甲に対して行使することはできない。

▼

第13条（造作買取請求権等の放棄）

　乙は、本物件及び造作設備について支出した諸費用の償還請求権、及び本物件内に乙の費用負担により設置した造作設備の買取請求権を行使することができる。

● 賃貸人側の立場から

1. 保証金の一部償却

　ひな形では、保証金については、明渡時に未払債務に当然充当して残額を返還する内容となっておりますが、保証金のうち、一定割合（例えば20％）を償却することを定めることにより、返還金額を減らすことが可能となります（4項）。

　なお、今回の事例では、事業用の賃貸借を想定していますが、これと異なり、住居用の賃貸借で賃借人が個人の場合には、消費者契約法が適用され、このような一部償却について必ず有効となるわけではないことに注意が必要です。

【ひな形－第7条第4項の修正例】

第7条（保証金）

1.　（略）

2.　（略）

3.　（略）

4.　本契約の終了により、賃借人が賃貸人に対し本物件を明け渡した場合、賃貸人は、保証金から賃借人の未払債務額を差し引いたうえで、賃借人に返還する。なお、返還すべき保証金には利息は発生しない。

5.　（略）

▼

第7条（保証金）

1. （略）
2. （略）
3. （略）
4. 本契約の終了により、賃借人が賃貸人に対し本物件を明け渡した場合、賃貸人は、保証金の 20%を償却し、その残金から賃借人の未払債務額を差し引いたうえで、賃借人に返還する。なお、返還すべき保証金には利息は発生しない。
5. （略）

2. 中途解約の禁止又は解約金

ひな形では、賃借人は、予告期間をもって通知することにより、又は、予告期間の賃料に相当する金員を支払うことによって契約を中途解約することができることとなっています。

この点、賃貸人も、同様に中途解約をすることができるようにすることも考えられますが、借地借家法により賃貸人からの中途解約には「正当の事由」がなければならないとされているため、簡単ではありません。

そこで、むしろ、賃貸人としては、次のように、そもそも賃借人からの中途解約を禁止するか、あるいは、予告期間を伸ばしたうえで中途解約した場合の解約金の支払いを求めることによって、次の賃借人を見つけるまでの空室リスクを回避することができ、有利です。

【ひな形－第10条の修正例①】

第10条（中途解約）

1. 賃借人は、本契約期間中にかかわらず、賃貸人に対し、3 か月以上の予告期間をもって書面にて通知することにより、本契約を中途解約することができる。
2. 前項にかかわらず、賃借人は、予告期間の賃料に相当する金員を直ちに支払ったときは、即時に本契約を中途解約することができる。

第10条（中途解約）

賃貸人及び賃借人は、本契約を中途解約することはできない。

> **第10条（中途解約）**
> 1.　賃借人は、本契約期間中にかかわらず、賃貸人に対し、3か月以上の予告期間をもっ
> 　　て書面にて通知することにより、本契約を中途解約することができる。
> 2.　前項にかかわらず、賃借人は、予告期間の賃料に相当する金員を直ちに支払ったとき
> 　　は、即時に本契約を中途解約することができる。

> **第10条（中途解約）**
> 1.　賃借人は、本契約期間中にかかわらず、賃貸人に対し、6か月以上の予告期間をもっ
> 　　て書面にて通知することにより、本契約を中途解約することができる。ただし、この場
> 　　合、賃借人は、賃貸人に対し、解約金として、次の各号に応じた金員を支払わなければ
> 　　ならない。
> 　　(1)　契約締結日から1年未満の解約　　　　○円
> 　　(2)　1年以上2年未満の解約　　　　　　　○円
> 2.　賃貸人は、賃借人に対し、前項の解約金のほかに、本契約に基づく賃借人の債務不
> 　　履行によって生じた甲の損害の賠償を求めることができる。

4

3. 原状回復工事の実施

　原状回復工事を行う場合には、どの業者に頼むかによって、その質やコストが変わ
るため、賃貸人としては、取引のある特定の業者を利用させることが望ましいです。

　そのため、次のような規定を定めることが賃貸人とっては有利となります。

【ひな形－第12条第3項の修正（追加）例】

> **第12条（原状回復及び明渡）**
> 1.　（略）
> 2.　（略）
> 3.　前2項の原状回復に伴う工事は、賃貸人又は賃貸人の指定する者が行い、その費用は
> 　　賃借人が負担する。

4. 連帯保証債務の付従性に関する条項の追加

　付従性とは連帯保証債務の性質のことを指しますが、改正民法では、保証人が主
債務者の有する抗弁権を援用できる旨の規定を拡充されました（民法457条2項・3
項）また、債権者による連帯保証人に対する履行の請求は主債務者に対してその効
力を生じないこととされました（民法458条）。

　もっとも、債権者と主債務者が別の合意をしていた場合には、上記のルールより

もその合意が優先することされています（民法458条、441条）。

　そのため、債権者である賃貸人としては、下記のように、抗弁権を援用できない旨及び履行請求の効力が主債務者に対しても及ぶ旨を契約書に盛り込むことは有利となります（2項から4項まで）。

【ひな形－第14条第2項から第4項の修正（追加）例】

> **第14条（連帯保証）**
> 1.　連帯保証人は、金〇円を限度として、賃借人が賃貸人に対し本契約に基づき負担する一切の債務の履行につき、賃借人と連帯して保証する。
> 2.　連帯保証人は、借主が貸主に対して主張することができる抗弁をもって、貸主に対抗することができない。
> 3.　連帯保証人は、借主が貸主に対して相殺権、取消権又は解除権を有する場合であっても、これらの権利の行使をすることはできず、第1項に基づく連帯保証債務の履行を拒むことはできない。
> 4.　貸主から連帯保証人に対する履行の請求は、貸主及び他の保証人に対してもその効力を生ずる。

●賃借人の立場から

1. 修繕権

　民法改正により、賃借人が賃貸人に対して修繕が必要である旨を通知し、若しくは賃貸人がその旨を知っていたにもかかわらず、相当の期間内に必要な修繕がされない場合や急迫の事情がある場合には、賃借人自ら修繕をすることができることとされました（民法607条の2）。そこで、賃借人としては、次のように、この規律と同様の規定を設けることによって賃貸人による適切な修繕をうながすという効果も考えられるため、有利といえます（第6項）。

【ひな形－第8条第6項の修正（追加）例】

> **第8条（修繕）**
> 1.　賃貸人は、次の各号に掲げるものを除き、本物件及び賃貸人所有の造作設備（以下、本条において併せて「本物件等」という。）の保全及び修繕に必要な措置を自己の費用負担において行う。ただし、賃借人の故意又は過失により、本物件等に保全及び修繕の必要が生じた場合には、賃貸人は、これに要する費用を事前に若しくは事後に賃借人に請求し、又は賃借人に対してその修繕を行うよう請求することができる。この場合、修繕後の造作設備や新たに設置された設備等につき、賃借人に、所有権が移転及び発生するものではない。
> （1）　床及び壁紙の張替え

(2)　電球及び蛍光灯の交換

(3)　その他費用が軽微な修繕

2.　前項による保全及び修繕の必要が生じた場合には、賃借人は、直ちにこの旨を賃貸人に通知しなければならない。

3.　本物件等の保全又は修繕のために賃貸人が必要な措置を行う場合は、賃貸人は、予め、その旨を賃借人に通知しなければならない。この場合において、賃借人は、正当な理由がある場合を除き、当該措置の実施を拒否することができない。

4.　賃借人は、賃借人所有の造作設備の保全及び修繕に必要な措置を自己の費用負担において行う。

5.　賃貸人から賃借人に対し、賃借人所有の造作設備の保全又は修繕のための措置の実施につき要請があった場合には、賃借人は、賃借人の費用負担により速やかに必要な措置を実施しなければならない。

6.　賃借人は、第2項の通知をしたにもかかわらず相当の期間内に賃貸人による修繕がなされない場合又は急迫の事情がある場合には、第1項にかかわらず、賃借人自ら修繕することができる。この場合、賃借人は修繕に要した費用を賃貸人に請求することができる。

条文

民法441条　（相対的効力の原則）
　　第438条、第439条第1項及び前条に規定する場合を除き、連帯債務者の一人について生じた事由は、他の連帯債務者に対してその効力を生じない。ただし、債権者及び他の連帯債務者の一人が別段の意思を表示したときは、当該他の連帯債務者に対する効力は、その意思に従う。

民法457条　（主たる債務者について生じた事由の効力）
　1　主たる債務者に対する履行の請求その他の事由による時効の完成猶予及び更新は、保証人に対しても、その効力を生ずる。
　2　保証人は、主たる債務者が主張することができる抗弁をもって債権者に対抗することができる。
　3　主たる債務者が債権者に対して相殺権、取消権又は解除権を有するときは、これらの権利の行使によって主たる債務者がその債務を免れるべき限度において、保証人は、債権者に対して債務の履行を拒むことができる。

民法458条　（連帯保証人について生じた事由の効力）
　　第438条、第439条第1項、第440条及び第441条の規定は、主たる債務者と連帯して債務を負担する保証人について生じた事由について準用する。

民法458条の2　（主たる債務の履行状況に関する情報の提供義務）
　　保証人が主たる債務者の委託を受けて保証をした場合において、保証人の請求があったときは、債権者は、保証人に対し、遅滞なく、主たる債務の元本及び主たる債務に関する利息、違約金、損害賠償その他その債務に従たる全てのものについての不履行の有無並びにこれらの残額及びそのうち弁済期が到来しているものの額に関する情報を提供しなければならない。

民法465条の2　（個人根保証契約の保証人の責任等）
　1　一定の範囲に属する不特定の債務を主たる債務とする保証契約（以下「根保証契約」という。）であって保証人が法人でないもの（以下「個人根保証契約」という。）の保証人は、主たる債務の元本、主たる債務に関する利息、違約金、損害賠償その他その債務に従たる全てのもの及びその保証債務について約定された違約金又は損害賠償の額について、その全部に係る極度額を限度として、その履行をする責任を負う。
　2　個人根保証契約は、前項に規定する極度額を定めなければ、その効力を生じない。
　3　第446条第2項及び第3項の規定は、個人根保証契約における第1項に規定する極度額の定めについて準用する。

民法465条の10 （契約締結時の情報の提供義務）
1 主たる債務者は、事業のために負担する債務を主たる債務とする保証又は主たる債務の範囲に事業のために負担する債務が含まれる根保証の委託をするときは、委託を受ける者に対し、次に掲げる事項に関する情報を提供しなければならない。
   ① 財産及び収支の状況
   ② 主たる債務以外に負担している債務の有無並びにその額及び履行状況
   ③ 主たる債務の担保として他に提供し、又は提供しようとするものがあるときは、その旨及びその内容
2 主たる債務者が前項各号に掲げる事項に関して情報を提供せず、又は事実と異なる情報を提供したために委託を受けた者がその事項について誤認をし、それによって保証契約の申込み又はその承諾の意思表示をした場合において、主たる債務者がその事項に関して情報を提供せず又は事実と異なる情報を提供したことを債権者が知り又は知ることができたときは、保証人は、保証契約を取り消すことができる。
3 前2項の規定は、保証をする者が法人である場合には、適用しない。

民法604条 （賃貸借の存続期間）
1 賃貸借の存続期間は、50年を超えることができない。契約でこれより長い期間を定めたときであっても、その期間は、50年とする。
2 賃貸借の存続期間は、更新することができる。ただし、その期間は、更新の時から50年を超えることができない。

民法606条 （賃貸人による修繕等）
1 賃貸人は、賃貸物の使用及び収益に必要な修繕をする義務を負う。ただし、賃借人の責めに帰すべき事由によってその修繕が必要となったときは、この限りでない。
2 賃貸人が賃貸物の保存に必要な行為をしようとするときは、賃借人は、これを拒むことができない。

民法607条の2 （賃借人による修繕）
賃借物の修繕が必要である場合において、次に掲げるときは、賃借人は、その修繕をすることができる。
   ① 賃借人が賃貸人に修繕が必要である旨を通知し、又は賃貸人がその旨を知ったにもかかわらず、賃貸人が相当の期間内に必要な修繕をしないとき。
   ② 急迫の事情があるとき。

民法608条 （賃借人による費用の償還請求）
1 賃借人は、賃借物について賃貸人の負担に属する必要費を支出したときは、賃貸人に対し、直ちにその償還を請求することができる。
2 賃借人が賃借物について有益費を支出したときは、賃貸人は、賃貸借の終了の時に、第196条第2項の規定に従い、その償還をしなければならない。ただし、裁判所は、賃貸人の請求により、その償還について相当の期限を許与することができる。

民法615条 （賃借人の通知義務）
賃借物が修繕を要し、又は賃借物について権利を主張する者があるときは、賃借人は、遅滞なくその旨を賃貸人に通知しなければならない。ただし、賃貸人が既にこれを知っているときは、この限りでない。

民法617条 （期間の定めのない賃貸借の解約の申入れ）
1 当事者が賃貸借の期間を定めなかったときは、各当事者は、いつでも解約の申入れをすることができる。この場合においては、次の各号に掲げる賃貸借は、解約の申入れの日からそれぞれ当該各号に定める期間を経過することによって終了する。
   ① 土地の賃貸借　1年
   ② 建物の賃貸借　3箇月
   ③ 動産及び貸席の賃貸借　1日
2 収穫の季節がある土地の賃貸借については、その季節の後次の耕作に着手する前に、解約の申入れをしなければならない。

民法618条 （期間の定めのある賃貸借の解約をする権利の留保）
当事者が賃貸借の期間を定めた場合であっても、その一方又は双方がその期間内に解約をする権利を留保したときは、前条の規定を準用する。

民法621条 （賃借人の原状回復義務）

賃借人は、賃借物を受け取った後にこれに生じた損傷（通常の使用及び収益によって生じた賃借物の損耗並びに賃借物の経年変化を除く。以下この条において同じ。）がある場合において、賃貸借が終了したときは、その損傷を原状に復する義務を負う。ただし、その損傷が賃借人の責めに帰することができない事由によるものであるときは、この限りでない。

民法622条の2

1 賃貸人は、敷金（いかなる名目によるかを問わず、賃料債務その他の賃貸借に基づいて生ずる賃借人の賃貸人に対する金銭の給付を目的とする債務を担保する目的で、賃借人が賃貸人に交付する金銭をいう。以下この条において同じ。）を受け取っている場合において、次に掲げるときは、賃借人に対し、その受け取った敷金の額から賃貸借に基づいて生じた賃借人の賃貸人に対する金銭の給付を目的とする債務の額を控除した残額を返還しなければならない。
　① 賃貸借が終了し、かつ、賃貸物の返還を受けたとき。
　② 賃借人が適法に賃借権を譲り渡したとき。
2 賃貸人は、賃借人が賃貸借に基づいて生じた金銭の給付を目的とする債務を履行しないときは、敷金をその債務の弁済に充てることができる。この場合において、賃借人は、賃貸人に対し、敷金をその債務の弁済に充てることを請求することができない。

借地借家法28条 （建物賃貸借契約の更新拒絶等の要件）

建物の賃貸人による第26条第1項の通知又は建物の賃貸借の解約の申入れは、建物の賃貸人及び賃借人（転借人を含む。以下この条において同じ。）が建物の使用を必要とする事情のほか、建物の賃貸借に関する従前の経過、建物の利用状況及び建物の現況並びに建物の賃貸人が建物の明渡しの条件として又は建物の明渡しと引換えに建物の賃借人に対して財産上の給付をする旨の申出をした場合におけるその申出を考慮して、正当の事由があると認められる場合でなければ、することができない。

借地借家法29条 （建物賃貸借の期間）

1 期間を1年未満とする建物の賃貸借は、期間の定めがない建物の賃貸借とみなす。
2 民法（明治29年法律第89号）第604条の規定は、建物の賃貸借については、適用しない。

借地借家法30条 （強行規定）

この節の規定に反する特約で建物の賃借人に不利なものは、無効とする。

借地借家法32条 （借賃増減請求権）

1 建物の借賃が、土地若しくは建物に対する租税その他の負担の増減により、土地若しくは建物の価格の上昇若しくは低下その他の経済事情の変動により、又は近傍同種の建物の借賃に比較して不相当となったときは、契約の条件にかかわらず、当事者は、将来に向かって建物の借賃の額の増減を請求することができる。ただし、一定の期間建物の借賃を増額しない旨の特約がある場合には、その定めに従う。
2 建物の借賃の増額について当事者間に協議が調わないときは、その請求を受けた者は、増額を正当とする裁判が確定するまでは、相当と認める額の建物の借賃を支払うことをもって足りる。ただし、その裁判が確定した場合において、既に支払った額に不足があるときは、その不足額に年1割の割合による支払期後の利息を付してこれを支払わなければならない。
3 建物の借賃の減額について当事者間に協議が調わないときは、その請求を受けた者は、減額を正当とする裁判が確定するまでは、相当と認める額の建物の借賃の支払を請求することができる。ただし、その裁判が確定した場合において、既に支払を受けた額が正当とされた建物の借賃の額を超えるときは、その超過額に年1割の割合による受領の時からの利息を付してこれを返還しなければならない。

借地借家法33条 （造作買取請求権）

1 建物の賃借人の同意を得て建物に付加した畳、建具その他の造作がある場合には、建物の賃借人は、建物の賃貸借が期間の満了又は解約の申入れによって終了するときに、建物の賃貸人に対し、その造作を時価で買い取るべきことを請求することができる。建物の賃貸人から買い受けた造作についても、同様とする。
2 前項の規定は、建物の賃貸借が期間の満了又は解約の申入れによって終了する場合における建物の転借人と賃貸人との間について準用する。

4

3 建物の賃貸借で必要？ 定期建物賃貸借契約書って？

B社物件を借りる件ですが、こちらの提案内容について検討してみました

その件だけど、定期賃貸借になりそうだから、その線で再検討してみて

あっ、はい…（定期賃貸借って？？）

疑問 定期建物賃貸借契約書における注意点は？

　そもそも定期賃貸借契約は、当事者の合意によって締結される "更新のない" 建物賃貸借契約です。普通の賃貸借契約でも、更新を拒絶すればよいのではないか、と思われるかもしれませんが、更新拒絶にも正当な事由が認められなければなりませんので、実際には非常に困難です。

　他方で、賃貸人にとって、一定の期間が経ったら、必ず契約を終了させて明け渡してもらうことができる賃貸借契約もニーズがあります。

　そこで、特別に、一定の要件のもとで、"更新のない" 建物賃貸借契約として**定期建物賃貸借**の制度を設けることとしたのです。

　一定の要件のもとで、というところがポイントで、その要件を満たさない限り、定期建物賃貸借としては認められなくなってしまいますので、最大の注意点といえます。

　一定の要件とは、借地借家法38条に定められています。

①期間の定めがあること

②契約の更新がないこととする旨を定めること

③書面によって契約をすること

④契約前に、あらかじめ、賃貸人は、賃借人に対して、契約の更新がなく、期間の満了により賃貸借は終了することについて、その旨を記載した書面を交付して説明すること

⑤期間が1年以上である場合には、期間の満了の1年前から6か月前までの間に、賃貸人は、賃借人に対して、期間の満了により建物の賃貸借が終了する旨の通知をすること

基本 定期建物賃貸借契約書の「ひな形」

それでは、定期建物賃貸借契約書のひな形を見てみましょう。

4-2節で説明しました建物の普通賃貸借契約書のひな形と相違する点は、第2条ですので、この点に絞って説明します。

4

建物定期賃貸借契約書

　[賃貸人] ○○○○ (以下「賃貸人」という。)、［賃借人］□□□□ (以下「賃借人」という。) 及び [連帯保証人]◎◎◎◎ (以下「連帯保証人」という。) は、次のとおり建物定期賃貸借契約 (以下「本契約」という。) 及び連帯保証契約を締結する。

第1条 (契約目的)

　賃貸人は、賃借人に対し、下記の物件 (以下「本物件」という。) を第3条に定める使用を前提として賃貸し、賃借人は条に定める使用目的のためにこれを賃借する。

記

　所 在 地　　○県○市○町○丁目　○番地○

　家屋番号　　○番○

　種　　類　　○○

　構　　造　　○造○葺○階建

　床 面 積　　○階　○平方メートル

　　　　　　　○階　○平方メートル

　建物の名称　　○○○○

　のうち○階全部 (○平方メートル)

第2条 (契約期間) (P161参照)

1. 本契約の期間は、令和○年○月○日から令和○年○月○日までの○年間とする。
2. 本契約に基づく賃貸借は、前項に定める期間の満了により終了し、更新がないこととする。
3. 賃貸人及び賃借人は、本契約の締結前に、賃貸人が、賃借人に対して、本契約は更新がなく、期間の満了により本契約に基づく賃貸借は終了することについて、その旨を記載した書面を交付して説明をしたことを確認する。
4. 賃貸人は、賃借人に対し、第1項に定める期間の満了の1年前から6か月前までの間に、同期間の満了により本契約に基づく賃貸借が終了する旨を通知するものとする。

第3条 (使用目的) 重要度Ⓐ (P136参照)

　賃借人は、本物件を事務所として使用し、他の用途には使用してはならない。

第4条 (賃料) 重要度Ⓐ (P136参照)

1. 本物件の賃料は、月額○円 (消費税別) とし、賃借人は、賃貸人に対し、毎月末日までに、その翌月分を賃貸人が指定する金融機関口座に振り込んで支払う。ただし、1か月に満たない期間の賃料は、当該月の暦日数により日割計算した額とする。なお、振込手数料は賃借人の負担とする。
2. 賃貸人及び賃借人は、賃料が、本物件に対する租税その他の公課の増減、建物の価格の上昇若しくは低下その他の経済事情の変動、又は近傍類似の建物の賃料の比較等によ

り、客観的に不相当となった場合は、前項の規定にかかわらず、契約期間中であっても、相手方に対し、将来に向かって賃料の増額又は減額を請求することができる。

第5条（共益費）

賃借人は、階段及び廊下等の共益部分の維持管理に必要な光熱費、上下水道料、掃除費等に充てるため、前条の賃料とともに、共益費として月額○円（消費税別）を賃貸人に支払うものとする。ただし、1か月に満たない期間の共益費は、当該月の暦日数により日割計算した額とする。

第6条（礼金）

1. 賃借人は、賃貸人に対し、本契約締結と同時に、礼金○円を差し入れる。
2. 前項の礼金は、返還を要しないものとする。

第7条（保証金）

1. 賃借人は、賃貸人に対し、本契約締結と同時に、本契約に関して生ずる賃借人の一切の債務を担保するため、保証金○円を預託する。
2. 賃借人に、賃料の支払債務その他の本契約に基づく債務の不履行がある場合には、賃貸人は、任意に、前項の保証金の全部又は一部をもって、当該債務の弁済に充当できるものとする。この場合、賃貸人は、賃借人に対し、充当後の保証金の残額と前項の保証金の金額との差額を預託することを請求したときには、賃借人は、その請求を受けた日から7日以内に当該差額の金員を預託しなければならない。
3. 賃借人は、賃貸人に預託した保証金の全部又は一部をもって、賃料の支払債務その他の本契約に基づく債務の弁済に充当することはできない。
4. 本契約の終了により、賃借人が賃貸人に対し本物件を明け渡した場合、賃貸人は、保証金から賃借人の未払債務額を差し引いたうえで、賃借人に返還する。なお、返還すべき保証金には利息は発生しない。
5. 賃借人は、保証金返還請求権を第三者に譲渡し、又は担保に供してはならない。

第8条（修繕）

1. 賃貸人は、次の各号に掲げるものを除き、本物件及び賃貸人所有の造作設備（以下、本条において併せて「本物件等」という。）の保全及び修繕に必要な措置を自己の費用負担において行う。ただし、賃借人の故意又は過失により、本物件等に保全及び修繕の必要が生じた場合には、賃貸人は、これに要する費用を事前に若しくは事後に賃借人に請求し、又は賃借人に対してその修繕を行うよう請求することができる。この場合、修繕後の造作設備や新たに設置された設備等につき、賃借人に、所有権が移転及び発生するものではない。
   (1) 床及び壁紙の張替え
   (2) 電球及び蛍光灯の交換
   (3) その他費用が軽微な修繕

4

2. 前項による保全及び修繕の必要が生じた場合には、賃借人は、直ちにこの旨を賃貸人に通知しなければならない。
3. 本物件等の保全又は修繕のために賃貸人が必要な措置を行う場合は、賃貸人は、予め、その旨を賃借人に通知しなければならない。この場合において、賃借人は、正当な理由がある場合を除き、当該措置の実施を拒否することができない。
4. 賃借人は、賃借人所有の造作設備の保全及び修繕に必要な措置を自己の費用負担において行う。
5. 賃貸人から賃借人に対し、賃借人所有の造作設備の保全又は修繕のための措置の実施につき要請があった場合には、賃借人は、賃借人の費用負担により速やかに必要な措置を実施しなければならない。

第9条（禁止行為） 重要度 A （P140参照）

賃借人は、次の各号に掲げる行為をしてはならない。
(1) 本物件を増改築、改造若しくは模様替えし、又は本物件に新たな造作設備を設置すること
(2) 本物件を転貸すること（第三者に使用させることを含む）
(3) 本契約に基づく賃借権を譲渡し、又は担保に供すること
(4) ペットを飼育すること
(5) 爆発物、危険物又は重量物等を持ち込むこと
(6) 賃貸人及び近隣住民その他の第三者に対し、危険又は迷惑を及ぼすこと（騒音、振動又は悪臭等を含む）
(7) その他本契約の条項に違反する行為

第10条（中途解約の禁止） 重要度 A （P140参照）

賃貸人及び賃借人は、本契約を中途解約することはできない。

第11条（解除） 重要度 A （P141参照）

賃貸人が、次の各号の一つに該当したときは、賃貸人は、何らの催告を要しないで、直ちに本契約を解除することができる。
(1) 第4条に規定する賃料の支払いを2か月分以上怠ったとき
(2) 第3条の規定に違反したとき
(3) 第9条の規定に違反したとき
(4) 前3号のほか本契約に定める条項に違反する行為があった場合に、催告したにもかかわらず1週間以内に当該違反が是正されないとき
(5) 支払停止若しくは支払不能の状態に陥ったとき、又は手形若しくは小切手が不渡りとなったとき
(6) 第三者より差押え、仮差押え、仮処分若しくは競売の申立て、又は公租公課の滞納処分を受けたとき

(7)　破産、民事再生、会社更生若しくは特別清算の手続開始の申立てを受け、又は自ら申立てを行ったとき

(8)　解散、会社分割、事業譲渡又は合併の決議をしたとき

(9)　資産又は信用状態に重大な変化が生じ、本契約に基づく債務の履行が困難になるおそれがあると認められるとき

(10)　その他賃貸人と賃借人との間の信頼関係が破壊されたと認められるとき

第12条（原状回復及び明渡）

重要度 **A** (P141参照)

1.　本契約が期間満了、解約又は解除等の事由により終了するときは、賃借人は、直ちに、本物件及び造作設備の破損及び故障を補修し、新たに床及び壁紙の張替え並びに電球及び蛍光灯の交換を行ったうえで、本物件を原状に復して賃貸人に明け渡さなければならない。

2.　前項に規定する本物件の明渡しが遅延した場合、賃借人は、賃貸人に対し、本契約終了の翌日から、1か月あたり賃料の2倍に相当する額の割合による遅延損害金を支払わなければならない。

第13条（造作買取請求権等の放棄）

重要度 **A** (P142参照)

賃借人は、本物件及び造作設備について支出した諸費用の償還請求権、及び本物件内に賃借人の費用負担により設置した造作設備の買取請求権を放棄し、本契約が終了した場合といえども、同請求権を賃貸人に対して行使することはできない。

第14条（連帯保証）

重要度 **A** (P142参照)

連帯保証人は、金○円を限度として、賃借人が賃貸人に対し本契約に基づき負担する一切の債務の履行につき、賃借人と連帯して保証する。

第15条（情報提供に関する同意等）

重要度 **A** (P142参照)

1.　賃借人は、連帯保証人から賃貸人に対して請求があったときに賃貸人が民法458条の2に規定される情報を連帯保証人に提供することについて、あらかじめ同意する。

2.　賃借人及び連帯保証人は、賃貸人に対し、賃借人が連帯保証人に対し本契約締結日までに書面をもって次に掲げる事項に関する情報を提供し、連帯保証人が同提供を受けたことを表明し、保証する。

(1)　賃借人の財産及び収支の状況

(2)　賃借人が他に負担している債務並びにその額及び履行状況

(3)　賃借人が担保として他に提供し、又は提供しようとするものがあるときは、その旨及びその内容

第16条（反社会的勢力の排除）

重要度 **B** (P144参照)

1.　賃貸人、賃借人及び連帯保証人は、それぞれ相手方に対し、次の各号に掲げる事項を確約する。

4

(1) 　自らが、暴力団、暴力団員、暴力団員でなくなった時から 5 年を経過していない者、暴力団準構成員、暴力団関係企業、総会屋等その他これらに準ずる者又は若しくはその構成員（以下、総称して「反社会的勢力」という。）ではないこと

(2) 　自らの役員（取締役、執行役、執行役員、業務を執行する社員、監査役又はこれらに準ずる者をいう。）が反社会的勢力ではないこと

(3) 　反社会的勢力に自己の名義を利用させ、本契約及び連帯保証契約（以下、併せて「本契約等」という。）を締結するものでないこと

(4) 　自ら又は第三者を利用して、本契約等に関して相手方に対する脅迫的な言動若しくは暴力を用いる行為、又は偽計又は威力を用いて相手方の業務を妨害し、又は信用を毀損する行為をしないこと

2.　賃貸人は、賃借人又は連帯保証人が次の各号のいずれかに該当した場合には本契約等を、賃借人又は連帯保証人は、賃貸人が次の各号のいずれかに該当した場合には本契約等を、それぞれ、相手方に対して、何らの催告を要しないで、直ちに解除することができる。

(1) 　前項第 1 号又は第 2 号の確約に反する申告ないし表明をしたことが判明した場合

(2) 　前項第 3 号の確約に反し、本契約等を締結したことが判明した場合

(3) 　前項第 4 号の確約に反する行為をした場合

3.　前項の規定により、本契約等が解除された場合には、解除された者は、その相手方に対し、相手方の被った損害を賠償する。

4.　第 2 項の規定により、本契約等が解除された場合には、解除された者は、解除により生じた損害について、その相手方に対し一切の請求を行わない。

第 17 条（協議解決） 重要度 C （P144参照）

本契約等に定めのない事項及び本契約等の内容の解釈に疑義が生じた事項については、当事者間で誠実に協議の上、解決する。

第 18 条（専属的合意管轄） 重要度 B （P144参照）

本契約等に関する一切の紛争については、○○地方裁判所を第一審の専属的合意管轄裁判所とする。

　以上、本契約等の締結の証として、本契約書 3 通を作成し、賃貸人、賃借人及び連帯保証人が署名又は記名及び押印のうえ、各 1 通を保有する。

　令和○年○月○日

　　　　　　　　賃　貸　人　　東京都○○区・・・

　　　　　　　　　　　　　　　○○　○○　　　　　印

賃　借　人	東京都○○区・・・
	□□　□□　　　　　印
連帯保証人	東京都○○区・・・
	◎◎　◎◎　　　　　印

第２条（契約期間）について

（P156参照）

1. 期間の定め

前記①のとおり、期間の定めがあることが要件となりますので、明確に規定します。更新がないことを前提に、当事者間で交渉して期間の長短を決定して契約書に落としこむことになります。

2. 更新がない旨の定め

前記②のとおり、契約の更新がないこととする旨を定めることが要件となりますので、これも明確に規定します。

3. 契約前の説明実施の確認

前記④のとおり、契約に先立ち、賃貸人は、賃借人に対して、契約の更新がなく、期間満了により終了することを、その旨の書面を交付して説明しなければなりませんが、その説明を実施した事実を念のため確認する規定を設けています。

なお、この際の説明書面のサンプルは、次のとおりです（P162）。

4. 終了通知

前記⑤の手続について確認も兼ねて規定しています。なお、この際の通知書面のサンプルは、次のとおりです（P163）。

建物定期賃貸借契約についての説明

［賃借人（予定）］
東京都○○区・・・
○○○○株式会社
代表取締役　　○○○○　　殿

［賃貸人］
東京都○○区・・・
□□□□株式会社
代表取締役　○○○○

当社は、下記記載の建物定期賃貸借契約（以下「本契約」といいます。）の締結に先立ち、賃借人（予定）である貴社に対して、

<u>本契約は、更新がなく、期間満了により終了すること</u>

を本書面を交付したうえで、説明致します。

記

■物件
　所 在 地　　○県○市○町○丁目　○番地○
　家屋番号　　○番○
　種　　類　　○○
　構　　造　　○造○葺○階建
　床 面 積　　○階　○平方メートル
　　　　　　　○階　○平方メートル
　建物の名称　　○○○○
　のうち○階全部（○平方メートル）
■賃貸借期間
　令和○年○月○日から令和○年○月○日まで

以上

確　認　書

当社は、本書面（同一内容のもの・正本）の交付を受け、かつ、説明を受けました。

　　　令和　　年　　月　　日
　　　　　　　［賃借人（予定）］
　　　　　　　　　　　東京都○○区・・・
　　　　　　　　　　　○○○○株式会社
　　　　　　　　　　　代表取締役　○○○○　　㊞

建物定期賃貸借契約終了のご通知

令和○年○月○日

［賃借人］
東京都○○区・・・
○○○○株式会社
代表取締役　○○○○　殿

［賃貸人］
東京都○○区・・・
□□□□株式会社
代表取締役　○○○○

当社が貴社と締結しました下記記載の建物定期賃貸借契約（以下「本契約」といいます。）は、期間の満了により終了いたしますので、本書面をもって、ご通知致します。

記

4

■契約締結日
　令和○年○月○日
■物件
　所 在 地　　○県○市○町○丁目　○番地○
　家屋番号　　○番○
　種　　類　　○○
　構　　造　　○造○葺○階建
　床 面 積　　○階　○平方メートル
　　　　　　　○階　○平方メートル
　建物の名称　　○○○○
　のうち○階全部（○平方メートル）
■賃貸借期間
　令和○年○月○日から令和○年○月○日まで

以上

確 認 書

当社は、本書面（同一内容のもの・正本）を受領しました。
　　　令和　　年　　月　　日

［賃借人］
東京都○○区・・・
○○○○株式会社
代表取締役　○○○○　　㊞

● 賃貸人側・賃借人側の立場から

　いずれの立場からも特に修正の検討を要する条項として、第4条（賃料）があります。

　前述しましたが、法律上、賃料の増額又は減額の請求をすることが認められていますが（借地借家法32条1項）、定期賃貸借契約の場合には、この法律の規定を排除することができることとされています（借地借家法38条7項）。要するに、賃料の増額又は減額の請求をすることを認めない旨の特約が有効になります。

　賃貸人としては、賃料は据え置きで増額はできないものの減額されることもなく、他方、賃借人としても、増額されることがなくなることになります。もちろん相場の変動によるリスク（不利益の甘受）は覚悟しなければなりませんが、検討の余地はあるでしょう。

【ひな形－第4条第2項の修正（追加）例】

第4条（賃料）
1. 　本物件の賃料は、月額〇円（消費税別）とし、賃借人は、賃貸人に対し、毎月末日までに、その翌月分を賃貸人が指定する金融機関口座に振り込んで支払う。ただし、1か月に満たない期間の賃料は、当該月の暦日数により日割計算した額とする。なお、振込手数料は賃借人の負担とする。
2. 　賃貸人及び賃借人は、賃料が、本物件に対する租税その他の公課の増減、建物の価格の上昇若しくは低下その他の経済事情の変動、又は近傍類似の建物の賃料の比較等により、客観的に不相当となった場合は、前項の規定にかかわらず、契約期間中であっても、相手方に対し、将来に向かって賃料の増額又は減額を請求することができる。

第4条（賃料）
1. 　（略）
2. 　賃貸人及び賃借人は、前項に定める賃料の改定は行わないこととし、本契約に借地借家法第32条は適用しないことを確認する。

条文

借地借家法32条 （借賃増減請求権）
1　建物の借賃が、土地若しくは建物に対する租税その他の負担の増減により、土地若しくは建物の価格の上昇若しくは低下その他の経済事情の変動により、又は近傍同種の建物の借賃に比較して不相当となったときは、契約の条件にかかわらず、当事者は、将来に向かって建物の借賃の額の増減を請求することができる。

ただし、一定の期間建物の借賃を増額しない旨の特約がある場合には、その定めに従う。

2 建物の借賃の増額について当事者間に協議が調わないときは、その請求を受けた者は、増額を正当とする裁判が確定するまでは、相当と認める額の建物の借賃を支払うことをもって足りる。ただし、その裁判が確定した場合において、既に支払った額に不足があるときは、その不足額に年1割の割合による支払期後の利息を付してこれを支払わなければならない。

3 建物の借賃の減額について当事者間に協議が調わないときは、その請求を受けた者は、減額を正当とする裁判が確定するまでは、相当と認める額の建物の借賃の支払を請求することができる。ただし、その裁判が確定した場合において、既に支払を受けた額が正当とされた建物の借賃の額を超えるときは、その超過額に年1割の割合による受領の時からの利息を付してこれを返還しなければならない。

借地借家法38条 　（定期建物賃貸借）

1 期間の定めがある建物の賃貸借をする場合においては、公正証書による等書面によって契約をするときに限り、第30条の規定にかかわらず、契約の更新がないこととする旨を定めることができる。この場合には、第29条第1項の規定を適用しない。

2 前項の規定による建物の賃貸借をしようとするときは、建物の賃貸人は、あらかじめ、建物の賃借人に対し、同項の規定による建物の賃貸借は契約の更新がなく、期間の満了により当該建物の賃貸借は終了することについて、その旨を記載した書面を交付して説明しなければならない。

3 建物の賃貸人が前項の規定による説明をしなかったときは、契約の更新がないこととする旨の定めは、無効とする。

4 第1項の規定による建物の賃貸借において、期間が1年以上である場合には、建物の賃貸人は、期間の満了の1年前から6月前までの間（以下この項において「通知期間」という。）に建物の賃借人に対し期間の満了により建物の賃貸借が終了する旨の通知をしなければ、その終了を建物の賃借人に対抗することができない。

ただし、建物の賃貸人が通知期間の経過後建物の賃借人に対しその旨の通知をした場合においては、その通知の日から6月を経過した後は、この限りでない。

5 第1項の規定による居住の用に供する建物の賃貸借（床面積（建物の一部分を賃貸借の目的とする場合にあっては、当該一部分の床面積）が200平方メートル未満の建物に係るものに限る。）において、転勤、療養、親族の介護その他のやむを得ない事情により、建物の賃借人が建物を自己の生活の本拠として使用することが困難となったときは、建物の賃借人は、建物の賃貸借の解約の申入れをすることができる。

この場合においては、建物の賃貸借は、解約の申入れの日から1月を経過することによって終了する。

6 前2項の規定に反する特約で建物の賃借人に不利なものは、無効とする。

7 第32条の規定は、第1項の規定による建物の賃貸借において、借賃の改定に係る特約がある場合には、適用しない。

4

165

第5章

人を雇う場合の契約

~労働契約~

1 労働契約のキホンは？

人事部から労働条件通知書をレビューしてほしいという依頼があったから、よろしく

えっ、労働条件通知書って何ですか？　契約書ではないのですか？？

疑問 労働契約ってそもそも何？

労働契約は、**雇用契約**とも言われますが、人を雇う場合の契約のことを意味します。

事業を自分一人で行う場合は別ですが、労働契約は、通常、事業を行っていくうえで避けて通ることはできません。

とはいっても、労働契約とは、そもそもどのようなものなのか、どのような規制があるのかという点は、なかなか知られていません。

ここでは、オーソドックスな正社員についての労働契約に絞って説明していきたいと思います。

基本 民法の基本ルールをおさえる

まずは、民法の基本ルールからおさえていきましょう。

民法は、「雇用は、当事者の一方が相手方に対して労働に従事することを約し、相手方がこれに対してその報酬を与えることを約することによって、その効力を生ずる。」と規定しています（民法623条）。

雇用される側の当事者を「**労働者**」と呼び、雇用する側の当事者を「**使用者**」と呼びます。

労働者と使用者との間で、労働することとそれに対する報酬を支払うことを約束することによって、労働契約が成立する旨を規定しており、民法上、労働契約の締結に関してその他の定めはありません。

民法上は、**報酬の支払時期**（民法624条）、**権利の譲渡の制限**（民法625条）、その他**解除等の契約の終了に関する規定**（民法626条以下）等をおいています。なお、改正民法では、履行の割合に応じた報酬の規定が新設されたほか（民法624条の2）、期間の定めのある雇用について労働者から解除する際に2週間前に予告すれば足りる旨が定められました（民法626条2項）。

　民法がイメージする労働契約というものは、労働者と使用者が対等の立場において締結されるものであり、その契約条件は当事者間の交渉により自由につくり上げることが想定されており、特別な規定をおいていません。

労働契約における留意点

　実際には、労働者と使用者との関係で、経済力や交渉力に劣る労働者は、使用者が指定する契約条件をそのまま受け入れざるを得ず、労働者の保護の要請が必要となってきます。そのため、日本においても、**労働契約法**や**労働基準法**をはじめとする労働法令が制定されています。

　労働契約については、民法に優先して適用される労働法令が圧倒的に重要です。

　ここでは、すべての労働法令を説明することはできませんので、労働契約の締結の場面に限って留意点を説明します。

　労働契約法第4条第1項は、「使用者は、労働者に提示する労働条件及び労働契約の内容について、労働者の理解を深めるようにするものとする。」とし、同条第2項は、「労働者及び使用者は、労働契約の内容（期間の定めのある労働規約に関する事項を含む。）についてできる限り書面により確認するものとする。」と定めています。

　労働基準法第15条第1項は、「使用者は、労働契約の締結に際し、労働者に対して賃金、労働時間その他の労働条件を明示しなければなならない。この場合において、賃金及び労働時間に関する事項その他の厚生労働省令で定める事項については、厚生労働省令で定める方法により明示しなければならない。」とし、労働条件を明示する義務を使用者に課しています。同条項に基づいて労働基準法施行規則第5条が設けられています。

　まず、明示すべき事項をまとめると次のとおりです。

5

▼明示事項（労働基準法施行規則第5条第1項）

1号　労働契約の期間に関する事項
1号の2　期間の定めにある労働契約を更新する場合の基準に関する事項（※期間の定めのある労働契約であって当該労働契約の期間の満了後に当該契約を更新する場合があるものの締結の場合に限る）
1号の3　就業の場所及び従事すべき業務に関する事項
2号　始業及び終業の時刻、所定労働時間を超える労働の有無、休憩時間、休日、休暇並びに労働者を二組以上に分けて就業させる場合における就業時転換に関する事項
3号　賃金（退職手当及び第5号に規定する賃金を除く。以下この号において同じ。）の決定、計算及び支払の方法、賃金の締切り及び支払の時期並びに昇給に関する事項
4号　退職に関する事項（解雇の事由を含む。）
※以下の事項については使用者がこれらに関する定めをしない場合は不要。
4号の2　退職手当の定めが適用される労働者の範囲、退職手当の決定、計算及び支払の方法並びに退職手当の支払の時期に関する事項
5号　臨時に支払われる賃金（退職手当を除く。）、賞与及び第8条各号に掲げる賃金並びに最低賃金額に関する事項
6号　労働者に負担させるべき食費、作業用品その他に関する事項
7号　安全及び衛生に関する事項
8号　職業訓練に関する事項
9号　災害補償及び業務外の傷病扶助に関する事項
10号　表彰及び制裁に関する事項
11号　休職に関する事項

そして、労働基準法施行規則第5条第3項及び第4項に基づき、使用者は、上記「明示事項」の第1号から第4号まで（ただし、昇給に関する事項を除く）の事項を、それを明らかにした書面の交付をもって労働者に明示しなければなりません。

原則として書面ですが、労働者が希望した場合には、次の方法によることもできます（労働基準法施行規則第5条第4項ただし書）。

①FAX
②Eメール、SNSメッセージ機能その他電気通信の送信の方法（ただし、これらを出力して書面を作成できるものに限る）

なお、短時間労働者及び有期雇用労働者の雇用管理の改善等に関する法律では、短時間・有期雇用労働者の労働契約について、文書の交付（労働者が希望した場合には上記①・②の方法も可）により、上記「明示事項」に加えて、

①昇給の有無
②退職手当の有無
③賞与の有無
④雇用管理の改善等に関する事項に係る相談窓口

について明示する義務を定めています（同法第6条第1項、同法施行規則第2条）。

民法623条 （雇用）

雇用は、当事者の一方が相手方に対して労働に従事することを約し、相手方がこれに対してその報酬を与えることを約することによって、その効力を生ずる。

民法624条 （報酬の支払時期）

1 労働者は、その約した労働を終わった後でなければ、報酬を請求することができない。

2 期間によって定めた報酬は、その期間を経過した後に、請求することができる。

民法624条の2 （履行の割合に応じた報酬）

労働者は、次に掲げる場合には、既にした履行の割合に応じて報酬を請求することができる。

① 使用者の責めに帰することができない事由によって労働に従事することができなくなったとき。

② 雇用が履行の中途で終了したとき。

民法625条 （使用者の権利の譲渡の制限等）

1 使用者は、労働者の承諾を得なければ、その権利を第三者に譲り渡すことができない。

2 労働者は、使用者の承諾を得なければ、自己に代わって第三者を労働に従事させることができない。

3 労働者が前項の規定に違反して第三者を労働に従事させたときは、使用者は、契約の解除をすることができる。

民法626条 （期間の定めのある雇用の解除）

1 雇用の期間が5年を超え、又はその終期が不確定であるときは、当事者の一方は、5年を経過した後、いつでも契約の解除をすることができる。

2 前項の規定により契約の解除をしようとする者は、それが使用者であるときは3箇月前、労働者であるときは2週間前に、その予告をしなければならない。

民法627条 （期間の定めのない雇用の解約の申入れ）

1 当事者が雇用の期間を定めなかったときは、各当事者は、いつでも解約の申入れをすることができる。

この場合において、雇用は、解約の申入れの日から2週間を経過することによって終了する。

2 期間によって報酬を定めた場合には、使用者からの解約の申入れは、次期以後についてすることができる。

ただし、その解約の申入れは、当期の前半にしなければならない。

3 6箇月以上の期間によって報酬を定めた場合には、前項の解約の申入れは、3箇月前にしなければならない。

5

民法628条 （やむを得ない事由による雇用の解除）

当事者が雇用の期間を定めた場合であっても、やむを得ない事由があるときは、各当事者は、直ちに契約の解除をすることができる。この場合において、その事由が当事者の一方の過失によって生じたものであるときは、相手方に対して損害賠償の責任を負う。

労働契約法4条 （労働契約の内容の理解の促進）

1 使用者は、労働者に提示する労働条件及び労働契約の内容について、労働者の理解を深めるようにするものとする。

2 労働者及び使用者は、労働契約の内容（期間の定めのある労働契約に関する事項を含む。）について、できる限り書面により確認するものとする。

労働基準法15条1項 （労働条件の明示）

使用者は、労働契約の締結に際し、労働者に対して賃金、労働時間その他の労働条件を明示しなければならない。

この場合において、賃金及び労働時間に関する事項その他の厚生労働省令で定める事項については、厚生労働省令で定める方法により明示しなければならない。

労働基準法施行規則5条

1 使用者が法第15条第1項前段の規定により労働者に対して明示しなければならない労働条件は、次に掲げるものとする。ただし、第1号の2に掲げる事項については期間の定めのある労働契約であつて当該労働契約の期間の満了後に当該労働契約を更新する場合があるものの締結の場合に限り、第4号の2から第11号までに掲げる事項については使用者がこれらに関する定めをしない場合においては、この限りでない。

① 労働契約の期間に関する事項

①の2　期間の定めのある労働契約を更新する場合の基準に関する事項

①の3　就業の場所及び従事すべき業務に関する事項

② 始業及び終業の時刻、所定労働時間を超える労働の有無、休憩時間、休日、休暇並びに労働者を2組以上に分けて就業させる場合における就業時転換に関する事項

③ 賃金（退職手当及び第5号に規定する賃金を除く。以下この号において同じ。）の決定、計算及び支払の方法、賃金の締切り及び支払の時期並びに昇給に関する事項

④ 退職に関する事項（解雇の事由を含む。）

④の2　退職手当の定めが適用される労働者の範囲、退職手当の決定、計算及び支払の方法並びに退職手当の支払の時期に関する事項

⑤ 臨時に支払われる賃金（退職手当を除く。）、賞与及び第8条各号に掲げる賃金並びに最低賃金額に関する事項

⑥ 労働者に負担させるべき食費、作業用品その他に関する事項

⑦ 安全及び衛生に関する事項

⑧ 職業訓練に関する事項

⑨ 災害補償及び業務外の傷病扶助に関する事項

⑩ 表彰及び制裁に関する事項

⑪ 休職に関する事項

2　使用者は、法第15条第1項前段の規定により労働者に対して明示しなければならない労働条件を事実と異なるものとしてはならない。

3　法第15条第1項後段の厚生労働省令で定める事項は、第1項第1号から第4号までに掲げる事項（昇給に関する事項を除く。）とする。

4　法第15条第1項後段の厚生労働省令で定める方法は、労働者に対する前項に規定する事項が明らかとなる書面の交付とする。ただし、当該労働者が同項に規定する事項が明らかとなる次のいずれかの方法によることを希望した場合には、当該方法とすることができる。

① ファクシミリを利用してする送信の方法

② 電子メールその他のその受信をする者を特定して情報を伝達するために用いられる電気通信（電気通信事業法（昭和59年法律第86号）第2条第1号に規定する電気通信をいう。以下この号において「電子メール等」という。）の送信の方法（当該労働者が当該電子メール等の記録を出力することにより書面を作成することができるものに限る。）

短時間労働者及び有期雇用労働者の雇用管理の改善等に関する法律6条

（労働条件に関する文書の交付等）

1　事業主は、短時間・有期雇用労働者を雇い入れたときは、速やかに、当該短時間・有期雇用労働者に対して、労働条件に関する事項のうち労働基準法（昭和22年法律第49号）第15条第1項に規定する厚生労働省令で定める事項以外のものであって厚生労働省令で定めるもの（次項及び第14条第1項において「特定事項」という。）を文書の交付その他厚生労働省令で定める方法（次項において「文書の交付等」という。）により明示しなければならない。

2　事業主は、前項の規定に基づき特定事項を明示するときは、労働条件に関する事項のうち特定事項及び労働基準法第15条第1項に規定する厚生労働省令で定める事項以外のものについても、文書の交付等により明示するように努めるものとする。

短時間労働者及び有期雇用労働者の雇用管理の改善等に関する法律施行規則2条

（法第6条第1項の明示事項及び明示の方法）

1　法第6条第1項の厚生労働省令で定める短時間・有期雇用労働者に対して明示しなければならない労働条件に関する事項は、次に掲げるものとする。

① 昇給の有無

② 退職手当の有無

③ 賞与の有無

④ 短時間・有期雇用労働者の雇用管理の改善等に関する事項に係る相談窓口

2　事業主は、法第6条第1項の規定により短時間・有期雇用労働者に対して明示しなければならない労働条件を事実と異なるものとしてはならない。

3　法第6条第1項の厚生労働省令で定める方法は、第1項各号に掲げる事項が明らかとなる次のいずれかの方法によることを当該短時間・有期雇用労働者が希望した場合における当該方法とする。

① ファクシミリを利用してする送信の方法
② 電子メールその他のその受信をする者を特定して情報を伝達するために用いられる電気通信（電気通信事業法（昭和59年法律第86号）第2条第1号に規定する電気通信をいう。以下この号において「電子メール等」という。）の送信の方法（当該短時間・有期雇用労働者が当該電子メール等の記録を出力することにより書面を作成することができるものに限る。）

4 前項第1号の方法により行われた法第6条第1項に規定する特定事項（以下この項において「特定事項」という。）の明示は、当該短時間・有期雇用労働者の使用に係るファクシミリ装置により受信した時に、前項第2号の方法により行われた特定事項の明示は、当該短時間・有期雇用労働者の使用に係る通信端末機器等により受信した時に、それぞれ当該短時間・有期雇用労働者に到達したものとみなす。

5

明示義務って？
労働条件通知書

部長、労働条件の明示事項については確認しました！

厚生労働省が公表している労働条件通知書も参考にしてみてほしい

疑問 労働条件通知書における注意点は？

労働契約書における注意点は、先ほど述べた明示事項をもれなく記載することとなります。

もっとも、明示事項は大部になることも多いため、就業規則を援用する方法により省略することが一般的です。

就業規則に記載されている内容と齟齬が生じないように事前にチェックしましょう。仮に就業規則よりも有利な内容が記載されていた場合には、同内容が優先します（労働契約法第7条ただし書）。逆に、就業規則を下回る内容を記載したとしても、無効となります（労働契約法第12条）。

ここにいう**就業規則**とは、使用者が定める事業経営上必要な職場規律や労働条件に関する規則を意味しますが、その作成については、労働基準法第89条が、「常時十人以上の労働者を使用する使用者は、次に掲げる事項について就業規則を作成し、行政官庁に届け出なければならない。」と定めています。

▼就業規則に記載すべき事項（労働基準法第89条）

1号	始業及び終業の時刻、休憩時間、休日、休暇並びに労働者を二組以上に分けて交替に就業させる場合においては就業時転換に関する事項
2号	賃金（臨時の賃金等を除く。以下この号において同じ。）の決定、計算及び支払の方法、賃金の締切り及び支払の時期並びに昇給に関する事項
3号	退職に関する事項（解雇の事由を含む。）
3号の2	退職手当の定めをする場合においては、適用される労働者の範囲、退職手当の決定、計算及び支払の方法並びに退職手当の支払の時期に関する事項
4号	臨時の賃金等（退職手当を除く。）及び最低賃金額の定めをする場合においては、これに関する事項

5号	労働者に食費、作業用品その他の負担をさせる定めをする場合においては、これに関する事項
6号	安全及び衛生に関する定めをする場合においては、これに関する事項
7号	職業訓練に関する定めをする場合においては、これに関する事項
8号	災害補償及び業務外の傷病扶助に関する定めをする場合においては、これに関する事項
9号	表彰及び制裁の定めをする場合においては、その種類及び程度に関する事項
10号	前各号に掲げるもののほか、当該事業場の労働者のすべてに適用される定めをする場合においては、これに関する事項

5-1節と比較すると、次の部分が抜けているということになります。

▼明示事項（労働基準法施行規則第5条第1項）

1号	労働契約の期間に関する事項
1号の2	期間の定めにある労働契約を更新する場合の基準に関する事項（※期間の定めのある労働契約であって当該労働契約の期間の満了後に当該契約を更新する場合があるものの締結の場合に限る）
1号の3	就業の場所及び従事すべき業務に関する事項
2号	…所定労働時間を超える労働の有無…
11号	休職に関する事項

これらのうち、11号の休職に関する事項は、休職制度を設ける場合には就業規則にて記載されるのが通常です。

したがって、休職に関する事項（休職制度を設ける場合）を記載した就業規則を交付したうえで、

- ・労働契約の期間
- ・有期雇用の場合の更新基準（更新する場合がある場合）
- ・就業の場所
- ・従事すべき業務
- ・所定労働時間を超える労働の有無

も明記した労働条件通知書を交付（労働者が希望した場合にはメール送信等）すれば、明示義務を果たしうることになります。

基本 労働条件通知書の「ひな形」

以下は、厚生労働省のサイトで公表されている労働条件通知書です。

●一般労働者用（常用、有期雇用型）

https://www.mhlw.go.jp/seisakunitsuite/bunya/koyou_roudou/
roudoukijun/keiyaku/kaisei/dl/youshiki_01a.pdf

●短時間労働者用（常用、有期雇用型）

https://www.mhlw.go.jp/seisakunitsuite/bunya/koyou_roudou/
roudoukijun/keiyaku/kaisei/dl/youshiki_02.pdf

（一般労働者用；常用、有期雇用型）

労働条件通知書

年　　月　　日

_____　殿

事業場名称・所在地

使 用 者 職 氏 名

契約期間	期間の定めなし、期間の定めあり（　　年　　月　　日〜　　年　　月　　日） ※以下は、「契約期間」について「期間の定めあり」とした場合に記入 1　契約の更新の有無 ［自動的に更新する・更新する場合があり得る・契約の更新はしない・その他（　　　　）］ 2　契約の更新は次により判断する。 ・契約期間満了時の業務量　　　　・勤務成績、態度　　　　　・能力 ・会社の経営状況　　・従事している業務の進捗状況 ・その他（　　　　　　　　　　　　　　　　　　　　　　　　　　　　　） 【有期雇用特別措置法による特例の対象者の場合】 無期転換申込権が発生しない期間：　Ⅰ（高度専門）・Ⅱ（定年後の高齢者） Ⅰ　特定有期業務の開始から完了までの期間（　　　年　　か月（上限10年）） Ⅱ　定年後引き続いて雇用されている期間
就業の場所	
従事すべき 業務の内容	【有期雇用特別措置法による特例の対象者（高度専門）の場合】 ・特定有期業務（　　　　　　　　開始日：　　　　　完了日：　　　　）
始業、終業の 時刻、休憩時 間、就業時転 換（(1)〜(5) のうち該当す るもの一つに ○を付けるこ と。）、所定時 間外労働の有 無に関する事 項	1　始業・終業の時刻等 (1) 始業（　　時　　分）終業（　　時　　分） 【以下のような制度が労働者に適用される場合】 (2) 変形労働時間制等；（　　）単位の変形労働時間制・交替制として、次の勤務時間の 組み合わせによる。 ┌始業（　時　分）終業（　時　分）（適用日　　　） ├始業（　時　分）終業（　時　分）（適用日　　　） └始業（　時　分）終業（　時　分）（適用日　　　） (3) フレックスタイム制；始業及び終業の時刻は労働者の決定に委ねる。 　　　　　　（ただし、フレキシブルタイム（始業）　時　分から　　時　分、 　　　　　　　　　　　　　　　　　（終業）　時　分から　　時　分、 　　　　　　　　　　　　コアタイム　　　時　分から　　時　分） (4) 事業場外みなし労働時間制；始業（　時　分）終業（　時　分） (5) 裁量労働制；始業（　時　分）終業（　時　分）を基本とし、労働者の決定に委ね る。 ○詳細は、就業規則第　条〜第　条、第　条〜第　条、第　条〜第　条 2　休憩時間（　　）分 3　所定時間外労働の有無（　有　，　　無　）
休　　日	・定例日；毎週　　曜日、国民の祝日、その他（　　　　　　　　　　） ・非定例日；週・月当たり　　　日、その他（　　　　　　　　　　） ・1年単位の変形労働時間制の場合－一年間　　　日 ○詳細は、就業規則第　条〜第　条、第　条〜第　条
休　　暇	1　年次有給休暇　6か月継続勤務した場合→　　　　　　日 　　　　　　　　継続勤務6か月以内の年次有給休暇　（有・無） 　　　　　　　　→　　か月経過で　　　日 　　　　　　　　時間単位年休（有・無） 2　代替休暇（有・無） 3　その他の休暇　有給（　　　　　　　　　） 　　　　　　　　　無給（　　　　　　　　　） ○詳細は、就業規則第　条〜第　条、第　条〜第　条

（次頁に続く）

賃　　　金	1　基本賃金　イ　月給（　　　　　円）、ロ　日給（　　　　　円）
	ハ　時間給（　　　　　円）、
	ニ　出来高給（基本単価　　　　円、保障給　　　　円）
	ホ　その他（　　　　　円）
	ヘ　就業規則に規定されている賃金等級等
	2　諸手当の額又は計算方法
	イ（　　　手当　　　　円　／計算方法：　　　　　　　　　）
	ロ（　　　手当　　　　円　／計算方法：　　　　　　　　　）
	ハ（　　　手当　　　　円　／計算方法：　　　　　　　　　）
	ニ（　　　手当　　　　円　／計算方法：　　　　　　　　　）
	3　所定時間外、休日又は深夜労働に対して支払われる割増賃金率
	イ　所定時間外、法定超　月６０時間以内（　　　）％
	月６０時間超　（　　　）％
	所定超　（　　　）％
	ロ　休日　法定休日（　　　）％、法定外休日（　　　）％
	ハ　深夜（　　　）％
	4　賃金締切日（　　　）－毎月　　日、（　　　）－毎月　　日
	5　賃金支払日（　　　）－毎月　　日、（　　　）－毎月　　日
	6　賃金の支払方法（　　　　　　　　　　　）
	7　労使協定に基づく賃金支払時の控除（無　，　有（　　　　））
	8　昇給（時期等　　　　　　　　　　　　　　　）
	9　賞与（　有（時期、金額等　　　　　　　　），　無　）
	10　退職金（　有（時期、金額等　　　　　　），　無　）
退職に関する事項	1　定年制　（　有（　　　歳），　　無　）
	2　継続雇用制度（　有（　　歳まで），　　無　）
	3　自己都合退職の手続（退職する　　　日以上前に届け出ること）
	4　解雇の事由及び手続
	○詳細は、就業規則第　　条～第　　条、第　　条～第　　条
そ　の　他	・社会保険の加入状況（　厚生年金　健康保険　厚生年金基金　その他（　　　　））
	・雇用保険の適用（　有　，　無　）
	・その他
	※以下は、「契約期間」について「期間の定めあり」とした場合についての説明です。
	労働契約法第18条の規定により、有期労働契約（平成25年4月1日以降に開始するもの）の契約期間が通算５年を超える場合には、労働契約の期間の末日までに労働者から申込みをすることにより、当該労働契約の期間の末日の翌日から期間の定めのない労働契約に転換されます。ただし、有期雇用特別措置法による特例の対象となる場合は、この「５年」という期間は、本通知書の「契約期間」欄に明示したとおりとなります。

※　以上のほかは、当社就業規則による。

※　労働条件通知書については、労使間の紛争の未然防止のため、保存しておくことをお勧めします。

5

【記載要領】
1. 労働条件通知書は、当該労働者の労働条件の決定について権限をもつ者が作成し、本人に交付すること。
2. 各欄において複数項目の一つを選択する場合には、該当項目に○をつけること。
3. 破線内及び二重線内の事項以外の事項は、書面の交付により明示することが労働基準法により義務付けられている事項であること。また、退職金に関する事項、臨時に支払われる賃金等に関する事項、労働者に負担させるべきものに関する事項、安全及び衛生に関する事項、職業訓練に関する事項、災害補償及び業務外の傷病扶助に関する事項、表彰及び制裁に関する事項、休職に関する事項については、当該事項を制度として設けている場合は口頭又は書面により明示する義務があること。
4. 労働契約期間については、労働基準法に定める範囲内とすること。
    また、「契約期間」について「期間の定めあり」とした場合には、契約の更新の有無及び更新する場合又はしない場合の判断の基準（複数可）を明示すること。
    （参考）　労働契約法第18条第1項の規定により、期間の定めがある労働契約の契約期間が通算5年を超えるときは、労働者が申込みをすることにより、期間の定めのない労働契約に転換されるものであること。この申込みの権利は契約期間の満了日まで行使できること。
5. 「就業の場所」及び「従事すべき業務の内容」の欄については、雇入れ直後のものを記載することで足りるが、将来の就業場所や従事させる業務を併せ網羅的に明示することは差し支えないこと。
    また、有期雇用特別措置法による特例の対象者（高度専門）の場合は、同法に基づき認定を受けた第一種計画に記載している特定有期業務（専門的知識等を必要とし、5年を超える一定の期間内に完了することが予定されている業務）の内容並びに開始日及び完了日も併せて記載すること。なお、特定有期業務の開始日及び完了日は、「契約期間」の欄に記載する有期労働契約の開始日及び終了日とは必ずしも一致しないものであること。
6. 「始業、終業の時刻、休憩時間、就業時転換、所定時間外労働の有無に関する事項」の欄については、当該労働者に適用される具体的な条件を明示すること。また、変形労働時間制、フレックスタイム制、裁量労働制等の適用がある場合には、次に留意して記載すること。
    ・変形労働時間制：適用する変形労働時間制の種類（1年単位、1か月単位等）を記載すること。その際、交替制でない場合、「・交替制」を＝で抹消しておくこと。
    ・フレックスタイム制：コアタイム又はフレキシブルタイムがある場合はその時間帯の開始及び終了の時刻を記載すること。コアタイム及びフレキシブルタイムがない場合、かっこ書きを＝で抹消しておくこと。
    ・事業場外みなし労働時間制：所定の始業及び終業の時刻を記載すること。
    ・裁量労働制：基本とする始業・終業時刻がない場合、「始業………を基本とし、」の部分を＝で抹消しておくこと。
    ・交替制：シフト毎の始業・終業の時刻を記載すること。また、変形労働時間制でない場合、「（　　）単位の変形労働時間制・」を＝で抹消しておくこと。
7. 「休日」の欄については、所定休日について曜日又は日を特定して記載すること。
8. 「休暇」の欄については、年次有給休暇は6か月間継続勤務し、その間の出

178

勤率が8割以上であるときに与えるものであり、その付与日数を記載すること。

　　時間単位年休は、労使協定を締結し、時間単位の年次有給休暇を付与するものであり、その制度の有無を記載すること。代替休暇は、労使協定を締結し、法定超えとなる所定時間外労働が1箇月60時間を超える場合に、法定割増賃金率の引上げ分の割増賃金の支払に代えて有給の休暇を与えるものであり、その制度の有無を記載すること。（中小事業主を除く。）

　　また、その他の休暇については、制度がある場合に有給、無給別に休暇の種類、日数（期間等）を記載すること。

9．前記6、7及び8については、明示すべき事項の内容が膨大なものとなる場合においては、所定時間外労働の有無以外の事項については、勤務の種類ごとの始業及び終業の時刻、休日等に関する考え方を示した上、当該労働者に適用される就業規則上の関係条項名を網羅的に示すことで足りるものであること。

10．「賃金」の欄については、基本給等について具体的な額を明記すること。ただし、就業規則に規定されている賃金等級等により賃金額を確定し得る場合、当該等級等を明確に示すことで足りるものであること。

・　法定超えとなる所定時間外労働については2割5分、法定超えとなる所定時間外労働が1箇月60時間を超える場合については5割（中小事業主を除く。）、法定休日労働については3割5分、深夜労働については2割5分、法定超えとなる所定時間外労働が深夜労働となる場合については5割、法定超えとなる所定時間外労働が1箇月60時間を超え、かつ、深夜労働となる場合については7割5分（中小事業主を除く。）、法定休日労働が深夜労働となる場合については6割を超える割増率とすること。

・　破線内の事項は、制度として設けている場合に記入することが望ましいこと。

11．「退職に関する事項」の欄については、退職の事由及び手続、解雇の事由等を具体的に記載すること。この場合、明示すべき事項の内容が膨大なものとなる場合においては、当該労働者に適用される就業規則上の関係条項名を網羅的に示すことで足りるものであること。

　（参考）　なお、定年制を設ける場合は、60歳を下回ってはならないこと。
　　　　　　また、65歳未満の定年の定めをしている場合は，高年齢者の65歳までの安定した雇用を確保するため、次の①から③のいずれかの措置（高年齢者雇用確保措置）を講じる必要があること。
　　　　　　①定年の引上げ　　②継続雇用制度の導入　　③定年の定めの廃止

12．「その他」の欄については、当該労働者についての社会保険の加入状況及び雇用保険の適用の有無のほか、労働者に負担させるべきものに関する事項、安全及び衛生に関する事項、職業訓練に関する事項、災害補償及び業務外の傷病扶助に関する事項、表彰及び制裁に関する事項、休職に関する事項等を制度として設けている場合に記入することが望ましいこと。

13．各事項について、就業規則を示し当該労働者に適用する部分を明確にした上で就業規則を交付する方法によることとした場合、具体的に記入することを要しないこと。

　＊　この通知書はモデル様式であり、労働条件の定め方によっては、この様式どおりとする必要はないこと。

5

労働条件通知書

年　　月　　日

＿＿＿＿＿＿＿＿＿殿

事業場名称・所在地
使　用　者　職　氏　名

契約期間	期間の定めなし、期間の定めあり（　年　月　日〜　年　月　日） ※以下は、「契約期間」について「期間の定めあり」とした場合に記入 1　契約の更新の有無 ［自動的に更新する・更新する場合があり得る・契約の更新はしない・その他（　　　）］ 2　契約の更新は次により判断する。 　・契約期間満了時の業務量　　・勤務成績、態度　　・能力 　・会社の経営状況　・従事している業務の進捗状況 　・その他（　　　　　　　） 【有期雇用特別措置法による特例の対象者の場合】 無期転換申込権が発生しない期間： Ⅰ（高度専門）・Ⅱ（定年後の高齢者） 　Ⅰ　特定有期業務の開始から完了までの期間（　年　か月（上限10年）） 　Ⅱ　定年後引き続いて雇用されている期間
就業の場所	
従事すべき 業務の内容	【有期雇用特別措置法による特例の対象者（高度専門）の場合】 ・特定有期業務　　　　　　　　　開始日：　　　完了日・　）
始業、終業の時刻、休憩時間、就業時転換（(1)〜(5)のうち該当するもの一つに○を付けること。）、所定時間外労働の有無に関する事項	1　始業・終業の時刻等 (1)　始業（　時　分）　終業（　時　分） 【以下のような制度が労働者に適用される場合】 (2)　変形労働時間制等；（　）単位の変形労働時間制・交替制として、次の勤務時間の組み合わせによる。 　始業（　時　分）終業（　時　分）（適用日　　　） 　始業（　時　分）終業（　時　分）（適用日　　　） 　始業（　時　分）終業（　時　分）（適用日　　　） (3)　フレックスタイム制；始業及び終業の時刻は労働者の決定に委ねる。 　（ただし、フレキシブルタイム（始業）　時　分から　時　分、 　　　　　　　　　　（終業）　時　分から　時　分、 　　　　　コアタイム　時　分から　時　分） (4)　事業場外みなし労働時間制；始業（　時　分）終業（　時　分） (5)　裁量労働制；始業（　時　分）終業（　時　分）を基本とし、労働者の決定に委ねる。 ○詳細は、就業規則第　条〜第　条、第　条〜第　条、第　条〜第　条 2　休憩時間（　）分 3　所定時間外労働の有無（　有（1週　時間、1か月　時間、1年　時間）、無　） 4　休日労働（　有（1か月　日、1年　日）、　無　）
休　日 及び 勤　務　日	・定例日；毎週　　曜日、国民の祝日、その他（　　　　　　） ・非定例日；週・月当たり　日、その他（　　　　　　） ・1年単位の変形労働時間制の場合－年間　　日 　（勤務日） 毎週（　　　）、その他（　　　　　） ○詳細は、就業規則第　条〜第　条、第　条〜第　条
休　暇	1　年次有給休暇　6か月継続勤務した場合→　　　日 　継続勤務6か月以内の年次有給休暇　（有・無） 　→　か月経過で　日 　時間単位年休（有・無） 2　代替休暇（有・無） 3　その他の休暇　有給（　　　　　） 　無給（　　　　　） ○詳細は、就業規則第　条〜第　条、第　条〜第　条

（次頁に続く）

180

賃　　金	1　基本賃金　イ　月給（　　　　　　円）、ロ　日給（　　　　　　円） 　　　　　　　ハ　時間給（　　　　　　円）、 　　　　　　　ニ　出来高給（基本単価　　　円、保障給　　　　円） 　　　　　　　ホ　その他（　　　　　円） 　　　　　　　ヘ　就業規則に規定されている賃金等級等 2　諸手当の額又は計算方法 　　イ（　　　手当　　　　円／計算方法：　　　　　　） 　　ロ（　　　手当　　　　円／計算方法：　　　　　　） 　　ハ（　　　手当　　　　円／計算方法：　　　　　　） 　　ニ（　　　手当　　　　円／計算方法：　　　　　　） 3　所定時間外、休日又は深夜労働に対して支払われる割増賃金率 　　イ　所定時間外、法定超　月６０時間以内（　　　）％ 　　　　　　　　　　　　　月６０時間超　（　　　）％ 　　　　　　　　　所定超　（　　　）％ 　　ロ　休日　法定休日（　　　）％、法定外休日（　　　）％ 　　ハ　深夜（　　　）％ 4　賃金締切日（　　　）－毎月　日、（　　　）－毎月　日 5　賃金支払日（　　　）－毎月　日、（　　　）－毎月　日 6　賃金の支払方法（　　　　　　　　　） 7　労使協定に基づく賃金支払時の控除（無　，　有（　　　）） 8　昇給（　有（時期、金額等　　　　　　　）　，　無　） 9　賞与（　有（時期、金額等　　　　　　　）　，　無　） 10　退職金（　有（時期、金額等　　　　　　）　，　無　）
退職に関す る事項	1　定年制　（　有　（　　歳）　，　無　） 2　継続雇用制度（　有（　　　歳まで）　，　無　） 3　自己都合退職の手続（退職する　　日以上前に届け出ること） 4　解雇の事由及び手続 ○詳細は、就業規則第　条～第　条、第　条～第　条
そ　の　他	・社会保険の加入状況（　厚生年金　健康保険　厚生年金基金　その他（　　　）） ・雇用保険の適用（　有　，　　無　） ・雇用管理の改善等に関する事項に係る相談窓口 　　部署名　　　　　　担当者職氏名　　　　　　（連絡先　　　　　　　） ・その他 ・具体的に適用される就業規則名（　　　　　　　） ※以下は、「契約期間」について「期間の定めあり」とした場合についての説明です。 　労働契約法第18条の規定により、有期労働契約（平成25年4月1日以降に開始するも の）の契約期間が通算5年を超える場合には、労働契約の期間の末日までに労働者か ら申込みをすることにより、当該労働契約の期間の末日の翌日から期間の定めのない 労働契約に転換されます。ただし、有期雇用特別措置法による特例の対象となる場合 は、この「5年」という期間は、本通知書の「契約期間」欄に明示したとおりとなり ます。

5

※　以上のほかは、当社就業規則による。

※　本通知書の交付は、労働基準法第15条に基づく労働条件の明示及び短時間労働者の雇用管理の改善等に
　　関する法律第6条に基づく文書の交付を兼ねるものであること。

※　労働条件通知書については、労使間の紛争の未然防止のため、保存しておくことをお勧めします。

【記載要領】

1. 労働条件通知書は、当該労働者の労働条件の決定について権限をもつ者が作成し、本人に交付すること。

2. 各欄において複数項目の一つを選択する場合には、該当項目に○をつけること。

3. 下線部、破線内及び二重線内の事項以外の事項は、書面の交付により明示することが労働基準法により義務付けられている事項であること。また、退職金に関する事項、臨時に支払われる賃金等に関する事項、労働者に負担させるべきものに関する事項、安全及び衛生に関する事項、職業訓練に関する事項、災害補償及び業務外の傷病扶助に関する事項、表彰及び制裁に関する事項、休職に関する事項については、当該事項を制度として設けている場合には口頭又は書面により明示する義務があること。

4. 労働契約期間については、労働基準法に定める範囲内とすること。
   また、「契約期間」について「期間の定めあり」とした場合には、契約の更新の有無及び更新する場合又はしない場合の判断の基準（複数可）を明示すること。
   （参考）　労働契約法第18条第1項の規定により、期間の定めがある労働契約の契約期間が通算5年を超えるときは、労働者が申込みをすることにより、期間の定めのない労働契約に転換されるものであること。この申込みの権利は契約期間の満了日まで行使できること。

5. 「就業の場所」及び「従事すべき業務の内容」の欄については、雇入れ直後のものを記載することで足りるが、将来の就業場所や従事させる業務を併せ網羅的に明示することは差し支えないこと。
   また、有期雇用特別措置法による特例の対象者（高度専門）の場合は、同法に基づき認定を受けた第一種計画に記載している特定有期業務（専門的知識等を必要とし、5年を超える一定の期間内に完了することが予定されている業務）の内容並びに開始日及び完了日も併せて記載すること。なお、特定有期業務の開始日及び完了日は、「契約期間」の欄に記載する有期労働契約の開始日及び終了日とは必ずしも一致しないものであること。

6. 「始業、終業の時刻、休憩時間、就業時転換、所定時間外労働の有無に関する事項」の欄については、当該労働者に適用される具体的な条件を明示すること。
   また、変形労働時間制、フレックスタイム制、裁量労働制等の適用がある場合には、次に留意して記載すること。
   ・変形労働時間制：適用する変形労働時間制の種類（1年単位、1か月単位等）を記載すること。その際、交替制でない場合、「・交替制」を＝で抹消しておくこと。
   ・フレックスタイム制：コアタイム又はフレキシブルタイムがある場合はその時間帯の開始及び終了の時刻を記載すること。コアタイム及びフレキシブルタイムがない場合、かっこ書きを＝で抹消しておくこと。
   ・事業場外みなし労働時間制：所定の始業及び終業の時刻を記載すること。
   ・裁量労働制：基本とする始業・終業時刻がない場合、「始業………を基本とし、」の部分を＝で抹消しておくこと。
   ・交替制：シフト毎の始業・終業の時刻を記載すること。また、変形労働時間制でない場合、「（　　）単位の変形労働時間制・」を＝で抹消しておくこと。

7. 「休日及び勤務日」の欄については、所定休日又は勤務日について曜日又は日を特定して記載すること。

8. 「休暇」の欄については、年次有給休暇は6か月間勤続勤務し、その間の出勤率が8割以上であるときに与えるものであり、その付与日数を記載すること。

時間単位年休は、労使協定を締結し、時間単位の年次有給休暇を付与するものであり、その制度の有無を記載すること。代替休暇は、労使協定を締結し、法定超えとなる所定時間外労働が１箇月６０時間を超える場合に、法定割増賃金率の引上げ分の割増賃金の支払に代えて有給の休暇を与えるものであり、その制度の有無を記載すること。（中小事業主を除く。）

　　また、その他の休暇については、制度がある場合に有給、無給別に休暇の種類、日数（期間等）を記載すること。

9．前記６、７及び８については、明示すべき事項の内容が膨大なものとなる場合においては、所定時間外労働の有無以外の事項については、勤務の種類ごとの始業及び終業の時刻、休日等に関する考え方を示した上、当該労働者に適用される就業規則上の関係条項名を網羅的に示すことで足りるものであること。

10．「賃金」の欄については、基本給等について具体的な額を明記すること。ただし、就業規則に規定されている賃金等級等により賃金額が確定し得る場合、当該等級等を明確に示すことで足りるものであること。

・法定超えとなる所定時間外労働については２割５分、法定超えとなる所定時間外労働が１箇月６０時間を超える場合については５割（中小事業主を除く。）、法定休日労働については３割５分、深夜労働については２割５分、法定超えとなる所定時間外労働が深夜労働となる場合については５割、法定超えとなる所定時間外労働が１箇月６０時間を超え、かつ、深夜労働となる場合については７割５分（中小事業主を除く。）、法定休日労働が深夜労働となる場合については６割を超える割増率とすること。

・　破線内の事項は、制度として設けている場合に記入することが望ましいこと。ただし、昇給の有無、賞与の有無及び退職金の有無については必ず記入すること。

・　昇給、賞与が業績等に基づき支給されない可能性がある場合や、退職金が勤続年数に基づき支給されない可能性がある場合は、制度としては「有」を明示しつつ、その旨を明示すること。

11．「退職に関する事項」の欄については、退職の事由及び手続、解雇の事由等を具体的に記載すること。この場合、明示すべき事項の内容が膨大なものとなる場合においては、当該労働者に適用される就業規則上の関係条項名を網羅的に示すことで足りるものであること。

　　（参考）　なお、定年制を設ける場合は、６０歳を下回ってはならないこと。
　　　　　　また、６５歳未満の定年の定めをしている場合は、高年齢者の６５歳までの安定した雇用を確保するため、次の①から③のいずれかの措置（高年齢者雇用確保措置）を講じる必要があること。
　　　　　　①定年の引上げ　　②継続雇用制度の導入　　③定年の定めの廃止

12．「その他」の欄については、当該労働者についての社会保険の加入状況及び雇用保険の適用の有無のほか、労働者に負担させるべきものに関する事項、安全及び衛生に関する事項、職業訓練に関する事項、災害補償及び業務外の傷病扶助に関する事項、表彰及び制裁に関する事項、休職に関する事項等を制度として設けている場合に記入することが望ましいこと。

　　「雇用管理の改善等に関する事項に係る相談窓口」は、事業主が短時間労働者からの苦情を含めた相談を受け付ける際の受付先を記入すること。

13．各事項について、就業規則を示し当該労働者に適用する部分を明確にした上で就業規則を交付する方法によることとした場合、具体的に記入することを要しないこと。

＊　この通知書はモデル様式であり、労働条件の定め方によっては、この様式どおりとする必要はないこと。

5

労働条件通知書の工夫（ひな形の修正）

　ひな形では、使用者が作成して通知して終わりで、労働者の署名・押印欄がありません。

　使用者は、労働条件通知書のみならず、就業規則を交付して、労働条件を脱漏なく明示し、かつ、労働者がすべてを確認了承したことを書面で残しておくべきです。

　そこで、労働条件通知書2通を交付し、うち1通に以下の労働者の署名・押印欄を設けておき、使用者側で、同署名・押印を受けたものを保管しておくべきであると考えられます。

　例えば、労働条件通知書の文末に以下のような欄を設けるべきでしょう。

 ## 文末に追加する確認欄（例）

```
===========================================
                   確認欄
  私は、貴社から、本労働条件通知書の交付を受け、かつ、就業規則の交付も受けて、いずれ
も内容を確認しました。
  令和　年　月　日　　　　　　　　　氏名　　　　　　　　㊞
```

　労働条件通知を書面でなくメールやメッセンジャーで送信する場合には、労働者から確認した旨の返信を得ること（少なくとも既読の記録をとること）が望ましいといえます。

条文

労働契約法7条
　労働者及び使用者が労働契約を締結する場合において、使用者が合理的な労働条件が定められている就業規則を労働者に周知させていた場合には、労働契約の内容は、その就業規則で定める労働条件によるものとする。ただし、労働契約において、労働者及び使用者が就業規則の内容と異なる労働条件を合意していた部分については、第12条に該当する場合を除き、この限りでない。

労働契約法12条　（就業規則違反の労働契約）
　就業規則で定める基準に達しない労働条件を定める労働契約は、その部分については、無効とする。この場合において、無効となった部分は、就業規則で定める基準による。

労働基準法89条　（作成及び届出の義務）
　常時10人以上の労働者を使用する使用者は、次に掲げる事項について就業規則を作成し、行政官庁に届け出なければならない。次に掲げる事項を変更した場合においても、同様とする。
　① 始業及び終業の時刻、休憩時間、休日、休暇並びに労働者を2組以上に分けて交替に就業させる場合においては就業時転換に関する事項

② 賃金（臨時の賃金等を除く。以下この号において同じ。）の決定、計算及び支払の方法、賃金の締切り及び支払の時期並びに昇給に関する事項

③ 退職に関する事項（解雇の事由を含む。）

③の2　　　　退職手当の定めをする場合においては、適用される労働者の範囲、退職手当の決定、計算及び支払の方法並びに退職手当の支払の時期に関する事項

④ 臨時の賃金等（退職手当を除く。）及び最低賃金額の定めをする場合においては、これに関する事項

⑤ 労働者に食費、作業用品その他の負担をさせる定めをする場合においては、これに関する事項

⑥ 安全及び衛生に関する定めをする場合においては、これに関する事項

⑦ 職業訓練に関する定めをする場合においては、これに関する事項

⑧ 災害補償及び業務外の傷病扶助に関する定めをする場合においては、これに関する事項

⑨ 表彰及び制裁の定めをする場合においては、その種類及び程度に関する事項

⑩ 前各号に掲げるもののほか、当該事業場の労働者のすべてに適用される定めをする場合においては、これに関する事項

5

第6章 アウトソーシングの場合の契約

～業務委託契約（製造物供給・準委任）～

業務委託契約の
キホンは？

うちの会社の新製品の製造をA会社に委託することになった。それから、X部門が企画したYサービスの一部の運営をB会社に委託することになった。それぞれ契約書のドラフトをお願いしたい

部長、承知しました。業務委託契約書ということになりますよね（同じような内容でよいのかな……？）

疑問 業務委託契約ってそもそも何？

業務委託契約とは、業務を外部・第三者に委託する契約全般のことを意味しますが、後で述べるように民法の中に出てくる典型契約の名称ではありません。

製品の製造を第三者に委託したり、事業の運営の一部を第三者に委託したりといったように、事業経営上、業務委託契約が登場する場面は少なくありません。

しかしながら、一口に業務委託契約といっても、大きく、民法でいうところの**請負契約**であると考えられるもの、**(準) 委任契約**であると考えられるものに分けることができます。

請負契約といえば、例えば、建築に関する契約がイメージしやすいと思います。注文者が建築物を建てることを依頼し、建築業者はそれを建てるという義務を負うことになります。

委任契約といえば、例えば、医師の診療であったり、弁護士への案件の依頼といった契約がイメージしやすいと思います。次の民法のルールのところで説明しますが、請負と違う点として、結果を保証する内容を含みません。具体的にいえば、医師は必ず病気を治すことを義務として負うものではなく、弁護士は必ず訴訟に勝つことを義務として負うものではないのです。いずれもプロフェッショナルとしての最善を尽くしますが、結果を約束する契約ではないということになります。

ここでは、それぞれ請負型と委任型と呼び、説明していきます。

まずは請負型に関して、民法の基本ルールをおさえていきましょう。

民法は、「請負は、当事者の一方がある仕事を完成することを約し、相手方がその仕事の結果に対してその報酬を支払うことを約することによって、その効力を生ずる。」と規定しています（民法632条）。

仕事を依頼する側の当事者を「**注文者**」と呼び、依頼を受ける側の当事者を「**請負人**」と呼びます。

注文者と請負人との間で、

①仕事の完成を約束する
②その仕事の結果に対する報酬を支払う

ことを約束することによって請負契約が成立することになります。

その他、民法には、**報酬に関する規定**（民法633条、634条）、**請負人の担保責任に関する規定**（民法636条、637条）、**解除に関する規定**（民法641条、642条）等のルールがおかれています。

請負契約のポイントは、上記の①仕事の完成を約束している点です。そのため、仕事をしたとしてもその目的物が契約の内容に適合しないものであった場合の責任（**担保責任**）の規定が一般のルールとして設けられているのです。

次に**委任型**に関して、民法の基本ルールをおさえていきましょう。

民法は、「委任は、当事者の一方が法律行為をすることを相手方に委託し、相手方がこれを承諾することによって、その効力を生ずる。」と規定し（民法643条）、委託の対象が法律行為でない場合についても、「この節の規定は、法律行為でない事務の委託について準用する。」と規定しています（民法656条）。法律行為の委託が委任で、法律行為でない事務の委託は**準委任**と呼ばれています。

事務を依頼する側の当事者を「**委任者**」と呼び、依頼を受ける側の当事者を「**受任者**」と呼びます。

委任者と受任者との間で、法律行為・法律行為でない事務をすることを約束することによって委任契約・準委任契約が成立することになります。

報酬については、必ず定めなければならないものではなく、特約があった場合のみ、報酬を請求することができます（民法648条1項。ただし、商法512条は、「商人がその営業の範囲内において他人のために行為をしたときは、相当な報酬を請求することができる。」と定めていますので、ビジネスの場面では、この商法の規定が原則となるといえます）。

6

その他、民法には、**受任者の注意義務**（民法644条。一般に「**善管注意義務**」と呼ばれるものです）、**復受任者の選任等**（民法644条の2）、**受任者による報告**（民法645条）、**受任者による受取物の引渡し等**（民法646条）、**受任者の金銭の消費についての責任**（民法647条）、**受任者の報酬**（民法648条）、**成果等に対する報酬**（民法648条の2）、**受任者による費用の請求**に関する規定（民法649条、650条）、**委任の解除**に関する規定（民法651条、652条）、**委任の終了**に関する規定（民法653条から655条まで）等がおかれています。

受任者は、善管注意義務を負うものの、請負のように仕事の完成の義務を負うわけではありません。「委任の本旨に従い、善良な管理者の注意をもって、委任事務を処理する義務を負う」けれども、それはいわば過程の義務であって、結果に関する義務を負うものではありません。

業務委託契約における留意点

契約書を作る前提として、今回の契約が、請負型に近いのか、委任型に近いのか、具体的に「仕事の完成」（結果の保証）までを求めるのか否かといった観点から方針を決める必要があります。

そのうえで、具体的な条項について検討していくべきでしょう。

請負型の場合には、そもそもどのような仕事を求めるのか（完成の基準になる内容をどうするのか）、仕事の目的物に契約不適合があった場合の処理をどのようにするのか（請負人がどのような責任を負うのか）という点が重要となってきます。

いずれの場合でも、報酬の金額及び支払時期をどうするのか、どのような場合に解除できるようにするのかといった点については留意する必要があります。

本章では、請負型に近く売買の要素も含まれている製造物供給の契約書と、委任型の契約書をそれぞれ検討したいと思います。

条文

民法632条 （請負）
請負は、当事者の一方がある仕事を完成することを約し、相手方がその仕事の結果に対してその報酬を支払うことを約することによって、その効力を生ずる。

民法633条 （報酬の支払時期）
報酬は、仕事の目的物の引渡しと同時に、支払わなければならない。ただし、物の引渡しを要しないときは、第624条第1項の規定を準用する。

民法634条 （注文者が受ける利益の割合に応じた報酬）
次に掲げる場合において、請負人が既にした仕事の結果のうち可分な部分の給付によって注文者が利益を受けるときは、その部分を仕事の完成とみなす。この場合において、請負人は、注文者が

受ける利益の割合に応じて報酬を請求することができる。

① 注文者の責めに帰することができない事由によって仕事を完成することができなくなったとき。

② 請負が仕事の完成前に解除されたとき。

民法636条 （請負人の担保責任の制限）

請負人が種類又は品質に関して契約の内容に適合しない仕事の目的物を注文者に引き渡したとき（その引渡しを要しない場合にあっては、仕事が終了した時に仕事の目的物が種類又は品質に関して契約の内容に適合しないとき）は、注文者は、注文者の供した材料の性質又は注文者の与えた指図によって生じた不適合を理由として、履行の追完の請求、報酬の減額の請求、損害賠償の請求及び契約の解除をすることができない。ただし、請負人がその材料又は指図が不適当であることを知りながら告げなかったときは、この限りでない。

民法637条 （目的物の種類又は品質に関する担保責任の期間の制限）

1 前条本文に規定する場合において、注文者がその不適合を知った時から1年以内にその旨を請負人に通知しないときは、注文者は、その不適合を理由として、履行の追完の請求、報酬の減額の請求、損害賠償の請求及び契約の解除をすることができない。

2 前項の規定は、仕事の目的物を注文者に引き渡した時（その引渡しを要しない場合にあっては、仕事が終了した時）において、請負人が同項の不適合を知り、又は重大な過失によって知らなかったときは、適用しない。

民法641条 （注文者による契約の解除）

請負人が仕事を完成しない間は、注文者は、いつでも損害を賠償して契約の解除をすることができる。

民法642条 （注文者についての破産手続の開始による解除）

1 注文者が破産手続開始の決定を受けたときは、請負人又は破産管財人は、契約の解除をすることができる。

ただし、請負人による契約の解除については、仕事を完成した後は、この限りでない。

2 前項に規定する場合において、請負人は、既にした仕事の報酬及びその中に含まれていない費用について、破産財団の配当に加入することができる。

3 第1項の場合には、契約の解除によって生じた損害の賠償は、破産管財人が契約の解除をした場合における請負人に限り、請求することができる。この場合において、請負人は、その損害賠償について、破産財団の配当に加入する。

民法643条 （委任）

委任は、当事者の一方が法律行為をすることを相手方に委託し、相手方がこれを承諾することによって、その効力を生ずる。

民法644条 （受任者の注意義務）

受任者は、委任の本旨に従い、善良な管理者の注意をもって、委任事務を処理する義務を負う。

民法644条の2 （復受任者の選任等）

1 受任者は、委任者の許諾を得たとき、又はやむを得ない事由があるときでなければ、復受任者を選任することができない。

2 代理権を付与する委任において、受任者が代理権を有する復受任者を選任したときは、復受任者は、委任者に対して、その権限の範囲内において、受任者と同一の権利を有し、義務を負う。

民法645条 （受任者による報告）

受任者は、委任者の請求があるときは、いつでも委任事務の処理の状況を報告し、委任が終了した後は、遅滞なくその経過及び結果を報告しなければならない。

民法646条 （受任者による受取物の引渡し等）

1 受任者は、委任事務を処理するに当たって受け取った金銭その他の物を委任者に引き渡さなければならない。

その収取した果実についても、同様とする。

2 受任者は、委任者のために自己の名で取得した権利を委任者に移転しなければならない。

民法647条 （受任者の金銭の消費についての責任）

受任者は、委任者に引き渡すべき金額又はその利益のために用いるべき金額を自己のために消費したときは、その消費した日以後の利息を支払わなければならない。

この場合において、なお損害があるときは、その賠償の責任を負う。

6

民法648条 （受任者の報酬）
1 受任者は、特約がなければ、委任者に対して報酬を請求することができない。
2 受任者は、報酬を受けるべき場合には、委任事務を履行した後でなければ、これを請求することができない。
　ただし、期間によって報酬を定めたときは、第624条第2項の規定を準用する。
3 受任者は、次に掲げる場合には、既にした履行の割合に応じて報酬を請求することができる。
　① 委任者の責めに帰することができない事由によって委任事務の履行をすることができなくなったとき。
　② 委任が履行の中途で終了したとき。

民法648条の2 （成果等に対する報酬）
1 委任事務の履行により得られる成果に対して報酬を支払うことを約した場合において、その成果が引渡しを要するときは、報酬は、その成果の引渡しと同時に、支払わなければならない。
2 第634条の規定は、委任事務の履行により得られる成果に対して報酬を支払うことを約した場合について準用する。

民法649条 （受任者による費用の前払請求）
委任事務を処理するについて費用を要するときは、委任者は、受任者の請求により、その前払をしなければならない。

民法650条 （受任者による費用等の償還請求等）
1 受任者は、委任事務を処理するのに必要と認められる費用を支出したときは、委任者に対し、その費用及び支出の日以後におけるその利息の償還を請求することができる。
2 受任者は、委任事務を処理するのに必要と認められる債務を負担したときは、委任者に対し、自己に代わってその弁済をすることを請求することができる。
　この場合において、その債務が弁済期にないときは、委任者に対し、相当の担保を供させることができる。
3 受任者は、委任事務を処理するため自己に過失なく損害を受けたときは、委任者に対し、その賠償を請求することができる。

民法651条 （委任の解除）
1 委任は、各当事者がいつでもその解除をすることができる。
2 前項の規定により委任の解除をした者は、次に掲げる場合には、相手方の損害を賠償しなければならない。
　ただし、やむを得ない事由があったときは、この限りでない。
　① 相手方に不利な時期に委任を解除したとき。
　② 委任者が受任者の利益（専ら報酬を得ることによるものを除く。）をも目的とする委任を解除したとき。

民法652条 （委任の解除の効力）
第620条の規定は、委任について準用する。

民法653条 （委任の終了事由）
委任は、次に掲げる事由によって終了する。
　① 委任者又は受任者の死亡
　② 委任者又は受任者が破産手続開始の決定を受けたこと。
　③ 受任者が後見開始の審判を受けたこと。

民法654条 （委任の終了後の処分）
委任が終了した場合において、急迫の事情があるときは、受任者又はその相続人若しくは法定代理人は、委任者又はその相続人若しくは法定代理人が委任事務を処理することができるに至るまで、必要な処分をしなければならない。

民法655条 （委任の終了の対抗要件）
委任の終了事由は、これを相手方に通知したとき、又は相手方がこれを知っていたときでなければ、これをもってその相手方に対抗することができない。

民法656条 （準委任）
この節の規定は、法律行為でない事務の委託について準用する。

製造物供給を委託する？ 業務委託契約書（製造物供給）って？

うちの会社の新製品の製造をＡ会社に委託することになった件、お願いしていた契約書のドラフトはできた？

いえ、まだです。色々調べましたところ、請負契約を念頭に、目的物に契約不適合があった場合の規定の検討がもう少し必要です。今回の場合は、売買の要素もあるようなので引渡しに関連して危険負担の規定の検討も必要と考えています！

確かに、危険負担や契約不適合責任の条項は重要だね。検討を頼む

疑問 業務委託契約書（製造物供給）における注意点は？

民法の教科書等で「**製造物供給契約**」と呼ばれて紹介されている契約について検討します。請負に類似する契約ではありますが、主に請け負う側が材料を準備して目的物を製造し、その製造物を供給するという契約になります。目的物の"製造"という側面では、請負契約の性質を有していますが、製造物の"供給"という側面では、売買契約の性質を有しているといえます。

このような場合には、それぞれの性質を念頭において、契約条項を検討する必要があります。

まず、売買契約の性質の観点からの注意点は、第2章で述べたことが妥当します。重要な条項の一つとして、**危険負担**に関する条項が挙げられるでしょう。すなわち、せっかく製造した目的物が引渡しまでにアクシデント（例えば地震）で滅失してしまった場合にどうするのか、ということについて紛争を予防するためにもあらかじめ規定しておくべきです。

請負契約の性質の観点からの主な注意点としては、

6

・完成品はどのような仕様なのか（どうなったら完成といえるのか）

・仮に完成と思われた後に不都合が発生した場合にどのような責任をとってもらうのか（契約不適合責任と呼ばれる問題）

が挙げられます。

　完成「した・していない」、契約不適合が「ある・ない」ということが紛争の原因になることが多いため、あらかじめ契約書で合意しておくことが望まれるのです。

業務委託契約書（製造物供給）の「ひな形」

　それでは、製造物供給契約のひな形を見てみましょう。

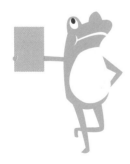

業務委託契約書

　［委託者］○○○○株式会社（以下「委託者」という。）と［受託者］株式会社□□□□（以下「受託者」という。）は、次のとおり業務委託契約（以下「本契約」という。）を締結する。

第1条（製造委託） 重要度**B** (P201参照)

　委託者は、受託者に対し、委託者が販売する別紙記載の製品（以下「本製品」という。）の製造業務を委託し、受託者はこれを受託した。

第2条（仕様） 重要度**B** (P201参照)

　本製品の仕様（品質規格、包装仕様、製造基準等を含む。）については、委託者が別途受託者に提出する「製造仕様書」に定めるところによる。なお、製造仕様書に定めのない事項については、委託者及び受託者が協議の上、決定する。

第3条（原材料の調達） 重要度**B** (P202参照)

　本製品の原材料については、受託者が、受託者の費用負担において、委託者の指定する仕様に基づき他から調達する。ただし、委託者が指示した原材料についてはこの限りではない。

第4条（製品の引渡し） 重要度**B** (P202参照)

　受託者は、令和○年○月○日限り、委託者が指定する場所において、委託者又は委託者の指定する者に本製品を引き渡す。引渡しにかかる費用は、受託者の負担とする。

第5条（製品の受入検査） 重要度**A** (P202参照)

1.　委託者は、前条による本製品の引渡し後遅滞なく、本製品の受入検査を実施する。
2.　委託者は、前項に定める受入検査の結果、検査に合格した本製品については受領書を、種類又は品質に関して本契約の内容に適合しないこと（以下「契約不適合」という。）又は数量不足を発見した本製品についてはその旨の通知を、本製品の引渡し後○日以内に、受託者に送付する。
3.　受託者は、前項に定める契約不適合又は数量不足の通知を受け取った場合には、委託者の指示するところに従って、不足分又は代品の納入、若しくは契約不適合のある本製品の補修を、それぞれ無償にて行う。

6

4. 受託者は、本契約第 9 条に定める契約不適合責任及び第 10 条に定める製造物責任が、本条に定める委託者の受入検査の有無、結果の内容及び受託者の前項の措置の如何によって免除されるものではないことを認める。

第 6 条（製品の所有権の移転）

（P203 参照）

本製品の所有権は、前条第 2 項に定める受領書の発行をもって、受託者から委託者に移転する。

第 7 条（製品の危険負担）
（P203 参照）

天災地変等の不可抗力その他当事者の責に帰し得ない事由による本製品の滅失・損傷等の損害は、前条による本製品の所有権移転前は受託者の負担とし、移転後は委託者の負担とする。

第 8 条（製品の製造代金及び支払方法）
（P203 参照）

1. 本製品の製造代金は、金○円（税別）とする。
2. 委託者は、第 6 条により委託者に所有権が移転した日の属する月の翌月末日（当日が金融機関の休業日の場合はその前日）限り、前項の製造代金を、受託者の指定する銀行口座に振り込む方法により支払う。振込手数料は、委託者の負担とする。

第 9 条（契約不適合責任）
（P204 参照）

1. 委託者は、受託者に対し、第 6 条によりその所有権が委託者に移転した本製品に契約不適合がある場合、同移転後 1 年以内に委託者がその契約不適合を発見し、受託者にその旨通知したときに限り、相当の期間を定めて、受託者の費用負担で不足分又は代品の納入、若しくは補修等、履行の追完を請求することができる。
2. 委託者は、委託者が前項に基づく請求をしたにもかかわらず、委託者が定めた期間内に受託者が履行の追完をしないとき、又は次の各号のいずれかに該当するときは、委託者は、受託者に対し、契約不適合の程度に応じて代金の減額を請求することができる。
   (1) 履行の追完が不能であるとき。
   (2) 受託者が履行の追完を拒絶する意思を明確に表示したとき。
   (3) 前二号に掲げる場合のほか、委託者が前項の請求をしても履行の追完を受ける見込みがないことが明らかであるとき。
3. 前二項の規定は、委託者による損害賠償請求及び契約の解除を妨げない。
4. 本条の規定は、当該契約不適合が、委託者が受託者に提出した製造仕様書、委託者が受託者に支給した支給品又は委託者の指示に起因する場合については、適用しない。

第 10 条（製造物責任）
（P205 参照）

1. 受託者は、本製品に関し、製造物責任法に基づく欠陥がないことを保証する。万一、本製品の欠陥に起因して第三者の生命、身体又は財産に損害が生じ、当該第三者若しくは委託者の販売先等から委託者に対し製造物責任に基づく損害賠償等の請求があったと

きは、受託者は、受託者の負担と責任においてこれを処理解決し、これにより委託者が損害を被ったときは、その損害を委託者に賠償する。ただし、当該欠陥が、委託者が受託者に提出した製造仕様書、委託者が受託者に支給した支給品又は委託者の指示に起因する場合については、この限りではない。

2. 委託者が要求した場合は、受託者は委託者が承認する内容の製造物責任保険を付保し、かつ委託者を共同被保険者とするものとし、その保険証券の写しを委託者に提出する。

第11条（知的財産権） （P205参照） 重要度 **B**

1. 本製品に関し、第三者との間で知的財産権上の紛争を生じたときは、受託者はその責任において解決に当たるものとし、これにより委託者が損害を被ったとき、受託者はその損害を賠償する。ただし、委託者が指定する仕様、商標等又は委託者が受託者に支給した支給品による知的財産権上の紛争は委託者の責任とする。

2. 本契約を履行するにあたり本製品について委託者が提供した仕様、技術指導等に基づき、受託者が発明・考案等をなしたときは、その発明・考案等について特許等の知的財産権の出願をするか否か、また出願する場合はその権利の帰属について、両者協議し決定する。

第12条（立入検査） （P206参照） 重要度 **B**

1. 委託者は、いつでも受託者の工場及び保管場所に立ち入り、本製品の製造状況及び保管状況を検査し、必要な指示をすることができるものとする。委託者は、この立入にあたっては、事前に受託者に通知する。

2. 委託者は、前項の立入及び検査に際して、受託者の営業に支障をきたさないよう注意しなければならない。

第13条（秘密保持） （P206参照） 重要度 **C**

1. 委託者及び受託者は、本契約の遂行により知り得た相手方の技術上又は営業上その他業務上の一切の情報を、相手方の事前の書面による承諾を得ないで第三者に開示又は漏洩してはならず、本契約の遂行のためにのみ使用するものとし、他の目的に使用してはならない。ただし、弁護士、公認会計士又は税理士等法律に基づき守秘義務を負う者に対して当該情報を開示することが必要であると合理的に判断される場合には、本項本文と同内容の義務を負わせることを条件として、自己の責任において必要最小限の範囲に限って当該情報をそれらの者に対し開示することができる。また、法令に基づき行政機関及び裁判所から当該情報の開示を求められた場合においても、自己の責任において必要最小限の範囲に限って開示することができる。

2. 前項の規定は、次のいずれかに該当する情報については、適用しない。

    (1) 相手方から開示を受けた時に既に自己が保有していた情報

    (2) 相手方から開示を受けた時に既に公知となっている情報

    (3) 相手方から開示を受けた後に自己の責めによらずに公知となった情報

    (4) 正当な権限を有する第三者から適法に取得した情報

6

(5)　相手方から開示された情報によることなく独自に開発・取得した情報

重要度 B

第 14 条（再委託の禁止）　(P207 参照)

受託者は、委託者の事前の書面による承諾がない限り、本製品の製造業務を第三者に再委託してはならない。

重要度 C

第 15 条（権利の譲渡等の禁止）　(P207 参照)

委託者及び受託者は、あらかじめ相手方の書面による承諾がない限り、本契約上の地位を第三者に移転し、本契約に基づく権利の全部若しくは一部を第三者に譲渡し、若しくは第三者の担保に供し、又は、本契約に基づく義務の全部若しくは一部を第三者に引き受けさせてはならない。

重要度 C

第 16 条（解除）　(P207 参照)

1.　委託者及び受託者は、相手方が次の各号のいずれか一つに該当したときは、催告その他の手続を要しないで、直ちに本契約を解除することができる。
   (1)　監督官庁より営業の許可取消し、停止等の処分を受けたとき
   (2)　支払停止若しくは支払不能の状態に陥ったとき、又は手形若しくは小切手が不渡りとなったとき
   (3)　第三者より差押え、仮差押え、仮処分若しくは競売の申立て、又は公租公課の滞納処分を受けたとき
   (4)　破産手続開始、民事再生手続開始、会社更生手続開始、特別清算手続開始の申立てを受け、又は自ら申立てを行ったとき
   (5)　解散、会社分割、事業譲渡又は合併の決議をしたとき
   (6)　資産又は信用状態に重大な変化が生じ、本契約に基づく債務の履行が困難になるおそれがあると認められるとき
   (7)　株主構成又は役員等の変動等により会社の実質的支配関係が変化したとき
   (8)　相手方に対する詐術その他の背信的行為があったとき
   (9)　その他、前各号に準じる事由が生じたとき
2.　委託者及び受託者は、相手方が本契約に定める条項に違反し、相手方に催告したにもかかわらず、催告後相当の期間を経過してもこれが是正されない場合には、本契約を解除することができる。
3.　前 2 項の場合、本契約を解除された当事者は、解除した当事者が解除により被った損害の一切を賠償する。

重要度 C

第 17 条（期限の利益の喪失）　(P208 参照)

委託者又は受託者が、前条第 1 項各号のいずれかに該当したとき、又は前条第 2 項に基づき本契約の解除をなされたときは、相手方に対する一切の債務について、催告その他の手続を要することなく、当然に期限の利益を喪失し、直ちに相手方に弁済しなければならない。

第18条（反社会的勢力の排除）（P209参照）

1. 委託者及び受託者は、それぞれ相手方に対し、次の各号に掲げる事項を確約する。
   (1) 自らが、暴力団、暴力団員、暴力団員でなくなった時から5年を経過していない者、暴力団準構成員、暴力団関係企業、総会屋等その他これらに準ずる者又はその構成員（以下、総称して「反社会的勢力」という。）ではないこと
   (2) 自らの役員（取締役、執行役、執行役員、業務を執行する社員、監査役又はこれらに準ずる者をいう。）が反社会的勢力ではないこと
   (3) 反社会的勢力に自己の名義を利用させ、本契約を締結するものでないこと
   (4) 自ら又は第三者を利用して、本契約に関して相手方に対する脅迫的な言動若しくは暴力を用いる行為、又は偽計若しくは威力を用いて相手方の業務を妨害し、もしくは信用を毀損する行為をしないこと
2. 委託者及び受託者は、相手方が次の各号のいずれかに該当した場合には本契約を何らの催告を要しないで、直ちに解除することができる。
   (1) 前項第1号又は第2号の確約に反する申告ないし表明をしたことが判明した場合
   (2) 前項第3号の確約に反し、本契約等を締結したことが判明した場合
   (3) 前項第4号の確約に反する行為をした場合
3. 前項の規定により、本契約が解除された場合には、解除された者は、その相手方に対し、相手方の被った損害を賠償する。
4. 第2項の規定により、本契約が解除された場合には、解除された者は、解除により生じた損害について、その相手方に対し一切の請求を行わない。

第19条（損害賠償）（P209参照）

委託者及び受託者は、本契約に違反して相手方に損害を与えたときは、相手方に対し、直接かつ現実に生じた通常の損害に限り、賠償する責任を負う。

第20条（不可抗力免責）（P209参照）

天災地変、戦争・暴動・内乱、法令の制定・改廃、公権力による命令・処分、ストライキ等の争議行為、輸送機関の事故、その他当事者の責に帰し得ない事由による本契約に基づく債務の履行の遅滞又は不能が生じた場合は、当該当事者はその責を負わない。ただし、金銭債務を除く。

6

第21条（残存条項）（P209参照）

本契約が終了した場合でも、第11条第2項、第13条、第15条、第19条、本条及び第23条の規定は、引き続きその効力を有する。

第22条（協議解決）（P209参照）

本契約に定めのない事項及び本契約の内容の解釈に疑義が生じた事項については、両当事者間で誠実に協議の上、これを解決するものとする。

第 23 条（専属的合意管轄）　重要度 C
（P210 参照）

本契約に関する一切の紛争については、○○地方裁判所を第一審の専属的合意管轄裁判所とする。

　以上、本契約の締結の証として、本契約書 2 通を作成し、委託者及び受託者が、署名又は記名及び捺印のうえ、各 1 通を保有する。

　　令和○年○月○日

　　　　　　　　　　　委託者　　東京都○○区・・・
　　　　　　　　　　　　　　　　○○○○株式会社
　　　　　　　　　　　　　　　　代表取締役　○○　○○　　　印

　　　　　　　　　　　受託者　　東京都○○区・・・
　　　　　　　　　　　　　　　　株式会社□□□□
　　　　　　　　　　　　　　　　代表取締役　□□　□□　　　印

●タイトル・表題

　今回取り上げたひな形は、請負と売買の性質を有する契約ですが、一般によく用いられている「業務委託契約書」というタイトルにしました。例えば、「製造物供給契約書」というタイトルや、単に「取引契約書」というタイトルにしてもNGではありません。

●収入印紙について

　本件のような請負の性質を有する契約書については、「請負に関する契約書」として、契約書に記載された契約金額に応じて下記の印紙税がかかります。なお、印紙税は、契約書原本1通又は1冊についてかかるものです。

▼印紙税

記載された契約金額	印紙税額
1万円未満	非課税
1万円以上100万円以下	200円
100万円を超え200万円以下	400円
200万円を超え300万円以下	1,000円
300万円を超え500万円以下	2,000円
500万円を超え1,000万円以下	1万円
1,000万円を超え5,000万円以下	2万円
5,000万円を超え1億円以下	6万円
1億円を超え5億円以下	10万円
5億円を超え10億円以下	20万円
10億円を超え50億円以下	40万円
50億円を超える	60万円
金額の記載なし	200円

※建設工事の請負に係る契約については別途

●前文について

　ひな形では、委託者側を「委託者」、受託者側を「受託者」とそれぞれ定義しています。

　「委託者」「受託者」と定義するのではなく、「甲」「乙」と定義することも可能ですが、甲と乙を間違えて記載するミスにご注意ください。

●第1条（製造委託）について 重要度 B （P195参照）

　ここで重要なのは、委託業務の内容を特定することです。ひな形では、製品の細かな内容（仕様）に踏み込むことはなく、単に「別紙」に製品名等を記載して特定することを想定しています。

●第2条（仕様）について 重要度 B （P195参照）

　製造業務を委託する場合には、製品の細かな内容（仕様）が問題になります。仕様どおりの製品を製造して納入することが重要な義務になります。製品が完成したのか、あるいは契約不適合があるのか、といったことに関わってきます。ひな形では、別途「製造仕様書」をもって、仕様を指定することとしています。

6

●第3条（原材料の調達）について

重要度 B （P195参照）

　原材料は、どちらが調達するのか、その費用負担はどうするのかについて定めておく必要があります。ひな形は、受託者側が受託者側の費用負担において調達して製造を行う場合の例となります。

●第4条（製品の引渡し）について

重要度 B （P195参照）

　引渡しについては、いつまでにどの場所でだれに引き渡す（納入する）のかについて定めています。いつまでに、という部分はいわば納期となりますので忘れずに規定します。また、必ずしも納入先が委託者自身でない可能性があるため、「委託者が指定する場所」と「委託者の指定する者」という表現を用いています。引渡しにかかる費用は、受託者側としていますが、これを委託者側とすることも可能です。

●第5条（製品の受入検査）について

重要度 A （P195参照）

1. 遅滞ない受入検査の実施

　受入検査を行うことを定めています。今回のひな形では、盛り込んでおりませんが、検査のための仕様書（検査仕様書）を、あらかじめ当事者間で合意しておくことも考えられます。その場合には、「なお、委託者及び受託者は、受入検査に関する基準をあらかじめ別途協議のうえ定めるものとする。」ということを付記しておくことが考えられます。

2. 合格・不合格の通知

　検査に合格した場合、不合格であった場合に行うべき対応を規定しています。引渡し後どのくらいの期間を設けるかについては交渉で定めるべきです。委託者側としては、検査にかかる期間を想定して余裕をもった長さにしておく必要があるといえます。なお、本項では、売買取引基本契約書第4条第2項第2文（P76参照）のような、みなし検収の規定を設けていませんが、受託者側としては、念のため設けておくことが望ましいといえるでしょう。

3. 不合格の場合の対応

　請負契約の観点からすると、受託者は、あくまでも仕事を完成させる義務を負っていますので、検査に不合格の場合には、合格できるような対応が必要となってきます。ひな形では、委託者の指示に応じて、不足分の納入、代品の納入、又は修補と

いった措置をとることを定めています。また、前述したとおり、紛争を予防する見地から、「無償」であることを確認しています。

4. 契約不適合責任や製造物責任との関係

　検査制度を設けていること自体や、検査に合格したこと、あるいは不合格の場合にしかるべき措置を講じたことをもって、その後、契約不適合や欠陥が発見された場合の責任（契約不適合責任や製造物責任）が免除されるものではないことを、念のため、確認しています。

●第6条（製品の所有権の移転）について

　売買契約の場合と同様に、当事者の合意によって、所有権の移転時期を決定することが可能です。ひな形では、検査合格に基づく受領書の発行時を所有権移転時期としています。

●第7条（製品の危険負担）について

　例えば、地震のような当事者の責任とはいえない事由によって、製品が滅失してしまった場合に、どちらが責任を負うのかという点については、契約書において当事者間の合意事項を明確にしておくことが通常です。

　ひな形では、所有権移転時期の前後で、責任を振り分けています。所有権移転前に万が一不可抗力により製品が滅失してしまった場合には、受託者の負担としていますので、受託者は代金を得ることはできず、所有権移転後の滅失の場合には委託者の負担としていますので、委託者は代金を支払わなければなりません。

●第8条（製品の製造代金及び支払方法）について

1. 製造代金の額

　製造代金をいくらにするのか、税別なのか税込みなのか、という点を明確に定めておきましょう。

2. 代金の支払方法

　代金の支払方法について、ひな形ではすべて後払いとすることを想定しています。所有権移転後の翌月末日を期限として、振込送金の方法としています。細かい点ですが、その際の手数料についての負担も明確にしています。

●第9条（契約不適合責任）について

（P196参照）

売買契約に関して、民法改正により、売買契約の目的物が契約の内容に適合しない場合については、特定物売買であるか否かにかかわらず、引渡し債務が未履行であるという整理がなされ、追完請求権及び代金減額請求権のルールが置かれ、さらに、この場合、買主は、債務不履行の規律に基づき、損害賠償請求権（民法415条）及び解除権の行使（民法541条、542条）ができることが明確にされました。

上記の考え方は、請負の場合も同様にあてはまります。すなわち、請負契約においても、契約の目的物が契約内容に適合していない場合には、債務不履行として考えるのが妥当です。

そこで、民法改正により、売買の担保責任に関するルールが、請負（を含む有償契約）に包括的に準用されることになりました（民法559条）。

契約書のひな形も、この改正に沿った内容としています。

1. 追完請求

民法では、引き渡された目的物が契約不適合の場合、注文者は、請負人に対し、履行の追完を請求することができるとされています（民法559条、562条1項）。

もっとも、注文者が契約不適合を知った時から1年以内にその旨を請負人に通知しないときは、注文者は、その不適合を理由として、履行の追完の請求、報酬の減額の請求、損害賠償の請求及び契約の解除をすることができないというルールも設けられています（民法637条1項）。

ひな形では、所有権の移転から1年以内に通知することを条件として、履行の追完請求をできる旨を定めています。

2. 代金減額請求

また、履行の追完の請求をしてもなお追完がされない場合にはそれに応じた代金の減額を請求できるというのが改正民法のルールです（民法559条、563条1項）。また、そもそも履行の追完を請求をしても追完が期待できないような場合には直ちに代金減額請求を認めることが相当です（民法559条、563条2項）。ひな形では第2項として規定しています。

3. 解除・損害賠償請求

前述したとおり、契約不適合に関する責任は契約上の義務違反として構成され

すので、解除や損害賠償請求など契約上の義務違反の場合に適用されるルールも適用されます。改正民法でも、この点明文化されています (民法559条、564条)。ひな形では第3項として規定しています。

4. 契約不適合が委託者に起因する場合

　民法改正により、請負における特殊性を考慮した担保責任の制限についての規律について、「請負人が種類又は品質に関して契約の内容に適合しない仕事の目的物を注文者に引き渡したとき (その引渡しを要しない場合にあっては、仕事が終了した時に仕事の目的物が種類又は品質に関して契約の内容に適合しないとき)」は、注文者は、注文者の供した材料の性質又は注文者の与えた指図によって生じた「不適合を理由として、履行の追完の請求、報酬の減額の請求、損害賠償の請求及び契約の解除をすることができない」と整理されました (民法636条)。ひな形では第4項として規定しています。

●第10条 (製造物責任) について

重要度 A
(P196参照)

1. 製造物責任

　製造物責任法上の欠陥がある場合の内部的な責任を定めています。受託者が製造業者、委託者が販売業者となってユーザーに製品を販売した場合において、欠陥によりユーザーに損害が生じた場合、委託者と受託者との間における責任分担について製造物責任法はルールをおいておりません。そのため、あらかじめ契約で合意しておくことが紛争を予防する観点からは望ましいです。ひな形では、受託者側が原則として責任を負うこととしており、例外的に製造仕様書や委託者の指示に起因する欠陥が問題となる場合には委託者側が責任を負うこととしています。

2. 保険

　製造物責任は、非常に大きな責任でありますので、万が一に備えて、製造物責任に関する保険に加入することを当事者間で合意しておくことがあります。

●第11条 (知的財産権) について

重要度 B
(P197参照)

1. 第三者との知的財産権の紛争

　第三者との間で製品に関して知的財産権の紛争が生じることがあります。ひな形では、当該紛争について、受託者側が原則として責任を負うこととしており、例外的に

製造仕様書や委託者の指示による場合には委託者側が責任を負うこととしています。

2. 知的財産権の帰属

　本契約の履行の過程で、知的財産権の帰属の問題が生じることが想定され、その場合に備え、協議のうえで取扱いを決定することとしています。

● 第12条（立入検査）について

1. 立入検査の可否

　委託者は、業務を委託したとはいっても、その業務の過程等をチェックし、必要に応じて指示をしたいということも考えられます。そのため、立入検査をできることを求めて条項化することが考えられます。

2. 検査の際の注意義務

　立入検査を認めるとしても、受託者は、委託された業務以外の業務も行っているのが通常ですので、支障が生じないように注意する義務の規定を設けています。

● 第13条（秘密保持）について

1. 秘密保持義務

　契約を締結して取引を行うと、相互に自社の情報を開示することがあります。その情報は、外部に出ても問題ない情報だけではないことは容易に想像がつくと思います。そのため、お互いに開示した情報は、外部（第三者）に開示しないこと、目的外に使用しないことを約束をするということが一般的に行われています。その場合にも、上記ひな形のように、もともと守秘義務を負う専門家等に開示する必要性は生じる場合もありますので、その場合には、秘密保持義務を負わせることを条件として開示可能とする例外規定も設けています。また、行政機関や裁判所から法令に基づいて照会を求められることもありますので、その場合においても開示することができる例外規定をおいています。

　なお、本体の契約書の中に条項として盛り込む方法のほか、後記7-1節のように本体の契約書とは別に秘密保持契約を結ぶこともよく行われています。

2. 適用除外の情報

　上記1.のとおり開示された情報は原則として秘密保持義務の対象となりますが、

もともと自己が有していた情報であったり、既に公に知られている情報等であれば、秘密保持義務の対象とする合理性はありません。そのため、適用を除外する情報を列挙して明示しておくことが通常です。

●第14条（再委託の禁止）について

重要度 B
(P198参照)

委託者としては、受託者の能力等を見定めたうえで、受託者が業務を行うことを前提に業務委託契約に臨むことから、契約書には、再委託を禁止する旨の条項を設けるのが通常です。もちろん、委託者が事前に承諾した場合には問題はないので、そのような留保を設けています。ただし、口頭での承諾も許されるとした場合には、「言った・言わない」の問題が生じえますので、書面による承諾に限って例外としています。

●第15条（権利の譲渡等の禁止）について

重要度 C
(P198参照)

契約は、相手方を信用して締結されるものです。それにもかかわらず、相手方が変わってしまうことは看過できない事態となります。このような事態を避けるため、契約上の地位、権利や義務を譲渡する又は引き受けさせることを禁止することが一般的に行われています。また、担保に供することも、担保権が実行されれば譲渡と同様の事態になりますので、併せて禁止するのが一般的です。

なお、第1章で述べたとおり、改正民法では、当事者が債権の譲渡を禁止し、又は制限する旨の意思表示（譲渡制限の意思表示）をしたときであっても、債権の譲渡の効力が妨げられないものとされました（民法466条2項）。そのうえで、譲受人が、その譲渡制限の意思表示につき悪意又は重過失であった場合には、債務者の期待を優先させ、債務者はその譲受人からの履行請求を拒むことができ、かつ、譲渡人に対する弁済等をもって、その譲受人に対抗できるとされました（民法466条3項）。

しかしながら、悪意又は重過失である譲受人に対してしか対抗できないとはいえ、特約を設けておくことは依然として重要です。

●第16条（解除）について

重要度 C
(P198参照)

1. 解除①―無催告解除

民法上も、相手方が義務の履行を遅滞している場合や、その履行が不能になった場合等に、契約を解除することができますが、契約書においては、これら以外の事由の場合にも、解除する動機と合理性を見出すことができるため、あらかじめ条項化し

ておくことが通常となります。

　例えば、上記の例のように、相手方が監督官庁から処分を下されたときや、資産状態や信用状態が悪化したとき等が挙げられます。このようなときは、待ったなしで、一刻も早く解除できる方が有利ですし、そもそも、是正を求めることも非現実的です。そのため、相手方に催告することなく（無催告で）、解除できる旨を定めています。

　なお、1-3節 (P31) も参照してください。

2. 解除②ー催告解除

　上記1.のような無催告の解除のケースではなく、契約上の義務に違反した場合において、是正を求めて、それでも違反状態が是正されないときは解除できる旨を定めています。

　仮にこのような契約上の義務に違反した場合にでも、待ったなしで解除できるようにする場合には、上記1.の中に、「本契約に定められた条項に違反したとき」という条項を設けることになります。

　なお、1-3節 (P32) も参照してください。

3. 解除時の損害賠償

　解除に伴う損害の賠償義務を確認する条項です。

●第17条（期限の利益の喪失）について

重要度 C
(P198 参照)

　期限の利益とは、義務の履行が先（将来）の期限として定められている場合のその時間的な利益のことを意味します。このような利益は、特に問題がなければ、契約で決められたとおりそのまま維持していても問題ありませんが、前記の解除のところで説明したような、待ったなしの状態が生じた場合には、当該利益を維持させておく理由はありません。

　民法においても、例えば、債務者が破産手続開始の決定を受けたときには期限の利益を失う旨の規定が設けられていますが（民法137条）、その他の事由が網羅されているわけではありません。そのため、契約書において、期限の利益を喪失させる事由を定めておくことが通常です。上記の例のように解除の条項とセットで引用する方法で規定されることが多いといえます。

●第18条（反社会的勢力の排除）について （P199参照）

　暴力団等の反社会的勢力の排除に関する上記のような条項を契約に盛り込むことは、政府の指針や各都道府県の暴力団排除条例に沿うものであり、自社を守る上でも非常に重要です。そのため、最近の契約書には、上記のような条項が設けられるのが通常です。

●第19条（損害賠償）について （P199参照）

　契約上の義務に違反し、それが自己の責任にある場合には、それによって生じた相手方の損害を賠償しなければなりません。

　民法では、損害賠償の範囲について、通常損害のみならず、予見可能性のある特別損害のすべてとされていますが（民法416条）、これを修正して、通常損害に限るという条項を設ける場合もあります。今回はその例を挙げています。

●第20条（不可抗力免責）について （P199参照）

　当事者の責任とはいえない不可抗力によって債務の履行が遅滞した場合や不能になった場合も想定されますので、あらかじめ、上記の条項例のように、例示のうえ不可抗力の内容を一定程度明確にしたうえで、債務不履行の責任に問われないようにすることがあります。

6

●第21条（残存条項）について （P199参照）

　契約が解除や期間満了等により終了した場合、契約で定められた条項は効力を持たないのが原則となりますが、終了後においても引き続き効力を維持させることが望ましい条項があります。例えば、秘密保持に関する条項であったり、後述する専属的合意管轄に関する条項です。このような場合に備えて、あらかじめ契約が終了した場合であっても、効力が維持される旨を定めておく場合があります。

●第22条（協議解決）について （P199参照）

　誠実協議条項とも呼ばれます。ただし、この条項を設けたからといって、特別な意味が生じるとはいえません。紛争が生じた場合には、最終的に裁判等の手続によって解決を求めることになります。

一般的には、被告とする相手方の所在地や民事訴訟法所定の地を管轄する裁判所に訴訟を提起することになるのですが（民事訴訟法4条以下）、当事者は、第一審に限り、合意によって、管轄裁判所を定めることができます（民事訴訟法11条）。

　法定の管轄裁判所に付加的に管轄裁判所を合意したものではなく、ここの裁判所のみ、という趣旨で合意したことを示すために「専属的合意」という表現を用いることになります。

立場に応じた攻め方・守り方（ひな形の修正）

● 委託者側の立場から

　ひな形の例は、委託者に有利な規定が中心となっています。第5条第2項の検査期間をのばすことや、第9条第1項の契約不適合責任を負わせる期間をのばすことが、より有利となります。

　その他、第9条の契約不適合責任の内容として、損害賠償義務を受託者に負わせておくと有利となります（3項）。

【ひな形－第9条の修正例】

> **第9条（契約不適合責任）**
> 1.　委託者は、受託者に対し、第6条によりその所有権が委託者に移転した本製品に契約不適合がある場合、同移転後1年以内に委託者がその契約不適合を発見し、受託者にその旨通知したときに限り、相当の期間を定めて、受託者の費用負担で不足分又は代品の納入、若しくは補修等、履行の追完を請求することができる。
> 2.　委託者は、委託者が前項に基づく請求をしたにもかかわらず、委託者が定めた期間内に受託者が履行の追完をしないとき、又は次の各号のいずれかに該当するときは、委託者は、受託者に対し、契約不適合の程度に応じて代金の減額を請求することができる。
> 　(1)　履行の追完が不能であるとき。
> 　(2)　受託者が履行の追完を拒絶する意思を明確に表示したとき。
> 　(3)　前二号に掲げる場合のほか、委託者が前項の請求をしても履行の追完を受ける見込みがないことが明らかであるとき。
> 3.　前二項の規定は、委託者による損害賠償請求及び契約の解除を妨げない。
> 4.　本条の規定は、当該契約不適合が、委託者が受託者に提出した製造仕様書、委託者が受託者に支給した支給品又は委託者の指示に起因する場合については、適用しない。

第9条（契約不適合責任）

1. （略）

2. （略）

3. 前二項の規定は、委託者による損害賠償請求及び契約の解除を妨げない。なお、第1項の契約不適合により、委託者が委託者の販売先等の第三者より損害賠償請求等を受け、委託者において損害が生じたときは、受託者はその損害を委託者に賠償する。

4. （略）

●受託者側の立場から

1. 契約不適合の意味

契約不適合に当たるか否かを巡って紛争になることは少なくありません。受託者としては、契約不適合と認められる範囲を、当事者間で定めた基準や仕様書によって可能なかぎり明確に限定する方が有利となります（2項）。

【ひな形－第5条第2項の修正例】

第5条（製品の受入検査）

1. 委託者は、前条による本製品の引渡し後遅滞なく、本製品の受入検査を実施する。

2. 委託者は、前項に定める受入検査の結果、検査に合格した本製品については受領書を、種類又は品質に関して本契約の内容に適合しないこと（以下「契約不適合」という。）又は数量不足を発見した本製品についてはその旨の通知を、本製品の引渡し後○日以内に、受託者に送付する。

3. 受託者は、前項に定める契約不適合または数量不足の通知を受け取った場合には、委託者の指示するところに従って、不足分又は代品の納入、若しくは契約不適合のある本製品の補修を、それぞれ無償にて行う。

4. 受託者は、本契約第9条に定める契約不適合責任及び第10条に定める製造物責任が、本条に定める委託者の受入検査の有無、結果の内容及び受託者の前項の措置の如何によって免除されるものではないことを認める。

第5条（製品の受入検査）

1. （略）

2. 委託者は、前項に定める受入検査の結果、検査に合格した本製品については受領書を、種類又は品質に関して本契約の内容に適合しないこと（第2条の製品仕様書との不一致に限る。以下「契約不適合」という。）又は数量不足を発見した本製品についてはその旨の通知を、本製品の引渡し後○日以内に、受託者に送付する。

3. （略）

4. （略）

2. 契約不適合責任の期間の短縮化

　受託者としては、契約不適合責任を一切負わないとできれば一番有利ですが、さすがにそれでは委託者側の納得を得られないでしょうから、契約不適合責任を負う期間を短くするよう交渉することが考えられます（1項）。

【ひな形－第9条第1項の修正例】

第9条（契約不適合責任）
1.　委託者は、受託者に対し、第6条によりその所有権が委託者に移転した本製品に契約不適合がある場合、同移転後1年以内に委託者がその契約不適合を発見し、受託者にその旨通知したときに限り、相当の期間を定めて、受託者の費用負担で不足分又は代品の納入、若しくは補修等、履行の追完を請求することができる。
2.　委託者は、委託者が前項に基づく請求をしたにもかかわらず、委託者が定めた期間内に受託者が履行の追完をしないとき、又は次の各号のいずれかに該当するときは、委託者は、受託者に対し、契約不適合の程度に応じて代金の減額を請求することができる。
（1）　履行の追完が不能であるとき。
（2）　受託者が履行の追完を拒絶する意思を明確に表示したとき。
（3）　前二号に掲げる場合のほか、委託者が前項の請求をしても履行の追完を受ける見込みがないことが明らかであるとき。
3.　前二項の規定は、委託者による損害賠償請求及び契約の解除を妨げない。
4.　本条の規定は、当該契約不適合が、委託者が受託者に提出した製造仕様書、委託者が受託者に支給した支給品又は委託者の指示に起因する場合については、適用しない。

第9条（契約不適合責任）
1.　委託者は、受託者に対し、第6条によりその所有権が委託者に移転した本製品に契約不適合がある場合、同移転後6か月以内に委託者がその契約不適合を発見し、受託者にその旨通知したときに限り、相当の期間を定めて、受託者の費用負担で不足分又は代品の納入、若しくは補修等、履行の追完を請求することができる。
2.　（略）
3.　（略）
4.　（略）

3. 立入検査の条件としての事前承諾

　受託者としては、委託者の事前の通知のみにより一方的に立入検査を応じなければならないのは抵抗があるところですので、事前の承諾を要件とすることが考えられます（1項）。

第12条（立入検査）

1. 委託者は、いつでも受託者の工場及び保管場所に立ち入り、本製品の製造状況及び保管状況を検査し、必要な指示をすることができるものとする。委託者は、この立入にあたっては、事前に受託者に通知する。

2. 委託者は、前項の立入及び検査に際して、受託者の営業に支障をきたさないよう注意しなければならない。

第12条（立入検査）

1. 委託者は、あらかじめ受託者の事前の書面による承諾を得た場合に限り、受託者の工場及び保管場所に立ち入り、本製品の製造状況及び保管状況を検査し、必要な指示をすることができる。

2. （略）

条文

民法137条（期限の利益の喪失）

次に掲げる場合には、債務者は、期限の利益を主張することができない。

① 債務者が破産手続開始の決定を受けたとき。

② 債務者が担保を滅失させ、損傷させ、又は減少させたとき。

③ 債務者が担保を供する義務を負う場合において、これを供しないとき。

民法415条（債務不履行による損害賠償）

1 債務者がその債務の本旨に従った履行をしないとき又は債務の履行が不能であるときは、債権者は、これによって生じた損害の賠償を請求することができる。

ただし、その債務の不履行が契約その他の債務の発生原因及び取引上の社会通念に照らして債務者の責めに帰することができない事由によるものであるときは、この限りでない。

2 前項の規定により損害賠償の請求をすることができる場合において、債権者は、次に掲げるときは、債務の履行に代わる損害賠償の請求をすることができる。

① 債務の履行が不能であるとき。

② 債務者がその債務の履行を拒絶する意思を明確に表示したとき。

③ 債務が契約によって生じたものである場合において、その契約が解除され、又は債務の不履行による契約の解除権が発生したとき。

民法416条（損害賠償の範囲）

1 債務の不履行に対する損害賠償の請求は、これによって通常生ずべき損害の賠償をさせることをその目的とする。

2 特別の事情によって生じた損害であっても、当事者がその事情を予見すべきであったときは、債権者は、その賠償を請求することができる。

民法466条（債権の譲渡性）

1 債権は、譲り渡すことができる。ただし、その性質がこれを許さないときは、この限りでない。

2 当事者が債権の譲渡を禁止し、又は制限する旨の意思表示（以下「譲渡制限の意思表示」という。）をしたときであっても、債権の譲渡は、その効力を妨げられない。

3 前項に規定する場合には、譲渡制限の意思表示がされたことを知り、又は重大な過失によって知らなかった譲受人その他の第三者に対しては、債務者は、その債務の履行を拒むことができ、かつ、譲渡人に対する弁済その他の債務を消滅させる事由をもってその第三者に対抗することができる。

6

4 前項の規定は、債務者が債務を履行しない場合において、同項に規定する第三者が相当の期間を定めて譲渡人への履行の催告をし、その期間内に履行がないときは、その債務者については、適用しない。

民法541条 （催告による解除）
当事者の一方がその債務を履行しない場合において、相手方が相当の期間を定めてその履行の催告をし、その期間内に履行がないときは、相手方は、契約の解除をすることができる。ただし、その期間を経過した時における債務の不履行がその契約及び取引上の社会通念に照らして軽微であるときは、この限りでない。

民法559条 （有償契約への準用）
この節の規定は、売買以外の有償契約について準用する。
ただし、その有償契約の性質がこれを許さないときは、この限りでない。

民法562条 （買主の追完請求権）
1 引き渡された目的物が種類、品質又は数量に関して契約の内容に適合しないものであるときは、買主は、売主に対し、目的物の修補、代替物の引渡し又は不足分の引渡しによる履行の追完を請求することができる。
ただし、売主は、買主に不相当な負担を課するものでないときは、買主が請求した方法と異なる方法による履行の追完をすることができる。
2 前項の不適合が買主の責めに帰すべき事由によるものであるときは、買主は、同項の規定による履行の追完の請求をすることができない。

民法563条 （買主の代金減額請求権）
1 前条第1項本文に規定する場合において、買主が相当の期間を定めて履行の追完の催告をし、その期間内に履行の追完がないときは、買主は、その不適合の程度に応じて代金の減額を請求することができる。
2 前項の規定にかかわらず、次に掲げる場合には、買主は、同項の催告をすることなく、直ちに代金の減額を請求することができる。
　① 履行の追完が不能であるとき。
　② 売主が履行の追完を拒絶する意思を明確に表示したとき。
　③ 契約の性質又は当事者の意思表示により、特定の日時又は一定の期間内に履行をしなければ契約をした目的を達することができない場合において、売主が履行の追完をしないでその時期を経過したとき。
　④ 前3号に掲げる場合のほか、買主が前項の催告をしても履行の追完を受ける見込みがないことが明らかであるとき。
3 第1項の不適合が買主の責めに帰すべき事由によるものであるときは、買主は、前2項の規定による代金の減額の請求をすることができない。

民法564条 （買主の損害賠償請求及び解除権の行使）
前2条の規定は、第415条の規定による損害賠償の請求並びに第541条及び第542条の規定による解除権の行使を妨げない。

民法636条 （請負人の担保責任の制限）
請負人が種類又は品質に関して契約の内容に適合しない仕事の目的物を注文者に引き渡したとき（その引渡しを要しない場合にあっては、仕事が終了した時に仕事の目的物が種類又は品質に関して契約の内容に適合しないとき）は、注文者は、注文者の供した材料の性質又は注文者の与えた指図によって生じた不適合を理由として、履行の追完の請求、報酬の減額の請求、損害賠償の請求及び契約の解除をすることができない。ただし、請負人がその材料又は指図が不適当であることを知りながら告げなかったときは、この限りでない。

民法637条 （目的物の種類又は品質に関する担保責任の期間の制限）
1 前条本文に規定する場合において、注文者がその不適合を知った時から1年以内にその旨を請負人に通知しないときは、注文者は、その不適合を理由として、履行の追完の請求、報酬の減額の請求、損害賠償の請求及び契約の解除をすることができない。
2 前項の規定は、仕事の目的物を注文者に引き渡した時（その引渡しを要しない場合にあっては、仕事が終了した時）において、請負人が同項の不適合を知り、又は重大な過失によって知らなかったときは、適用しない。

3 事務を委託する？ 業務委託契約書（準委任）って？

X部門が企画したＹサービスの一部の運営をＢ会社に委託することになった件の契約書ドラフトの進捗はどう？

こちらも業務委託契約で考えていますが、請負ではなく、準委任という方向で進めています

疑問 業務委託契約書（準委任）における注意点は？

　準委任を前提とする業務委託契約では、仕事の完成が中心的な義務となるのではなく、契約で定められた委任事務を適切に処理することが中心的な義務となります。

　そのため委任事務の内容を的確に特定することが初めに行うこととなります。ある業務ができていないので指摘しようとした場合に、「その業務は契約で委任された業務範囲外であるから応じられない、もし、それを追加で頼むのであれば委託料を増額してほしい」といったことになるリスクもありますので、疑義が生じないように範囲を特定しておく必要があります。そのうえで、その業務に応じた対価（委託料）を定めることになります。

　あとは、契約中にどのような権利義務を持つのか、という観点からは、通常、報告義務に関する条項が設けられることが多いです。

　それから、どのような場合に契約が終了するのか、という観点からは、契約期間の満了以外に、任意解除をできるようにするのか否かといった点に留意する必要があります。例えば、受託者側としては、委託契約が数年間続くことを前提に初期投資を行っている場合もあり、委託者側がいつでも解除できるといったことになると、想定外の不利益を被るリスクがありますので、任意解除権を排除する条項も考えられるところです。

基本 業務委託契約書（準委任）の「ひな形」

　それでは、委任型の業務委託契約書のひな形を見てみましょう。

6

業務委託契約書

　［委託者］●●●●株式会社（以下「委託者」という。）と［受託者］株式会社○○○
○（以下「受託者」という。）は、以下のとおり業務委託契約（以下「本契約」という。）
を締結する。

第1条（業務内容）

重要度Ａ（P220参照）

　委託者は、受託者に対し、次に定める業務（以下「本件業務」という。）を委託し、受
託者はこれを受託する。

　　(1)　・・・
　　(2)　・・・
　　(3)　これらに付随する一切の業務

第2条（善管注意義務）

重要度Ｂ（P220参照）

　受託者は、委託者の指示に従い、善良なる管理者の注意をもって本件業務を行い、委託
者の信用を傷つける行為その他不信用な行為を一切行わない。

第3条（委託料）

重要度Ａ（P220参照）

1.　本契約の委託料は、月額金●円とする。ただし、消費税は、別途委託者の負担とする。
2.　委託者は、受託者に対し、翌月末日までに当月の委託料を受託者の指定する下記口座
　　に振り込む方法により支払う。振込手数料は委託者の負担とする。

　　　　　●●銀行　　●●支店
　　　　　普通預金
　　　　　口座番号
　　　　　口座名義

第4条（報告）

重要度Ｂ（P221参照）

　受託者は、本件業務の履行の状況に関して、委託者から請求があったときには、その状
況につき直ちに報告しなければならない。

第5条（通知義務）

重要度Ｃ（P221参照）

　委託者及び受託者は、次の各号のいずれか一つに該当するときは、相手方に対し、あら
かじめその旨を書面により通知しなければならない。

　　(1)　法人の名称又は商号の変更
　　(2)　振込先指定口座の変更

(3)　代表者の変更

(4)　本店、主たる事業所の所在地又は住所の変更

第6条（秘密保持） (P221参照)

1.　委託者及び受託者は、本契約の遂行により知り得た相手方の技術上又は営業上その他業務上の一切の情報を、相手方の事前の書面による承諾を得ないで第三者に開示又は漏洩してはならず、本契約の遂行のためにのみ使用するものとし、他の目的に使用してはならない。ただし、弁護士、公認会計士又は税理士等法律に基づき守秘義務を負う者に対して当該情報を開示することが必要であると合理的に判断される場合には、本項本文と同内容の義務を負わせることを条件として、自己の責任において必要最小限の範囲に限って当該情報をそれらの者に対し開示することができる。また、法令に基づき行政機関及び裁判所から当該情報の開示を求められた場合においても、自己の責任において必要最小限の範囲に限って開示することができる。

2.　前項の規定は、次のいずれかに該当する情報については、適用しない。

(1)　相手方から開示を受けた時に既に自己が保有していた情報

(2)　相手方から開示を受けた時に既に公知となっている情報

(3)　相手方から開示を受けた後に自己の責めによらずに公知となった情報

(4)　正当な権限を有する第三者から適法に取得した情報

(5)　相手方から開示された情報によることなく独自に開発・取得した情報

第7条（権利の譲渡等の禁止） (P222参照)

　委託者及び受託者は、あらかじめ相手方の書面による承諾がない限り、本契約上の地位を第三者に移転し、本契約に基づく権利の全部若しくは一部を第三者に譲渡し、若しくは第三者の担保に供し、又は、本契約に基づく義務の全部若しくは一部を第三者に引き受けさせてはならない。

第8条（有効期間）  (P222参照)

　本契約の有効期間は、令和●年●月●日から令和●年●月●日までとする。ただし、期間満了日の 1 か月前までにいずれの当事者からも更新拒絶する旨の意思表示なき場合、同一内容で更に 1 年間更新されるものとし、以後も同様とする。

第9条（解除）  (P222参照)

1.　委託者及び受託者は、相手方が次の各号のいずれか一つに該当したときは、催告その他の手続を要しないで、直ちに本契約を解除することができる。

(1)　本契約に定められた条項に違反したとき

(2)　監督官庁より営業の許可取消し、停止等の処分を受けたとき

(3)　支払停止若しくは支払不能の状態に陥ったとき、又は手形若しくは小切手が不渡りとなったとき

(4) 　第三者より差押え、仮差押え、仮処分若しくは競売の申立て、又は公租公課の滞納処分を受けたとき

(5) 　破産手続開始、民事再生手続開始、会社更生手続開始、特別清算手続開始の申立てを受け、又は自ら申立てを行ったとき

(6) 　解散、会社分割、事業譲渡又は合併の決議をしたとき

(7) 　資産又は信用状態に重大な変化が生じ、本契約に基づく債務の履行が困難になるおそれがあると認められるとき

(8) 　株主構成又は役員等の変動等により会社の実質的支配関係が変化したとき

(9) 　相手方に対する詐術その他の背信的行為があったとき

(10) 　　その他、前各号に準じる事由が生じたとき

2. 　前項の場合、本契約を解除された当事者は、解除した当事者が解除により被った損害の一切を賠償するものとする。

第 10 条（反社会的勢力の排除）

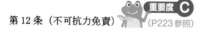 重要度 C（P223参照）

1. 　委託者及び受託者は、それぞれ相手方に対し、次の各号に掲げる事項を確約する。

(1) 　自らが、暴力団、暴力団員、暴力団員でなくなった時から 5 年を経過していない者、暴力団準構成員、暴力団関係企業、総会屋等その他これらに準ずる者又はその構成員（以下、総称して「反社会的勢力」という。）ではないこと

(2) 　自らの役員（取締役、執行役、執行役員、業務を執行する社員、監査役又はこれらに準ずる者をいう。）が反社会的勢力ではないこと

(3) 　反社会的勢力に自己の名義を利用させ、本契約を締結するものでないこと

(4) 　自ら又は第三者を利用して、本契約に関して相手方に対する脅迫的な言動若しくは暴力を用いる行為、又は偽計若しくは威力を用いて相手方の業務を妨害し、もしくは信用を毀損する行為をしないこと

2. 　委託者及び受託者は、相手方が次の各号のいずれかに該当した場合には本契約を何らの催告を要しないで、直ちに解除することができる。

(1) 　前項第 1 号又は第 2 号の確約に反する申告ないし表明をしたことが判明した場合

(2) 　前項第 3 号の確約に反し、本契約を締結したことが判明した場合

(3) 　前項第 4 号の確約に反する行為をした場合

3. 　前項の規定により、本契約が解除された場合には、解除された者は、その相手方に対し、相手方の被った損害を賠償する。

4. 　第 2 項の規定により、本契約が解除された場合には、解除された者は、解除により生じた損害について、その相手方に対し一切の請求を行わない。

第 11 条（損害賠償）

重要度 C（P223参照）

　委託者及び受託者は、本契約に違反することにより、相手方に損害を与えたときは、相手方に対し、その損害の全て（弁護士費用を含む。）を賠償しなければならない。

第 12 条（不可抗力免責）

重要度 C（P223参照）

天変地変、戦争・暴動・内乱、法令の制定・改廃、公権力による命令・処分、ストライキ等の争議行為、輸送機関の事故、その他不可抗力による本契約に基づく債務の履行遅滞又は履行不能が生じた場合は、いずれの当事者もその責任を負わない。ただし、金銭債務を除く。

第13条（残存条項）
重要度 C (P223参照)

　本契約が期間満了又は解除等により終了した場合でも、第6条、第7条、第11条、本条及び第15条の規定は、引き続きその効力を有する。

第14条（協議解決）
重要度 C (P224参照)

　本契約に定めのない事項及び本契約の内容の解釈に疑義が生じた事項については、両当事者間で誠実に協議の上、これを解決するものとする。

第15条（専属的合意管轄）
重要度 C (P224参照)

　本契約に関する一切の紛争については、○○地方裁判所を第一審の専属的合意管轄裁判所とする。

　以上、本契約締結の証として、本契約書 2 通を作成し、委託者及び受託者が、署名又は記名及び捺印のうえ、各1通を保有する。

令和●年●月●日

委託者	東京都●●区・・・
	●●●●株式会社
	代表取締役　　●●　●●　　　　印

受託者	東京都○○区・・・
	株式会社○○○○
	代表取締役　　○○　○○　　　　印

6

219

● タイトル・表題

今回取り上げたひな形は、準委任の契約ですが、一般によく用いられている「業務委託契約書」というタイトルにしました。例えば、「委任契約書」というタイトルや、単に「取引契約書」というタイトルにしてもNGではありません。

● 収入印紙について

請負の要素が入っていない準委任型の業務委託契約書については、継続的取引の基本となる契約書に該当すると考えられます。契約期間が3か月以内で、かつ更新の定めのないものを除き、4,000円の印紙税がかかります。

● 前文

ひな形では、委託者側を「委託者」、受託者側を「受託者」とそれぞれ定義しています。

「委託者」「受託者」と定義するのではなく、「甲」「乙」と定義することも可能ですが、甲と乙を間違えて記載するミスにご注意ください。

● 第1条（業務内容）について

前述したとおり、委託業務の内容を特定しておくことが重要となります。具体化できるところは具体化しつつ、抽象化せざるを得ない場合には抽象化したうえで列記することになります。そのうえで、「これらに付随する一切の業務」ということで包括的な条項を設けておくべきです。

● 第2条（善管注意義務）について

受託者は、委託された業務を適切に処理しなければなりませんので、このことを表現しています。いわゆる善管注意義務と呼ばれる規定です。

● 第3条（委託料）について

1. 委託料の金額

委託業務の処理の対価として、いくらを支払うのか、ということを明記します。消費税が含まれるのか否かについても明示しておくべきです。

2. 委託料の支払期限と方法

　委託料をいつまでに支払うのか、どのような方法で支払うのかも定めておく必要があります。ひな形では、当月の委託料を翌月末日までに支払うこととし、振り込みの方法によることとしています。振込手数料の負担者についても定めておくべきです。

●第4条（報告）について

（P216参照）

　委託者としては、業務の処理状況について報告を求めたいと考えるのが通常です。その場合を想定して、報告義務を課す条項を定めています。

●第5条（通知義務）について

（P216参照）

　法人の名称等が変更した場合に、互いに通知する義務を定める条項です。

●第6条（秘密保持）について

（P217参照）

1. 秘密保持義務

　契約を締結して取引を行うと、相互に自社の情報を開示することがあります。その情報は、外部に出ても問題ない情報だけではないことは容易に想像がつくと思います。そのため、お互いに開示した情報は、外部（第三者）に開示しないこと、目的外に使用しないことを約束をするということが一般的に行われています。その場合にも、上記ひな形のように、もともと守秘義務を負う専門家等に開示する必要性は生じる場合もありますので、その場合には、秘密保持義務を負わせることを条件として開示可能とする例外規定も設けています。また、行政機関や裁判所から法令に基づいて照会を求められることもありますので、その場合においても開示することができる例外規定をおいています。

　なお、本体の契約書の中に条項として盛り込む方法のほか、後記7-1節のように本体の契約書とは別に秘密保持契約を結ぶこともよく行われています。

2. 適用除外の情報

　上記1.のとおり開示された情報は原則として秘密保持義務の対象となりますが、もともと自己が有していた情報であったり、既に公に知られている情報等であれば、秘密保持義務の対象とする合理性はありません。そのため、適用を除外する情報を列挙して明示しておくことが通常です。

6

●第7条（権利の譲渡等の禁止）について

（P217参照）

　契約は、相手方を信用して締結されるものです。それにもかかわらず、相手方が変わってしまうことは看過できない事態となります。このような事態を避けるため、契約上の地位、権利や義務を譲渡する又は引き受けさせることを禁止することが一般的に行われています。また、担保に供することも、担保権が実行されれば譲渡と同様の事態になりますので、併せて禁止するのが一般的です。

　なお、第1章で述べたとおり、改正民法では、当事者が債権の譲渡を禁止し、又は制限する旨の意思表示（譲渡制限の意思表示）をしたときであっても、債権の譲渡の効力が妨げられないものとされました（民法466条2項）。そのうえで、譲受人が、その譲渡制限の意思表示につき悪意又は重過失であった場合には、債務者の期待を優先させ、債務者はその譲受人からの履行請求を拒むことができ、かつ、譲渡人に対する弁済等をもって、その譲受人に対抗できるとされました（民法466条3項）。

　しかしながら、悪意又は重過失である譲受人に対してしか対抗できないとはいえ、特約を設けておくことは依然として重要です。

●第8条（有効期間）について

（P217参照）

　一定の期間、契約が継続する継続的契約の場合には、いつからいつまでの間、契約を有効とするのかについて条項を設ける必要があります。

　一定の期間、契約が継続する継続的契約の場合において、順調にビジネスが進んでいるときは契約を継続させ、逐一再契約することなく、自動で更新されるようなことを互いに望むことがあります。その場合に備えて、ただし書のような自動更新条項を設けることがあります。このような条項を設けたときは、所定の期間内に、何もしない限り、契約は満了することなく契約が自動更新されていくので注意が必要です。

●第9条（解除）について

（P217参照）

1. 無催告解除

　民法上も、相手方が義務の履行を遅滞している場合や、その履行が不能になった場合等に、契約を解除することができますが、契約書においては、これら以外の事由の場合にも、解除する動機と合理性を見出すことができるため、あらかじめ条項化しておくことが通常となります。

　例えば、上記の例のように、相手方が監督官庁から処分を下されたときや、資産状態や信用状態が悪化したとき等が挙げられます。このようなときは、待ったなしで、

一刻も早く解除できる方が有利ですし、そもそも、是正を求めることも非現実的です。そのため、相手方に催告することなく（無催告で）、解除できる旨を定めています。

　なお、ひな形の例は、契約上の義務に違反した場合にでも、待ったなしで解除できるようにするために、「本契約に定められた条項に違反したとき」という条項を設けたものです。

　なお、1-3節（P31）も参照してください。

2. 解除時の損害賠償
　解除に伴う損害の賠償義務を確認する条項です。

●第10条（反社会的勢力の排除）について

（P218参照）

　暴力団等の反社会的勢力の排除に関する上記のような条項を契約に盛り込むことは、政府の指針や各都道府県の暴力団排除条例に沿うものであり、自社を守る上でも非常に重要です。

●第11条（損害賠償）について

（P218参照）

　契約上の義務に違反し、それが自己の責任にある場合には、それによって生じた相手方の損害を賠償しなければなりません。ひな形の例は、弁護士費用を含めて全ての損害を賠償することを想定しているものです。

●第12条（不可抗力免責）について

（P218参照）

　当事者の責任とはいえない不可抗力によって債務の履行が遅滞した場合や不能になった場合も想定されますので、あらかじめ、上記の条項例のように、例示のうえ不可抗力の内容を一定程度明確にしたうえで、債務不履行の責任に問われないようにすることがあります。

●第13条（残存条項）について

（P219参照）

　契約が解除や期間満了等により終了した場合、契約で定められた条項は効力を持たないのが原則となりますが、終了後においても引き続き効力を維持させることが望ましい場合があります。例えば、秘密保持に関する条項であったり、後述する専属的合意管轄に関する条項です。このような場合に備えて、あらかじめ契約が終了した場合であっても、効力が維持される旨を定めておく場合があります。

●第14条（協議解決）について

重要度 **C**
（P219参照）

　誠実協議条項とも呼ばれます。ただし、この条項を設けたからといって、特別な意味が生じるとはいえません。紛争が生じた場合には、最終的に裁判等の手続によって解決を求めることになります。

●第15条（専属的合意管轄）について

重要度 **C**
（P219参照）

　一般的には、被告とする相手方の所在地や民事訴訟法所定の地を管轄する裁判所に訴訟を提起することになるのですが（民事訴訟法4条以下）、当事者は、第一審に限り、合意によって、管轄裁判所を定めることができます（民事訴訟法11条）。

　法定の管轄裁判所に付加的に管轄裁判所を合意したものではなく、ここの裁判所のみ、という趣旨で合意したことを示すために「専属的合意」という表現を用いることになります。

立場に応じた攻め方・守り方（ひな形の修正）

●委託者側の立場から

1. 再委託禁止

　改正民法は、復受任者の選任等のルールとして、「受任者は、委任者の許諾を得たとき、又はやむを得ない事由があるときでなければ、復受任者を選任することができない。」と定めています（民法644条の2第1項）。

　委託者としては、受託者の能力等を見定めたうえで、受託者が業務を行うことを前提に業務委託契約に臨むことから、契約書には、再委託を禁止する旨の条項を設けるのが通常です。もちろん、委託者が事前に承諾した場合には問題はないので、そのような留保を設けています。ただし、口頭での承諾も許されるとした場合には、「言った・言わない」の問題が生じえますので、書面による承諾に限って例外としています。

【ひな形－第○条の追加例】

> **第○条（再委託禁止）**
> 　受託者は、本件業務の全部又は一部を第三者に再委託することはできない。ただし、委託者及び受託者が協議のうえ委託者が書面による承諾をした場合には、この限りでない。

2. 競業避止

　委託者としては、受託者が契約期間中や終了後に、委託していた業務と同一の業務の営業を行うと、競合となってしまうため、これを避けたいと考えることがあります。そのため、一定期間の間は、競業行為を禁止する旨の条項を希望することがあります。ただし、実際には、受託者側は、他からも同様の業務を受託したいと考えることが多いためなかなか厳しいでしょう。

【ひな形－第○条の追加例】

> **第○条（競業避止）**
> 　受託者は、委託者の事前の書面による承諾がない限り、本契約に基づく業務を除き、本契約期間中及び本契約終了後 2 年間は、●●県内において、本件業務と同一又は類似の業務を行ってはならない。

3. 委託者側からの中途解約

　委託者としては、乙の処理状況が悪い等の様々な事情から期間満了を待たずに早期に契約を終了させることを望むことがあります。この場合に、残存期間の損害賠償を求められるリスクがあるため、この点も排除してフリーハンドで終了させることができれば、委託者としては有利です。

【ひな形－第○条の追加例】

> **第○条（中途解約）**
> 　委託者は、本契約の有効期間中であっても、受託者に対して 1 か月前までに書面をもって通知することにより、本契約を解約することができる。なお、委託者は、解約により受託者に損害が生じた場合であってもその賠償責任を負わない。

4. 第三者に対する損害の内部負担

　受託者が本件業務を遂行中に第三者に損害を与えた場合には、対外的には、委託者も、履行補助者の過失として責任を負わなければならない可能性があります。そのようなことを見据えて、問題が起きた時に受託者が責任を負うことを明記しておくことは委託者にとって有利です。

【ひな形－第○条の追加例】

> **第○条（第三者に対する損害）**
> 　受託者が、本契約履行上、受託者の責めに帰すべき事由により、第三者に損害を与えた場合は、受託者は自らの費用及び責任において損害を賠償し、委託者は何ら責任を負わない。ただし、その処理については、委託者及び受託者が協議のうえ行う。

●受託者側の立場から

1. 報告

受託者は、委託者に報告義務を負うのが一般的ではありますが、この義務を一切負わないことにできれば、受託者にとっては有利です。ただし、全く負わないということは現実的でない部分があるので、何か不都合が生じたときだけ報告するというような折衷的な条項も検討に値すると思われます。

【ひな形－第4条の修正例①】

> **第4条（報告）**
> 　受託者は、本件業務の履行の状況に関して、委託者から請求があったときには、その状況につき直ちに報告しなければならない。

> **第4条（報告）**
> 　受託者は、本件業務の履行の状況に関して、一切の報告義務を負わない。

【ひな形－第4条の修正例②】

> **第4条（報告）**
> 　受託者は、本件業務の履行の状況に関して、委託者から請求があったときには、その状況につき直ちに報告しなければならない。

> **第4条（報告）**
> 　受託者は、本件業務の履行の状況に関して、不都合が生じた場合に限り、受託者の判断で委託者に報告する。

2. 遅延損害金

受託者にとっては、委託者に委託料を支払ってもらうということが重要となりますので、期限通りにしっかりと支払ってもらうためにも遅延損害金の規定を設けておくと有利となります。

【ひな形－第○条の追加例】

> **第○条（遅延損害金）**
> 　委託者が本契約に基づく金銭債務の支払を遅延したときは、委託者は、受託者に対し、支払期日の日の翌日から支払済みに至るまで、年14.6％（年365日割計算）の割合による遅延損害金を支払う。

民法466条 （債権の譲渡性）

1 債権は、譲り渡すことができる。
  ただし、その性質がこれを許さないときは、この限りでない。

2 当事者が債権の譲渡を禁止し、又は制限する旨の意思表示（以下「譲渡制限の意思表示」という。）
  をしたときであっても、債権の譲渡は、その効力を妨げられない。

3 前項に規定する場合には、譲渡制限の意思表示がされたことを知り、又は重大な過失によって知
  らなかった譲受人その他の第三者に対しては、債務者は、その債務の履行を拒むことができ、か
  つ、譲渡人に対する弁済その他の債務を消滅させる事由をもってその第三者に対抗することがで
  きる。

4 前項の規定は、債務者が債務を履行しない場合において、同項に規定する第三者が相当の期間を
  定めて譲渡人への履行の催告をし、その期間内に履行がないときは、その債務者については、適
  用しない。

6

第7章
その他の契約

契約締結交渉に必要？ 秘密保持契約書って？

Y社との間で、契約締結に向けて交渉することになった。交渉前にあらかじめ秘密保持契約書を締結することになった。互いに情報を開示することになるから、双方開示の秘密保持契約書を作ってほしい

わかりました。双方開示ですね。よく使うと思って、ひな形がとってあったはず……

疑問 秘密保持契約における注意点は？

民法には**秘密保持契約**という言葉はでてきません。

しかし、ビジネスにおいては、取引をする前段階又は取引の中で、互いに（あるいは一方通行の場合もあります）自社の秘密情報を開示することは多分に想定されます。

既に公開されている情報であれば別ですが、秘密として公開を欲しない場合には、契約で拘束するということになります。その際の契約を、一般に秘密保持契約と呼びます。

英語の**Non-Disclosure Agreement**の頭文字をとって「**NDA**」とも呼ばれます。

基本 秘密保持契約書の「ひな形」

それでは、早速、秘密保持契約書のひな型を見てみましょう。

秘密保持契約書

●●●●株式会社（以下「甲」という。）と株式会社○○○○（以下「乙」という。）は、甲乙間において相互に開示又は提供される秘密情報に関し、以下のとおり秘密保持契約（以下「本契約」という。）を締結する。以下、甲及び乙を総称して「当事者」といい、当事者のうち秘密情報の開示又は提供する者を「開示者」、受領する者を「受領者」という。

第1条（秘密情報）　重要度 A　(P234参照)

1. 本契約における秘密情報とは、●●●●●の目的（以下「本件目的」という。）のために開示者より提供される情報のうち、次の各号の一に該当する情報をいう。
   (1) 書面、物品又は電磁的若しくは光学的媒体に記載若しくは記録された情報で、開示者が受領者に秘密である旨を適切に明示して開示された情報
   (2) 口頭、映像その他前号で定める以外の方法又は媒体により開示された情報で、開示の際に開示者が受領者に秘密である旨を告知し、かつ当該開示後30日以内に秘密である旨を明示した書面又は電子データでその内容を受領者に交付された情報
2. 前項にかかわらず、次の各号の一に該当するものは秘密情報に含まない。
   (1) 開示を受けた時に既に自己が保有していた情報
   (2) 開示を受けた時に既に公知となっている情報
   (3) 開示を受けた後に自己の責めによらずに公知となった情報
   (4) 正当な権限を有する第三者から適法に取得した情報
   (5) 開示された情報によることなく独自に開発・取得した情報

第2条（秘密保持義務）　重要度 A　(P234参照)

1. 受領者は、秘密情報を、厳に秘密として保持しなければならない。
2. 受領者は、本件目的の遂行に必要な役職員にも秘密情報を開示することができるものとし、事前に相手方の書面による同意なくして第三者（法律上秘密保持義務を負う弁護士、公認会計士及び税理士等を除く。）にこれを開示、提供又は漏洩してはならない。
3. 役職員又は第三者に対して秘密情報を開示する場合、受領者は、本契約と同等の秘密情報義務を課すものとし、当該役職員及び第三者による秘密保持義務についてのいかなる違反に対しても責任を負うものとする。
4. 法令若しくは規則に基づき、又は政府、所轄官庁、規制当局（日本国外における同様の規制当局を含む。）若しくは受領者に対して調査・照会権限を有する金融商品取引所等による要請に応じて秘密情報を開示することが義務付けられる場合には、受領者は、

7

231

可能な限り事前に相手方に通知したうえ、必要最小限の範囲で当該開示をすることができる。

5. 受領者は、開示者から事前の書面による同意なくして、本件目的の遂行のために必要な最小限の範囲を超えて秘密情報を複製してはならない。

第3条（秘密情報の返還及び破棄） （P235参照）

受領者は、本件目的が中止若しくは終了した場合又は開示者より秘密情報の返還請求を受けた場合は、秘密情報の全てを、そのあらゆる形態の複製物を含めて速やかに返還又は開示者の指示する方法によって復元不能な状態に破棄し、破棄した場合にはその結果について報告するものとする。

第4条（公表等）  （P235参照）

当事者は、本契約の存在、内容及び成果等を第三者（法律上秘密保持義務を負う弁護士、公認会計士及び税理士を除く。）に開示、公表しようとするときは、事前に相手方の書面による承諾を得るものとする。

第5条（類似の検討）  （P235参照）

1. 本契約の締結は、当事者が本契約に定める各規定を遵守する限りにおいて、第三者との間で本件目的と同一又は類似の検討、資本又は業務提携、共同事業の実施その他の取引等を行うことを妨げるものではない。

2. 本契約の締結は、当事者に対し、本件目的の結果に基づく資本又は業務提携、共同事業の実施その他の取引等を行うことを義務付けるものではない。

第6条（権利の譲渡等の禁止）  （P236参照）

当事者は、あらかじめ相手方の書面による承諾がない限り、本契約上の地位を第三者に移転し、本契約に基づく権利の全部若しくは一部を第三者に譲渡し、若しくは第三者の担保に供し、又は、本契約に基づく義務の全部若しくは一部を第三者に引き受けさせてはならない。

第7条（有効期間）  （P236参照）

本契約の有効期間は、当事者が最初に秘密情報を開示した日又は本契約の締結日のいずれか早い方から1年間とする。

第8条（損害賠償） （P237参照）

当事者は、本契約に違反することにより、他の当事者に損害を与えたときは、損害を与えた当事者は、損害を被った当事者に対し、その損害の全て（弁護士費用を含む。）を賠償しなければならない。

第9条（残存条項） （P237参照）

本契約が終了した場合でも、第2条から第4条まで、第6条、第8条から第11条までの規定は、本契約終了後も3年間は引き続きその効力を有する。

第10条（協議解決）
（P237参照）

本契約に定めのない事項及び本契約の内容の解釈に疑義が生じた事項については、当事者間で誠実に協議の上、これを解決するものとする。

第11条（専属的合意管轄）
（P237参照）

本契約に関する一切の紛争については、○○地方裁判所を第一審の専属的合意管轄裁判所とする。

以上、本契約締結の証として、本契約書2通を作成し、甲乙が署名又は記名及び捺印のうえ、各1通を保有する。

令和●年●月●日

甲　東京都●●区・・・

●●●●株式会社

代表取締役　●●　●●　　　　印

乙　東京都○○区・・・

株式会社○○○○

代表取締役　○○　○○　　　　印

7

●タイトル・表題

今回取り上げたひな形は、一般によく用いられている「秘密保持契約書」というタイトルにしました。タイトルに拘る必要はありませんが、秘密保持契約書というのはわかりやすくておすすめです。

●前文について

ひな形の秘密保持契約書では、甲乙相互に情報を開示しあうことを前提にしていますので、甲乙のどちらか一方が常に開示者となるわけでも、受領者となるわけでもありません。どちらにもなりうることを前提にしていますので、当事者のうち秘密情報の開示又は提供する者を「**開示者**」、受領する者を「**受領者**」と定義しています。

●第1条（秘密情報）について

（P231 参照）

1. 目的

　民法改正では、「契約その他の債務の発生原因及び取引上の社会通念に照らして」という文言が随所で採用され、契約の趣旨がますます重要となってくることが想定されます。契約の趣旨の判断にあたっては、当事者がなぜ、この契約を締結したのか？　という契約目的も事情の一つとして考慮されます。

　本契約においても、情報を授受する目的を本件目的と定義したうえで、全体にわたって引用していますので、可能な限りその内容を明確に定めておくことが重要です。

2. 秘密情報の定義

　当事者間で様々な方法により開示ないし提供される情報のうち、どのようなものを秘密情報として扱うのかということを定義します。一番広い範囲とすると何ら限定を加えることなく「一切の情報」ということになりますが、膨大になることが懸念されます。ひな形では、その点を考慮して、秘密である旨を知らせて開示した情報という観点から定義をしています。

3. 秘密情報に含まない情報

　上記2. で定義した秘密情報は、原則として秘密保持義務の対象となりますが、もともと自己が有していた情報であったり、既に公に知られている情報等であれば、秘密保持義務の対象とする合理性はありません。そのため、適用を除外する情報を列挙して明示しておくことが通常です。

●第2条（秘密保持義務）について

（P231 参照）

1. 秘密保持義務

　今回の秘密保持契約において一番重要な義務である、秘密保持義務の規定となります。

2. 第三者への開示

　今回の秘密保持契約は、ビジネスの検討ということを念頭においておりますので、役職員や場合によっては専門家の意見をきく必要があることを想定し、このような者を除き、第三者に秘密情報を開示等してはならない旨規定しています。それ以外

は一切許されないかというと、役職員や専門家を除く第三者については、相手方の書面による同意があれば開示が可能となりますので、この点も合理的な例外の手当がなされています。

3. 第三者へ開示する場合の措置

第三者へ開示する場合には、その第三者から秘密情報が漏れてしまっては意味がありませんので、秘密保持義務を課したうえで、責任を負う旨を規定しています。

4. 行政機関等からの照会があった場合

秘密情報について、法令等に基づき行政機関等から開示を求められる場合があります。その場合に必要最小限において開示することができる旨を規定しておくことによって、手当をしています。

5. 複製の禁止

秘密情報は、その媒体にもよりますが複製が非常に容易といっても過言ではありません。そこで、複製について、必要最小限の範囲については複製はできる、当該範囲を超える場合には事前に同意を得る、という旨の規定をおいています。

●第3条（秘密情報の返還及び破棄）について （P232参照）

開示した秘密情報について、目的が終了した場合等において、返還を要することは言うまでもありません。非常に重要な事項となります。どのような場合に、どのような範囲で、どのような措置を講じるのかについて規定する必要があります。

●第4条（公表等）について （P232参照）

秘密情報とは別に本契約自体の存在、内容及び成果等も公表等を原則として禁止し、事前に相手方の書面による承諾を得る旨を規定しています。

●第5条（類似の検討）について （P232参照）

1. 他の第三者との間での類似のビジネスの検討

ひな形では、一定のビジネス（取引等）を検討する前段階として秘密保持契約を締結することを念頭においておりますが、その間、他の第三者との間で、同一又は類似のビジネスの検討をできるようにするか否かという問題があります。ひな形では、こ

の検討について拘束しない旨を明確にしています。すなわち、開示者側も受領者側も、他の第三者との間で、同様のビジネスの検討や取引を行えるということになります。

2. 契約締結の義務がないことの確認

ひな形は、一定のビジネス（取引等）を検討するために契約を締結するものです。この締結によって、信義則上当該ビジネスを実現しなければならない法的拘束力が生じてしまうのではないかという問題があります。この点について、そのような拘束力が生じない旨を明確にする規定です。

ビジネスの検討の結果、取引はしないという結論になることも想定されますので、このような規定を挿入しておく方がよいといえます。

●第6条（権利の譲渡等の禁止）について

契約は、相手方を信用して締結されるものです。それにもかかわらず、相手方が変わってしまうことは看過できない事態となります。このような事態を避けるため、契約上の地位、権利や義務を譲渡する又は引き受けさせることを禁止することが一般的に行われています。また、担保に供することも、担保権が実行されれば譲渡と同様の事態になりますので、併せて禁止するのが一般的です。

なお、第1章で述べたとおり、改正民法では、当事者が債権の譲渡を禁止し、又は制限する旨の意思表示（譲渡制限の意思表示）をしたときであっても、債権の譲渡の効力が妨げられないものとされました（民法466条2項）。そのうえで、譲受人が、その譲渡制限の意思表示につき悪意又は重過失であった場合には、債務者の期待を優先させ、債務者はその譲受人からの履行請求を拒むことができ、かつ、譲渡人に対する弁済等をもって、その譲受人に対抗できるとされました（民法466条3項）。

しかしながら、悪意又は重過失である譲受人に対してしか対抗できないとはいえ、特約を設けておくことは依然として重要です。

●第7条（有効期間）について

有効期間の定め方はいろいろありますが、ひな形では取引の前段階の検討の場面で用いられるものであることを念頭に置いており、1年間という期間で区切っています。この期間については、事案に応じて、短く又は長くして対応することになります。

●第8条（損害賠償）について

（P232 参照）

契約上の義務に違反し、それが自己の責任にある場合には、それによって生じた相手方の損害を賠償しなければなりません。

民法では、損害賠償の範囲について、通常損害のみならず、予見可能性のある特別損害のすべてとされていますが（民法416条）、契約上の義務違反の場合には、弁護士費用までの損害賠償は認められないのが一般的です。

これを修正して、弁護士費用を含む旨を明記する条項を設ける場合もあります。今回はその例を挙げています。

●第9条（残存条項）について

（P232 参照）

契約が終了した場合、契約で定められた条項は効力を持たないのが原則となりますが、終了後においても引き続き効力を維持させることが望ましい場合があります。今回のような秘密保持に関する条項が典型例です。ただし、情報は陳腐化するスピードが早いこと、情報を管理するコストもかかることから、残存する存続期間にも区切りを設ける場合があります。ひな形でも、3年間という区切りを置いています。

●第10条（協議解決）について

（P233 参照）

誠実協議条項とも呼ばれます。ただし、この条項を設けたからといって、特別な意味が生じるとはいえません。紛争が生じた場合には、最終的に裁判等の手続によって解決を求めることになります。

●第11条（専属的合意管轄）について

（P233 参照）

一般的には、被告とする相手方の所在地や民事訴訟法所定の地を管轄する裁判所に訴訟を提起することになるのですが（民事訴訟法4条以下）、当事者は、第一審に限り、合意によって、管轄裁判所を定めることができます（民事訴訟法11条）。

法定の管轄裁判所に付加的に管轄裁判所を合意したものではなく、ここの裁判所のみ、という趣旨で合意したことを示すために「**専属的合意**」という表現を用いることになります。

7

●開示者側の立場から

1. 双方開示ではなく、一方通行の開示の場合

　ひな形の例は、当事者双方が互いに開示するケースでしたが、当事者の一方が他方に開示するのみで、いわば一方通行の開示の場合もありえます。その場合には、前文での定義を変更して、開示者と受領者というような文言で定義をすることが考えられます。

【ひな形－前文の修正例】

> 　●●●●株式会社（以下「甲」という。）と株式会社○○○○（以下「乙」という。）は、甲乙間において相互に開示又は提供される秘密情報に関し、以下のとおり秘密保持契約（以下「本契約」という。）を締結する。以下、甲及び乙を総称して「当事者」といい、当事者のうち秘密情報の開示又は提供する者を「開示者」、受領する者を「受領者」という。

> 　●●●●株式会社（以下「開示者」という。）と株式会社○○○○（以下「受領者」という。）は、開示者から受領者に開示又は提供される秘密情報に関し、以下のとおり秘密保持契約（以下「本契約」という。）を締結する。以下、開示者及び受領者を総称して「当事者」という。

2. 他の第三者との間での類似のビジネスの検討を拘束する場合

　ひな形では、一定のビジネス（取引等）を検討する前段階として秘密保持契約を締結することを念頭においておりますが、その間、他の第三者との間で、同一又は類似のビジネスの検討をできるようにするか否かという問題があります。開示者にとって、優先的に自社とのビジネスを検討してもらいたいということであれば、第三者との間のビジネス等を拘束するということが考えられます（1項）。

【ひな形－第5条第1項の修正例】

> **第5条（類似の検討）**
> 1. 　本契約の締結は、当事者が本契約に定める各規定を遵守する限りにおいて、第三者との間で本件目的と同一又は類似の検討、資本又は業務提携、共同事業の実施その他の取引等を行うことを妨げるものではない。
> 2. 　本契約の締結は、当事者に対し、本件目的の結果に基づく資本又は業務提携、共同事業の実施その他の取引等を行うことを義務付けるものではない。

1. 受領者は、第三者との間で本件目的と同一又は類似の検討、資本又は業務提携、共同事業の実施その他の取引等を行ってはならない。
2. （略）

3. 残存条項を永久化する場合

先ほどのひな形の箇所で説明したとおり、残存する存続期間を一定期間に区切ることも考えられますが、そうではなく、情報の管理コストを考慮したとしても、情報の価値に鑑み、永久化したいと考える場合もありえます。その場合には、期間を限定することなく残存条項を設けることになります。

【ひな形－第9条の修正例】

第 9 条 （残存条項）
　本契約が終了した場合でも、第2条から第4条まで、第6条、第8条から第11条までの規定は、本契約終了後も3年間は引き続きその効力を有する。

第 9 条 （残存条項）
　本契約が終了した場合でも、第2条から第4条まで、第6条、第8条から第11条までの規定は、本契約終了後も引き続きその効力を有する。

7

条文

民法416条 （損害賠償の範囲）
1 債務の不履行に対する損害賠償の請求は、これによって通常生ずべき損害の賠償をさせることをその目的とする。
2 特別の事情によって生じた損害であっても、当事者がその事情を予見すべきであったときは、債権者は、その賠償を請求することができる。

民法466条 （債権の譲渡性）
1 債権は、譲り渡すことができる。
　ただし、その性質がこれを許さないときは、この限りでない。
2 当事者が債権の譲渡を禁止し、又は制限する旨の意思表示（以下「譲渡制限の意思表示」という。）をしたときであっても、債権の譲渡は、その効力を妨げられない。
3 前項に規定する場合には、譲渡制限の意思表示がされたことを知り、又は重大な過失によって知らなかった譲受人その他の第三者に対しては、債務者は、その債務の履行を拒むことができ、かつ、譲渡人に対する弁済その他の債務を消滅させる事由をもってその第三者に対抗することができる。
4 前項の規定は、債務者が債務を履行しない場合において、同項に規定する第三者が相当の期間を定めて譲渡人への履行の催告をし、その期間内に履行がないときは、その債務者については、適用しない。

2 販売提携に必要？ 販売店契約書って？

A社との間で当社が独占的な販売店契約を締結することになった。こちらから契約書案を提示することになったので、よろしく

販売店契約ですね。承知しました（独占的な、というのはどのような条項になるのだろう……）

疑問 販売店契約書における注意点は？

ここで登場してくるのは、「**メーカー**」と「**販売店**」、そして「**顧客**」の三者です。販売店が、メーカーと提携して、例えば、日本国内をエリアとする販売権をメーカーから得て、顧客に対する販売を独占的に行うといった場合があります。もちろん、独占的ではなく、非独占的の場合もあります。

いずれにしても、販売店は、メーカーから商品を仕入れて販促し、顧客に販売していくことで（転売）利益を得ていくことになります。

商品の流れに着目して説明すると、「メーカー」と「販売店」との間で売買契約が成立し、「販売店」と「顧客」との間でも売買契約が成立することになります。

以上のようなビジネスを実現するための契約が**販売店契約**ということになります。

注意点としては、どのような販売権なのか（エリア、独占の有無）が重要となってきます。それとの関係で、競合品の取扱いの可否も変わってくることが多いといえます。

基本 販売店契約書の「ひな形」

それでは、早速、販売店契約書のひな形を見てみましょう。

240

販売店契約書

　●●●●株式会社（以下「甲」という。）と株式会社○○○○（以下「乙」という。）とは、甲が乙に対して別紙1に規定される商品（以下「本商品」という）の販売権を与えることにつき、以下のとおり販売店契約（以下「本契約」という。）を締結する。

第1条（独占的販売権）　重要度 A　(P247参照)

1. 甲は、本契約の有効期間中、本商品の日本における独占的販売権を乙に与え、乙はこれを受諾する。なお、甲は、乙の事前承諾なく自ら本商品を日本において、乙以外に販売してはならない。
2. 乙は、本契約終了（ただし、本契約が甲による解除により終了した場合を除く。）後3か月間に限り、その在庫として保有する本商品を販売することができる。

第2条（本商品の特定）　重要度 A　(P248参照)

1. 甲は、本商品の改良品を開発した場合、速やかに当該改良品についての情報を乙に開示する。乙は、当該開示を受けた後30日以内に、別紙1を改定して当該改良品を本商品の範囲に含めるか否かを決定し、その旨を甲に通知する。甲は、当該期間内に乙から当該改良品を本商品の範囲に含めるとの通知を受領しない場合は、当該改良品を以後自らまたは第三者を通じて自由に販売できる。
2. 前項において乙が改良品を本商品の範囲に含める旨を通知した場合、両当事者は、当該改良品の売上予測を踏まえて、当該改良品についての乙の最低購入数量を設定するものとする。当該設定についての合意の成立を条件として、乙は当該改良品について独占販売権を得る。

第3条（競合品の取扱い）　重要度 A　(P248参照)

　乙は、本契約の有効期間中、日本国内で、本商品と類似又は競合するいかなる商品も製造、販売、販売促進又はその注文の収集若しくは受諾を行ってはならない。

第4条（当事者間の販売価格）　重要度 B　(P248参照)

　本商品の販売価格は、四半期ごとに定めるものとし、各四半期の開始までに別紙2に定める計算式により決定されるものとする。

第5条（個別契約）　重要度 C　(P248参照)

個別契約は、乙が甲に注文し、甲がこれを承諾することにより成立する。ただし、甲が乙の注文の受領後 5 営業日以内に乙に何らの申し出もしない場合には、当該注文は甲により承諾されたものとみなす。

第 6 条（最低購入数量） （P249 参照）

1. 乙は、各事業年度において、別紙 3 に規定される最低購入数量以上の本商品を購入し、その対価を甲に支払わなければならない。なお、ある事業年度における最低購入数量を満たしたかどうかは、その事業年度末日までに乙が甲に対して対価を支払った本商品の数量により判断されるものとする。
2. 乙がある事業年度において甲から購入しその対価を甲に支払った本商品の数量が当該最低購入数量に達しなかった場合、甲は、事前の書面による通知をもって、乙に付与した独占的販売権を非独占的販売権に変更することができる。独占的販売権の非独占的販売権への変更は、乙の当該最低購入数量の未達に対して損害賠償請求、解除権の行使その他の措置を取ることはできない。

第 7 条（引渡し、所有権移転及び危険負担） （P249 参照）

1. 甲は、納期に乙の指定する場所に本商品を納入することにより、本商品を乙に対して引き渡す。
2. 本商品の所有権及び危険は、前項に基づく引渡しのときに、甲から乙に移転する。

第 8 条（品質保証、検査及び契約不適合責任） （P250 参照）

1. 甲は、乙に対し、本商品が両者合意のうえ定める製品仕様（以下「本仕様」という。）を満たすこと並びに本契約締結日現在本商品の製造及び販売に適用されうる日本におけるすべての法令及び安全基準を満たすことのみを保証（以下「本保証」という。）する。甲は、本保証を、乙による本商品の受領から 1 年間に限り行うものとする。本保証の違反があった場合、乙は、本条第 2 項及び第 3 項の規定に従った場合に限り、自己の選択に従い、当該保証違反にかかる本商品に関する個別契約の解除、損害賠償の請求、代金減額請求、代品請求又は修補請求を行うことができる。
2. 乙は、本商品を受領したときは、遅滞なく、その品質及び数量につき検査しなければならない。
3. 乙は、本商品に契約不適合（本保証に違反することをいう。以下同じ。）又は数量不足を発見したときは、当該発見日を含めて 5 営業日以内に甲に対してその旨の通知をしなければ、その契約不適合又は数量不足を理由とする甲に対するいかなる請求もすることができない。

第 9 条（製造物責任） （P251 参照）

1. 甲は、本商品の欠陥（製造物責任法第 2 条第 2 項に定義されるところによる。）による第三者の生命、身体又は財産への侵害によって生じた損害につき、第三者から甲又は

乙に対して請求がなされる場合に備えて、自己の負担で製造物責任保険に加入するものとする。当該保険の付保の範囲については、両当事者協議のうえ決定する。

2. 各当事者は、第三者から本商品に関してクレーム、請求等を受けた場合、その旨を遅滞なく相手方当事者に通知するものとする。この場合、両当事者は、当該クレーム、請求等への対処方法につき、協議のうえ決定する。

3. 各当事者は、前項に規定する第三者からのクレーム、請求等のうち第1項に規定する保険で填補されなかった部分が自らの責めに帰すべき事由に基づく場合（本商品の欠陥に起因する場合は、甲の責めに帰すべき事由に基づく場合に含める。）には、当該クレーム、請求等への対応に関連して相手方当事者に生じた一切の費用及び損失を相手方当事者に対して補償する。

第10条（商標） 重要度 B (P251参照)

1. 甲は、甲が所有する別紙4記載の登録商標権（以下「本商標」という。）につき、乙に対し、次の範囲の通常使用権を無償で許諾し、甲は当該範囲で本商標を使用する義務を負う。なお、乙は、本商標の具体的な使用形態につき、甲から指定された場合を除き、甲の事前承諾を得なければならない。

 (1) 許諾商品　　本商品

 (2) 使用地域　　日本国内

 (3) 使用範囲　　本商品の販売及び販売促進のために本商品の包装、パンフレット、商品説明書その他の販売促進物に付して使用すること

2. 甲は、乙に対し、本商標が甲の単独所有であることを保証する。

3. 乙は、本商品に関して本商標以外のいかなる標章も使用してはならない。

4. 乙は、本商標と類似する標章につき商標登録の申請をしてはならない。

5. 乙は、第三者が本商標を侵害していること又はそのおそれがあることを発見した場合、直ちに甲にその内容を報告する。この場合、甲は、自己の責任と費用で、当該侵害又はそのおそれの排除、予防又は差止めのために必要な行為を実施することができ、乙は、甲からの要請に基づき甲による費用負担を条件としてこれに協力する。

6. 乙による本商標の使用に関して第三者から権利侵害の主張、損害賠償の請求その他の主張又は請求がなされた場合、又は、本商標につき第三者から無効事由若しくは取消事由があると主張された場合（無効審判若しくは取消審判を請求された場合も含む。）、両者協力してこれに対処する。ただし、いずれかの当事者の責めに帰すべき事由により当該主張又は請求がなされた場合は、当該当事者がその費用と責任でこれに対応するものとし、相手方当事者に一切の損失、費用等の負担を及ぼさない。

7. 乙は、本契約が終了した場合には、本商標の使用を直ちに取り止める。ただし、乙は、第1条第2項に基づく本商品の販売のために、本契約終了後もなお、本商標を使用できる。

第11条（販売促進等） 重要度 B (P252参照)

1. 乙は、本商品の販売に最大限の努力を払わなければならない。

7

2. 乙は、自己の費用で、本商品の宣伝、広告、その他販売促進を行う。ただし、乙が甲から提供される方針に基づいて販売促進を行った場合の費用は、甲の負担とする。

3. 甲は、乙に対し、乙の要求があった場合、本商品の販売に要するパンフレット、商品説明書、その他販売促進物（以下、総称して「販売促進物」という。）を無償又は有償で提供する。

4. 甲は、甲が乙に対して提供する販売促進物又は本商品に付与された表示（ラベリング、警告、指示書を含むがこれらに限られない。）の内容が、商品の性質、特徴、品質などを正確に不足なく表示するものであり、かつ、瑕疵がないことを保証する。

5. 甲は、前項の表明保証の違反に関し、第三者から生じたクレームに自らの責任と費用で対応するものとし、乙に対し、乙に生じた損失及び損害を当該違反と相当因果関係のある範囲で賠償する。

第 12 条（報告）

（P253参照）

乙は、甲に対し、暦年半期終了後 10 日以内に、当該暦年半期（以下「対象期間」という。）における次の各号に掲げる事項を甲乙合意のうえ定める書式にて報告する。

(1) 対象期間末日の本商品の在庫数
(2) 本商品の顧客の氏名、名称及び住所
(3) 対象期間の本商品の顧客別販売数量
(4) 対象期間の翌暦年半期の本商品の販売数量見込み
(5) 対象期間中に得た本商品についての評判及び苦情の内容
(6) 本商品の競合品の状況

第 13 条（秘密保持）

（P253参照）

1. 甲及び乙は、本契約の遂行により知り得た相手方の技術上又は営業上その他業務上の一切の情報を、相手方の事前の書面による承諾を得ないで第三者に開示又は漏洩してはならず、本契約の遂行のためにのみ使用するものとし、他の目的に使用してはならない。ただし、弁護士、公認会計士又は税理士等法律に基づき守秘義務を負う者に対して当該情報を開示することが必要であると合理的に判断される場合には、本項本文と同内容の義務を負わせることを条件として、自己の責任において必要最小限の範囲に限って当該情報をそれらの者に対し開示することができる。また、法令に基づき行政機関及び裁判所から当該情報の開示を求められた場合においても、自己の責任において必要最小限の範囲に限って開示することができる。

2. 前項の規定は、次のいずれかに該当する情報については、適用しない。

(1) 相手方から開示を受けた時に既に自己が保有していた情報
(2) 相手方から開示を受けた時に既に公知となっている情報
(3) 相手方から開示を受けた後に自己の責めによらずに公知となった情報
(4) 正当な権限を有する第三者から適法に取得した情報
(5) 相手方から開示された情報によることなく独自に開発・取得した情報

第 14 条（権利の譲渡等の禁止） (P254参照)

　甲及び乙は、あらかじめ相手方の書面による承諾がない限り、本契約上の地位を第三者に移転し、本契約に基づく権利の全部若しくは一部を第三者に譲渡し、若しくは第三者の担保に供し、又は、本契約に基づく義務の全部若しくは一部を第三者に引き受けさせてはならない。

第 15 条（有効期間） (P254参照)

　本契約の有効期間は、本契約締結日より 2 年間とする。ただし、期間満了日の 3 か月前までにいずれの当事者からも更新拒絶する旨の意思表示なき場合、本契約は同一条件で更に 1 年間更新され、以後も同様とする。

第 16 条（解除） (P254参照)

1. 甲及び乙は、相手方が次の各号のいずれか一つに該当したときは、催告その他の手続を要しないで、直ちに本契約を解除することができる。
   (1) 監督官庁より営業の許可取消し、停止等の処分を受けたとき
   (2) 支払停止若しくは支払不能の状態に陥ったとき、又は手形若しくは小切手が不渡りとなったとき
   (3) 第三者より差押え、仮差押え、仮処分若しくは競売の申立て、又は公租公課の滞納処分を受けたとき
   (4) 破産手続開始、民事再生手続開始、会社更生手続開始、特別清算手続開始の申立てを受け、又は自ら申立てを行ったとき
   (5) 解散、会社分割、事業譲渡又は合併の決議をしたとき
   (6) 資産又は信用状態に重大な変化が生じ、本契約に基づく債務の履行が困難になるおそれがあると認められるとき
   (7) 株主構成又は役員等の変動等により会社の実質的支配関係が変化したとき
   (8) 相手方に対する詐術その他の背信的行為があったとき
   (9) その他、前各号に準じる事由が生じたとき
2. 甲及び乙は、相手方が本契約に定める条項に違反し、相手方に催告したにもかかわらず、催告後相当の期間を経過してもこれが是正されない場合には、本契約を解除することができる。
3. 前 2 項の場合、本契約を解除された当事者は、解除した当事者が解除により被った損害の一切を賠償する。

第 17 条（期限の利益の喪失） (P255参照)

　甲又は乙が、前条第 1 項各号のいずれかに該当したとき、又は前条第 2 項に基づき本契約の解除をなされたときは、相手方に対する一切の債務について、催告その他の手続を要することなく、当然に期限の利益を喪失し、直ちに相手方に弁済しなければならない。

第 18 条（反社会的勢力の排除） (P256参照)

7

1. 甲及び乙は、それぞれ相手方に対し、次の各号に掲げる事項を確約する。
   (1) 自らが、暴力団、暴力団員、暴力団員でなくなった時から 5 年を経過していない者、暴力団準構成員、暴力団関係企業、総会屋等その他これらに準ずる者又はその構成員（以下、総称して「反社会的勢力」という。）ではないこと
   (2) 自らの役員（取締役、執行役、執行役員、業務を執行する社員、監査役又はこれらに準ずる者をいう。）が反社会的勢力ではないこと
   (3) 反社会的勢力に自己の名義を利用させ、本契約を締結するものでないこと
   (4) 自ら又は第三者を利用して、本契約に関して相手方に対する脅迫的な言動若しくは暴力を用いる行為、又は偽計若しくは威力を用いて相手方の業務を妨害し、もしくは信用を毀損する行為をしないこと
2. 甲及び乙は、相手方が次の各号のいずれかに該当した場合には本契約を何らの催告を要しないで、直ちに解除することができる。
   (1) 前項第 1 号又は第 2 号の確約に反する申告ないし表明をしたことが判明した場合
   (2) 前項第 3 号の確約に反し、本契約を締結したことが判明した場合
   (3) 前項第 4 号の確約に反する行為をした場合
3. 前項の規定により、本契約が解除された場合には、解除された者は、その相手方に対し、相手方の被った損害を賠償する。
4. 第 2 項の規定により、本契約が解除された場合には、解除された者は、解除により生じた損害について、その相手方に対し一切の請求を行わない。

第 19 条（残存条項）重要度 C（P256 参照）

1. 第 15 条による期間満了又は第 16 条第 1 項ないし第 2 項による解除にかかわらず、本契約の終了時に存在する個別契約については、当該個別契約の存続期間中、本契約が適用される。
2. 第 8 条、第 9 条、第 13 条、本条及び第 21 条の規定は、本契約終了後もなお有効に存続する。

第 20 条（協議解決）重要度 C（P256 参照）

本契約に定めのない事項及び本契約の内容の解釈に疑義が生じた事項については、両当事者間で誠実に協議の上、これを解決するものとする。

第 21 条（専属的合意管轄）重要度 C（P256 参照）

本契約に関する一切の紛争については、〇〇地方裁判所を第一審の専属的合意管轄裁判所とする。

以上、本契約締結の証として、本契約書 2 通を作成し、甲及び乙が署名又は記名及び捺印のうえ、各 1 通を保有する。

令和●年●月●日

甲　東京都●●区・・・

　　　　　　　●●●●株式会社

　　　　　　　代表取締役　　●●　●●　　　　　　印

　　　　乙　東京都○○区・・・

　　　　　　　株式会社○○○○

　　　　　　　代表取締役　　○○　○○　　　　　　印

●タイトル・表題

　ひな形では、単に「販売店契約書」としましたが、独占的販売権を前提としている場合には、「独占的販売店契約書」としてもよいでしょう。他方で、「販売提携に関する合意書」といった抽象的なタイトルでも法的に問題はありません。

●収入印紙について

　この「販売店契約書」は、継続的取引の基本となる契約書に該当すると考えられます。契約期間が3か月以内で、かつ更新の定めのないものを除き、4,000円の印紙税がかかります。

●第1条（独占的販売権）について 重要度 A （P241参照）

1. 独占的販売権

　前述したとおり、「販売店」があるエリア（ひな形では"日本"）において、自分だけが本商品を販売することができるのか否かが、独占的販売権か非独占的販売権かによって変わってきます。単に販売権とすると、後者の意味に解釈される可能性が高いため、独占的販売権の場合であればその旨を明確に契約書に記載しておく必要があります。

2. 契約終了後の在庫の取扱い

　販売店が契約終了時に在庫を抱えている場合も多分に予想され、それをメーカーに引き取ってもらうのか（引き取ってもらう場合にはその費用負担はどうするのかを含む）、それとも一定期間で売り切ってもらうのかについて考えておく必要があります。

ひな形では、3か月の期間を区切って在庫を販売できることとしています。

●第2条（本商品の特定）について
(P241 参照)

1. 改良品の場合の手続

契約時に特定した商品が、契約期間中に改良される場合があります。その改良品について、本契約の対象に含めて独占的な販売を可能とするのかどうかに関して規定している条項です。ひな形では、メーカーから販売店が情報を受領して判断し、メーカーに通知するという手続を規定しています。

2. 最低購入数量の設定

仮に、改良品が本契約の対象に含まれることとなった場合に最低購入数量を設定する旨を規定しています。また、その設定合意が成立した場合には、その改良品についても、販売店が独占的販売権を得ることを規定しています。

●第3条（競合品の取扱い）について
(P241 参照)

独占的販売権を得ることの"裏返し"ないし"バランス"として、メーカーの競合品を販売しないことを約束することは多いです。ひな形でも、販売店は、第1条で独占的販売権を得ているため、この第3条によって、競合品の取扱いが禁止されています。

●第4条（当事者間の販売価格）について
(P241 参照)

メーカーと販売店との間の販売価格の規定です。定め方は自由です。

なお、販売店が顧客に販売する価格は、販売店が決めるものであり、メーカーが決めるものではありません。メーカーは干渉してはいけないのが原則です。

●第5条（個別契約）について
(P241 参照)

個別契約の成立は、あくまでも申込み（注文）と承諾の意思表示が合致することが必要です。もっとも、注文の都度、逐一承諾をするのは煩雑である場合も多く、メーカーが一定期間に諾否の通知を送らない場合には、承諾したものとみなす旨を規定しています。

なお、商法は、会社のような商人が、平常取引をする者からその営業の部類に属する契約の申込みを受けたときは、遅滞なく、契約の申込みに対する諾否の通知を発しなければならず、それを怠ったときは、当該申込みを承諾したものとみなす旨を定

めています（商法509条1項、2項）。ひな形では、この規定に準じて、○営業日以内に諾否の回答を発しなかったときは個別契約が成立する旨を定めています。この規定のもとでは、メーカーは、諾否の回答を発しない場合には個別契約が成立してしまう旨を念頭においておく必要があります。

●第6条（最低購入数量）について

1. 最低購入数量の対価支払義務

いわば「ノルマ」の規定です。あくまでもメーカーが販売店に一定の数量を最低購入数量として課しているだけで、販売店が顧客に販売する数量を指定しているわけではないのですが、事実上、販売店にとってはその最低購入数量を売り切っていかないと在庫を抱えることになりますし利益が十分にとれなくなりますので、ノルマとなる条項です。独占的販売権を前提とした契約の場合、このような条項を入れないことは難しいと思われます。

2. 非独占的販売権への変更

メーカーとしては、期待していた水準に販売店が達しない場合には、独占的販売権を取りやめて単なる（非独占的）販売権に切り替えたいというニーズが出てくることが予想されます。他社に対してさらに販売権を与えていくという戦略をとれるようにするためです。このことを前提に、販売店が最低購入数量に達しなかった場合には、メーカーの判断で非独占的販売権に切り替えることができる旨の規定をおいています。

●第7条（引渡し、所有権移転及び危険負担）について

1. 引渡し義務

売買契約に基づいて、メーカーは販売店に商品を引き渡さなければなりませんので、その旨を規定しています。

2. 所有権移転及び危険負担

当事者の合意によって、所有権の移転時期を決定することが可能です。メーカーとしては、代金を回収するまで可能な限り遅い時期にした方が有利となりますが、販売店において転売が予定されていることも考慮して、ひな形では、引渡し時を基準としています。

7

また、改正民法では、目的物の引渡しがあった時以後に、その目的物が当事者双方の責めに帰することができない事由によって滅失し、又は損傷したときは、買主は、その滅失又は損傷を理由として、履行の追完の請求、代金の減額の請求、損害賠償の請求及び契約の解除をすることができないと規定されています（民法567条1項）。

　ひな形でも、引渡し後の滅失等については、もはや、買主の支配下で生じたものである以上、買主の負担とすることが合理的ですのでその旨規定しています。

●第8条（品質保証、検査及び契約不適合責任）について

重要度 **B**
（P242参照）

1.品質保証及び契約不適合責任

　まず、契約不適合の基準となる製品仕様について両者合意で定めることを前提にし、メーカーが、販売店にその点を保証しています。その保証期間は1年間ということとしています。この期間は長くすることも、短くすることも可能です。より長くした方が販売店にとっては有利ですが、メーカーにとっては負担になります。

　この保証違反があった場合には、契約不適合責任としてメーカーが責任を負う旨を定めています。販売店は、メーカーに対して、契約解除、損害賠償請求、代金減額、代品請求又は補修請求ができることとしています。

2.検査

　企業間のような商人間の売買では、買主は、その売買の目的物を受領したときは、遅滞なく、その目的物を検査しなければならず、検査の結果、目的物が種類、品質又は数量に関して契約の内容に適合しないことが発見された場合には、直ちに、売主に対してその旨の通知をしない限り、履行の追完、代金減額及び損害賠償の請求並びに契約の解除をすることができないというのが商法上のルールです（商法526条1項、2項）。

　ひな形でも、これに準じて、検査の実施を定めています。

3.検査結果の通知

　そして、「5営業日以内」の通知を定め、かつ、通知がない場合には、契約不適合や数量不足について何らの請求をすることができない旨を定めています。

●第9条（製造物責任）について 重要度 B （P242参照）

1. 製造物責任法上の欠陥

　製造物責任法上の欠陥がある場合には、消費者に多大な被害を生じさせる可能性がありますので、そのような場合に備えて、保険に加入することを定めています。商品の欠陥については、メーカーの製造上の問題ということが大きいため、ひな形では、メーカーが付保する旨を定めています。

2. 事故発生時の通知・協議

　事故発生時を想定して、甲乙が情報共有して、解決に向けて協議する旨を定めています。

3. 責任分担

　万が一、欠陥により第三者に損害が生じた場合において、メーカーである売主と販売業者である買主間の責任分担に関してのルールはありませんので、あらかじめ契約で合意しておくことが紛争を予防する観点からは望ましいです。ひな形は、それぞれの責任に応じて補償する旨を定めています。

●第10条（商標）について 重要度 B （P243参照）

1. 商標の通常実施権許諾

　商品等に付する商標は、商品とは別に権利として存在していますので、販売店としては、販売をしていくにあたり、その商標の使用権を得ることは重要です。

　第1項では、その使用権（通常実施権）を無償で許諾してもらう条項となります。

2. 表明保証

　第2項は、当該商標がメーカーのものであることを保証する条項です。保証範囲としては、ひな形にはありませんが、「無効事由及び取消事由がないこと」「第三者の権利を侵害するものではないこと」等を含めることが考えられます。販売店としては、保証範囲が広い方が安心です。

3. 他の標章の使用禁止

　販売店は、メーカーの商標を使えますので、その商標を使って販売することになります。その際に、他の標章を用いてしまうと、商品の出所が混同するおそれも生じますので、適切ではありません。そのため、他の標章の使用を禁止する旨の条項を設

7

けています。

4. 類似標章の登録申請の禁止

　販売店が、メーカーの商標と類似する標章について、権利を取得してしまうことを契約で禁止しています。

5. 第三者による権利侵害

　第三者が商標権を侵害している場合には、差止めや損害賠償等の措置を講じることができますので、そのための協力について定める条項です。

6. 第三者からの権利侵害の主張

　万が一、第三者から権利侵害を理由に、差止めや損害賠償請求を受けた場合において、協力して対処する旨を定めています。

7. 契約終了後の使用中止

　契約終了に伴い、通常実施権の許諾も打ち切られますので、使用を中止することになります。ただし、在庫商品が存在する場合には、販売店は、3か月間販売できることとしたため（第1条第2項）、そのときには、商標が使用できる例外条項を設けています。

●第11条（販売促進等）について

1. 販売促進の前提

　当然といえば当然ですが、販売提携という側面からの特別な条項といえます。

2. 宣伝広告の費用負担

　基本的には、販売店は、自らの責任で販促をし、売上を拡大していくことになりますので、費用は、販売店が負担するというのが通常と考えられます。もっとも、メーカーの方針による統一的な宣伝広告等については、メーカーが負担するというのが合理的であるといえるでしょう。

3. 販促物の提供

　商品に付随するパンフレットや商品説明書等は、メーカーから供給してもらわな

いと作成が難しく、メーカーが販売店に商品と併せて供給するのが通常であるため、ひな形でもその旨を規定しています。

4. 販促物の内容の保証

　提供を受けた販促物は当然顧客に提示ないし交付されるものですから、その記載に誤りがあった場合には、顧客から責任を問われるリスクがあります。この点を念頭に、メーカーが、販売店に対して、販促物の記載内容についての正確性を保証しています。

5. 保証違反

　万が一、保証に違反した場合には、メーカーが責任を負う旨を規定しています。

●第12条（報告）について

　契約を継続していくうえで、販売店は、メーカーに対して販売状況を報告するのが通常です。ひな形では、詳細な内容を列記しています。

●第13条（秘密保持）について

1. 秘密保持義務

　契約を締結して取引を行うと、相互に自社の情報を開示することがあります。その情報は、外部に出ても問題ない情報だけではないことは容易に想像がつくと思います。そのため、お互いに開示した情報は、外部（第三者）に開示しないこと、目的外に使用しないことを約束をするということが一般的に行われています。その場合にも、上記ひな形のように、もともと守秘義務を負う専門家等に開示する必要性は生じる場合もありますので、その場合には、秘密保持義務を負わせることを条件として開示可能とする例外規定も設けています。また、行政機関や裁判所から法令に基づいて照会を求められることもありますので、その場合においても開示することができる例外規定をおいています。

　なお、本体の契約書の中に条項として盛り込む方法のほか、7-1節のように本体の契約書とは別に秘密保持契約を結ぶこともよく行われています。

2. 適用除外の情報

　上記1.のとおり開示された情報は原則として秘密保持義務の対象となりますが、

7

もともと自己が有していた情報であったり、既に公に知られている情報等であれば、秘密保持義務の対象とする合理性はありません。そのため、適用を除外する情報を列挙して明示しておくことが通常です。

●第14条（権利の譲渡等の禁止）について

契約は、相手方を信用して締結されるものです。それにもかかわらず、相手方が変わってしまうことは看過できない事態となります。このような事態を避けるため、契約上の地位、権利や義務を譲渡する又は引き受けさせることを禁止することが一般的に行われています。また、担保に供することも、担保権が実行されれば譲渡と同様の事態になりますので、併せて禁止するのが一般的です。

なお、第1章で述べたとおり、改正民法では、当事者が債権の譲渡を禁止し、又は制限する旨の意思表示（譲渡制限の意思表示）をしたときであっても、債権の譲渡の効力が妨げられないものとされました（民法466条2項）。そのうえで、譲受人が、その譲渡制限の意思表示につき悪意又は重過失であった場合には、債務者の期待を優先させ、債務者はその譲受人からの履行請求を拒むことができ、かつ、譲渡人に対する弁済等をもって、その譲受人に対抗できるとされました（民法466条3項）。

しかしながら、悪意又は重過失である譲受人に対してしか対抗できないとはいえ、特約を設けておくことは依然として重要です。

●第15条（有効期間）について

一定の期間、契約が継続する継続的契約の場合には、いつからいつまでの間、契約を有効とするのかについて条項を設ける必要があります。

一定の期間、契約が継続する継続的契約の場合において、順調にビジネスが進んでいるときは契約を継続させ、逐一再契約することなく、自動で更新されるようなことを互いに望むことがあります。その場合に備えて、ただし書のような自動更新条項を設けることがあります。このような条項を設けたときは、所定の期間内に、何もしない限り、契約は満了することなく契約が自動更新されていくので注意が必要です。

●第16条（解除）について

1. 解除①—無催告解除

民法上も、相手方が義務の履行を遅滞している場合や、その履行が不能になった場合等に、契約を解除することができますが、契約書においては、これら以外の事由

の場合にも、解除する動機と合理性を見出すことができるため、あらかじめ条項化しておくことが通常となります。

例えば、上記の例のように、相手方が監督官庁から処分を下されたときや、資産状態や信用状態が悪化したとき等が挙げられます。このようなときは、待ったなしで、一刻も早く解除できる方が有利ですし、そもそも、是正を求めることも非現実的です。そのため、相手方に催告することなく（無催告で）、解除できる旨を定めています。

なお、1-3節（P31）も参照してください。

2. 解除②一催告解除

上記1.のような無催告の解除のケースではなく、契約上の義務に違反した場合において、是正を求めて、それでも違反状態が是正されないときは解除できる旨を定めています。

仮に、このような契約上の義務に違反した場合にでも、待ったなしで解除できるようにする場合には、上記1.の中に、「本契約に定められた条項に違反したとき」という条項を設けることになります。

なお、1-3節（P32）も参照してください。

3. 解除時の損害賠償

解除に伴う損害の賠償義務を確認する条項です。

●第17条（期限の利益の喪失） （P245参照）

7

期限の利益とは、義務の履行が先（将来）の期限として定められている場合のその時間的な利益のことを意味します。このような利益は、特に問題がなければ、契約で決められたとおりそのまま維持していても問題ありませんが、前記の解除のところで説明したような、待ったなしの状態が生じた場合には、当該利益を維持させておく理由はありません。

民法においても、例えば、債務者が破産手続開始の決定を受けたときには期限の利益を失う旨の規定が設けられていますが（民法137条）、その他の事由が網羅されているわけではありません。そのため、契約書において、期限の利益を喪失させる事由を定めておくことが通常です。上記の例のように解除の条項とセットで引用する方法で規定されることが多いといえます。

●第18条（反社会的勢力の排除）について

（P245参照）

　暴力団等の反社会的勢力の排除に関する上記のような条項を契約に盛り込むことは、政府の指針や各都道府県の暴力団排除条例に沿うものであり、自社を守る上でも非常に重要です。

●第19条（残存条項）について

（P246参照）

1. 本契約終了時の個別契約

　本契約が終了したときに個別契約が完了していないことが想定されますので、その場合にそなえて、当該個別契約が終了するまでは、本契約が適用される旨を規定しています。

2. 本契約終了後の残存条項

　契約が解除や期間満了等により終了した場合、契約で定められた条項は効力を持たないのが原則となりますが、終了後においても引き続き効力を維持させることが望ましい条項があります。例えば、秘密保持に関する条項であったり、後述する専属的合意管轄に関する条項です。このような場合に備えて、あらかじめ契約が終了した場合であっても、効力が維持される旨を定めておく場合があります。

●第20条（協議解決）について

（P246参照）

　誠実協議条項とも呼ばれます。ただし、この条項を設けたからといって、特別な意味が生じるとはいえません。紛争が生じた場合には、最終的に裁判等の手続によって解決を求めることになります。

●第21条（専属的合意管轄）について

（P246参照）

　一般的には、被告とする相手方の所在地や民事訴訟法所定の地を管轄する裁判所に訴訟を提起することになるのですが（民事訴訟法4条以下）、当事者は、第一審に限り、合意によって、管轄裁判所を定めることができます（民事訴訟法11条）。

　法定の管轄裁判所に付加的に管轄裁判所を合意したものではなく、ここの裁判所のみ、という趣旨で合意したことを示すために「**専属的合意**」という表現を用いることになります。

立場に応じた攻め方・守り方（ひな形の修正）

●メーカーの立場から

1. 非独占的販売権

　販売店に対して、今まで述べたような独占的販売権ではなく、単なる（非独占的）販売権の限度で付与する場合の修正例です。「非独占的」という文言を明記しておいた方がよいでしょう（1項）。

【ひな形－第1条の修正例】

> **第1条（独占的販売権）**
> 1.　甲は、本契約の有効期間中、本商品の日本における独占的販売権を乙に与え、乙はこれを受諾する。なお、甲は、乙の事前承諾なく自ら本商品を日本において、乙以外に販売してはならない。
> 2.　乙は、本契約終了（ただし、本契約が甲による解除により終了した場合を除く。）後3か月間に限り、その在庫として保有する本商品を販売することができる。

> **第1条（非独占的販売権）**
> 1.　甲は、本契約の有効期間中、本商品の日本における非独占的販売権を乙に与え、乙はこれを受諾する。
> 2.　（略）

2. 個別契約の成立・承諾義務の排除

　メーカーとしては、手続が煩雑であったとしても、疑義が生じないように承諾をしてはじめ個別契約が成立であるという契約にしたいと考える場合もあります。また、販売店契約では、一定の承諾義務が生じるというような疑義が生じることもありますので、承諾をしないことができる旨を設けておくと有利となります。

【ひな形－第5条の修正例】

> **第5条（個別契約）**
> 　個別契約は、乙が甲に注文し、甲がこれを承諾することにより成立する。ただし、甲が乙の注文の受領後5営業日以内に乙に何らの申し出もしない場合には、当該注文は甲により承諾されたものとみなす。

7

第5条（個別契約）

　　個別契約は、乙が甲に注文し、甲がこれを承諾することにより成立する。甲は、乙から注文を受けた場合であっても、市場の状況、乙の販売実績等を考慮して、甲の判断で承諾しないことができる。

3. 保証期間の短縮

　　ひな形の例では、保証期間を1年間としていましたが、短い方がメーカーにとっては負担が少なくて有利となります。以下の例のように6か月としたり、3か月とする等が考えられます（1項）。

【ひな形－第8条の修正例】

第8条（品質保証、検査及び契約不適合責任）
1. 甲は、乙に対し、本商品が両者合意のうえ定める製品仕様（以下「本仕様」という。）を満たすこと並びに本契約締結日現在本商品の製造及び販売に適用されうる日本におけるすべての法令及び安全基準を満たすことのみを保証（以下「本保証」という。）する。甲は、本保証を、乙による本商品の受領から1年間に限り行うものとする。本保証の違反があった場合、乙は、本条第2項及び第3項の規定に従った場合に限り、自己の選択に従い、当該保証違反にかかる本商品に関する個別契約の解除、損害賠償の請求、代金減額請求、代品請求又は修補請求を行うことができる。
2. 乙は、本商品を受領したときは、遅滞なく、その品質及び数量につき検査しなければならない。
3. 乙は、本商品に契約不適合（本保証に違反することをいう。以下同じ。）又は数量不足を発見したときは、当該発見日を含めて5営業日以内に甲に対してその旨の通知をしなければ、その契約不適合又は数量不足を理由とする甲に対するいかなる請求もすることができない。

第8条（品質保証、検査及び契約不適合責任）
1. 甲は、乙に対し、本商品が両者合意のうえ定める製品仕様（以下「本仕様」という）を満たすこと並びに本契約締結日現在本商品の製造及び販売に適用されうる日本におけるすべての法令及び安全基準を満たすことのみを保証（以下「本保証」という）する。甲は、本保証を、乙による本商品の受領から6か月間に限り行うものとする。本保証の違反があった場合、乙は、本条第2項及び第3項の規定に従った場合に限り、自己の選択に従い、当該保証違反にかかる本商品に関する個別契約の解除、損害賠償の請求、代金減額請求、代品請求又は修補請求を行うことができる。
2. （略）
3. （略）

258

4. 販売促進の費用負担

　ひな形では、販売促進の費用は、基本的に販売店が負うこととし、例外的に、メーカーの方針による場合についてはメーカーが負うものとしていました。この点も、販売店が負う、要するに販売店にすべて負わせることも理論的には不可能ではありません（2項・3項）。販売店がメーカーに支払う販売促進費用の額について合意してしまうことも考えられます。

【ひな形－第11条の修正例】

> **第11条（販売促進等）**
> 1.　乙は、本商品の販売に最大限の努力を払わなければならない。
> 2.　乙は、自己の費用で、本商品の宣伝、広告、その他販売促進を行う。ただし、乙が甲から提供される方針に基づいて販売促進を行った場合の費用は、甲の負担とする。
> 3.　甲は、乙に対し、乙の要求があった場合、本商品の販売に要するパンフレット、商品説明書、その他販売促進物（以下、総称して「販売促進物」という。）を無償又は有償で提供する。
> 4.　甲は、甲が乙に対して提供する販売促進物又は本商品に付与された表示（ラベリング、警告、指示書を含むがこれらに限られない。）の内容が、商品の性質、特徴、品質などを正確に不足なく表示するものであり、かつ、瑕疵がないことを保証する。
> 5.　甲は、前項の表明保証の違反に関し、第三者から生じたクレームに自らの責任と費用で対応するものとし、乙に対し、乙に生じた損失及び損害を当該違反と相当因果関係のある範囲で賠償する。

> **第11条（販売促進等）**
> 1.　乙は、本商品の販売に最大限の努力を払わなければならない。
> 2.　乙は、自己の費用で、本商品の宣伝、広告、その他販売促進を行う。なお、乙が甲から提供される方針に基づいて販売促進を行った場合の費用も、乙の負担とする。
> 3.　甲は、乙に対し、乙の要求があった場合、本商品の販売に要するパンフレット、商品説明書、その他販売促進物（以下、総称して「販売促進物」という）を有償で提供する。
> 4.　（略）
> 5.　（略）

5. 中途解約した場合でも利益の補償がないことの確認

　販売店契約は、一定の期間継続する継続的契約であり、販売店側も取引にあたり資本を投下していることは多分に想定されます。このような契約を解約した際に、販売店側から、「もっと長期の契約であることが前提であった。その前提で多額の費用をかけた。一定の補償をしてほしい」という要求が出される可能性もあります。この

ような可能性に備えて、あらかじめ、当該補償をするものではないことを確認しておくと紛争を予防する見地からも望ましいでしょう。

【ひな形－第15条の修正例】

> **第 15 条（有効期間）**
> 　本契約の有効期間は、本契約締結日より 2 年間とする。ただし、期間満了日の 3 か月前までにいずれの当事者からも更新拒絶する旨の意思表示なき場合、本契約は同一条件で更に 1 年間更新され、以後も同様とする。

> **第 15 条（有効期間）**
> 1. 本契約は、本契約締結日に発効する。
> 2. 本契約締結後 2 年間が経過した後は、いずれの当事者も、30 日以上の予告期間をおいて相手方に書面により通知することにより、本契約を解約することができる。
> 3. 甲及び乙は、乙が本契約に基づき受ける利益は、本商品の再販売から得られる利益のみであり、甲から乙に対する顧客への販売権益の補償、投下資本の補償その他の補償は一切行われないことを確認する。

● 販売店の立場から

1. 承諾義務

　先ほどとは逆で、販売店としては、注文しようとしてもメーカーに拒否されて売れないということになるのは避けたいと考えることもあります。そのような場合に備えて、一定の数に達するまでは承諾しなければならない義務を設けるという方法がありえます。

【ひな形－第5条の修正例】

> **第 5 条（個別契約）**
> 　個別契約は、乙が甲に注文し、甲がこれを承諾することにより成立する。ただし、甲が乙の注文の受領後 5 営業日以内に乙に何らの申し出もしない場合には、当該注文は甲により承諾されたものとみなす。

> **第 5 条（個別契約）**
> 1. （略）
> 2. 前項の規定にかかわらず、甲は、ある月の乙からの本商品の注文が●個に達するまでは、当該注文を承諾する義務を負う。

2. 販売促進の費用負担

　先ほどとは逆で、そもそも販売促進の費用は、販売店が負担するという原則を排除し、販売店とメーカーで協議して決めるものとしています（2項）。販促物についても、全て無償で提供する旨の規定に修正できれば、疑義がなく望ましいでしょう（3項）。

【ひな形－第11条の修正例】

第11条（販売促進等）

1.　乙は、本商品の販売に最大限の努力を払わなければならない。
2.　乙は、自己の費用で、本商品の宣伝、広告、その他販売促進を行う。ただし、乙が甲から提供される方針に基づいて販売促進を行った場合の費用は、甲の負担とする。
3.　甲は、乙に対し、乙の要求があった場合、本商品の販売に要するパンフレット、商品説明書、その他販売促進物（以下、総称して「販売促進物」という。）を無償又は有償で提供する。
4.　甲は、甲が乙に対して提供する販売促進物又は本商品に付与された表示（ラベリング、警告、指示書を含むがこれらに限られない。）の内容が、商品の性質、特徴、品質などを正確に不足なく表示するものであり、かつ、瑕疵がないことを保証する。
5.　甲は、前項の表明保証の違反に関し、第三者から生じたクレームに自らの責任と費用で対応するものとし、乙に対し、乙に生じた損失及び損害を当該違反と相当因果関係のある範囲で賠償する。

第11条（販売促進等）

1.　（略）
2.　乙は、本商品の宣伝、広告、その他販売促進を行う。その費用負担については、甲乙間で別途協議する。
3.　甲は、乙に対し、乙の要求があった場合、本商品の販売に要するパンフレット、商品説明書、その他販売促進物（以下、総称して「販売促進物」という）を無償で提供する。
4.　（略）
5.　（略）

7

条文

民法466条 （債権の譲渡性）
1 債権は、譲り渡すことができる。
　ただし、その性質がこれを許さないときは、この限りでない。
2 当事者が債権の譲渡を禁止し、又は制限する旨の意思表示（以下「譲渡制限の意思表示」という。）をしたときであっても、債権の譲渡は、その効力を妨げられない。
3 前項に規定する場合には、譲渡制限の意思表示がされたことを知り、又は重大な過失によって知らなかった譲受人その他の第三者に対しては、債務者は、その債務の履行を拒むことができ、かつ、譲渡人に対する弁済その他の債務を消滅させる事由をもってその第三者に対抗することができる。
4 前項の規定は、債務者が債務を履行しない場合において、同項に規定する第三者が相当の期間を定めて譲渡人への履行の催告をし、その期間内に履行がないときは、その債務者については、適用しない。

民法567条 （目的物の滅失等についての危険の移転）
1 売主が買主に目的物（売買の目的として特定したものに限る。以下この条において同じ。）を引き渡した場合において、その引渡しがあった時以後にその目的物が当事者双方の責めに帰することができない事由によって滅失し、又は損傷したときは、買主は、その滅失又は損傷を理由として、履行の追完の請求、代金の減額の請求、損害賠償の請求及び契約の解除をすることができない。この場合において、買主は、代金の支払を拒むことができない。
2 売主が契約の内容に適合する目的物をもって、その引渡しの債務の履行を提供したにもかかわらず、買主がその履行を受けることを拒み、又は受けることができない場合において、その履行の提供があった時以後に当事者双方の責めに帰することができない事由によってその目的物が滅失し、又は損傷したときも、前項と同様とする。

商法509条 （契約の申込みを受けた者の諾否通知義務）
1 商人が平常取引をする者からその営業の部類に属する契約の申込みを受けたときは、遅滞なく、契約の申込みに対する諾否の通知を発しなければならない。
2 商人が前項の通知を発することを怠ったときは、その商人は、同項の契約の申込みを承諾したものとみなす。

商法526条 （買主による目的物の検査及び通知）
1 商人間の売買において、買主は、その売買の目的物を受領したときは、遅滞なく、その物を検査しなければならない。
2 前項に規定する場合において、買主は、同項の規定による検査により売買の目的物が種類、品質又は数量に関して契約の内容に適合しないことを発見したときは、直ちに売主に対してその旨の通知を発しなければ、その不適合を理由とする履行の追完の請求、代金の減額の請求、損害賠償の請求及び契約の解除をすることができない。
　売買の目的物が種類又は品質に関して契約の内容に適合しないことを直ちに発見することができない場合において、買主が6箇月以内にその不適合を発見したときも、同様とする。
3 前項の規定は、売買の目的物が種類、品質又は数量に関して契約の内容に適合しないことにつき売主が悪意であった場合には、適用しない。

3 販売提携に必要？ 代理店契約書って？

前回は、販売店契約書の案を作ってもらったけれども、今度は、まったく違う商品について、別の会社との間で、当社が代理という形で販売する取引の話が持ち上がっている。販売業務の委託を受けて行う代理店契約ということになる。代理店契約書の案を作ってもらえるかな

はい、承知しました（販売提携という点では販売店契約と似ているのかなぁ、でも、代理というのは大きな違いだよなぁ）

疑問 代理店契約書における注意点は？

　ここで登場してくるのは、「**委託者**（メーカー等）」と「**受託者**（代理店）」、そして「**顧客**」の三者です。ただし、代理店契約は、販売店契約と異なり、あくまでも顧客への販売の主体は、委託者となります。

　受託者（代理店）は、商品を仕入れて転売して利益を得るのではなく、販売業務の手数料という形で利益を得ていくことになります。

　商品の流れに着目して説明すると、売買契約は、「委託者」と「顧客」との間に成立し、「受託者（代理店）」と「顧客」との間には成立しません。

　以上のようなビジネスを実現するための契約が代理店契約ということになります。

　注意点としては、販売手数料が重要となってきますが、それ以外に販売店契約と異なる点としては、顧客への販売価格等について「委託者」が指定することが挙げられます。

　代理店契約の性質としては、準委任を前提とする業務委託契約が近いといえます。前述したとおり、準委任を前提とする業務委託契約では、仕事の完成が中心的な義務となるのではなく、契約で定められた委任事務を適切に処理することが中心的な義務となります。

7

▼販売店契約と代理店契約

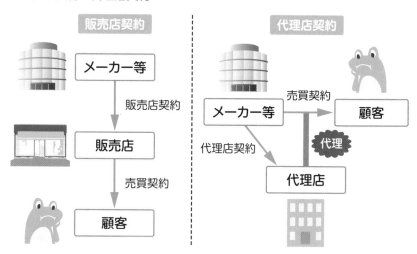

　そのため委任事務の内容を的確に特定することが初めに行うこととなります。ある業務ができていないので指摘しようとした場合に、「その業務は契約で委任された業務範囲外であるから応じられない、もし、それを追加で頼むのであれば委託料を増額してほしい」といったことになるリスクもありますので、疑義が生じないように範囲を特定しておく必要があります。そのうえで、その業務に応じた対価（委託料）を定めることになります。

　あとは、契約中にどのような権利義務を持つのか、という観点からは、通常、報告義務に関する条項が設けられることが多いです。

　それから、どのような場合に契約が終了するのか、という観点からは、契約期間の満了以外に、任意解除をできるようにするのか否かといった点に留意する必要があります。例えば、受託者側としては、委託契約が数年間続くことを前提に初期投資を行っている場合もあり、委託者側がいつでも解除できるといったことになると、想定外の不利益を被るリスクがありますので、任意解除権を排除する契約も考えられるところです。

基本 代理店契約書の「ひな形」

　それでは、早速、代理店契約書のひな形を見てみましょう。

代理店契約書

●●●●株式会社（以下「甲」という。）と株式会社○○○○（以下「乙」という。）は、以下のとおり代理店契約（以下「本契約」という。）を締結する。

第1条（販売委託）

重要度Ⓐ（P270参照）

　甲は、乙に対し、次に定める商品（以下「本商品」という。）の販売（以下「本件業務」という。）を委託し、乙はこれを受託する。

　　　　○○○○

第2条（顧客との売買）

重要度Ⓐ（P270参照）

1. 乙が、本件業務の履行として、本商品をその顧客へ販売する場合には、乙は甲の代理人であることを契約時に明示しなければならない。
2. 乙が、本件業務の履行として、本商品をその顧客へ販売する場合には、甲が指定した販売価格にしたがって本商品を販売しなければならない。
3. 前2項に定めるほか、顧客への本商品の販売にあたり、乙は甲から販売方法等について指示があった場合には、その指示を遵守しなければならない。

第3条（販売手数料）
重要度Ⓐ（P270参照）

1. 甲は、乙に対し、本件業務の履行の対価として、販売代金合計額の●％相当額の金員（消費税別）を販売手数料として支払う。
2. 販売手数料の計算期間は、毎月●日から末日までとし、販売代金合計額は第5条の報告書に基づき、契約成立した販売代金を合計して算出するものとする。
3. 乙が本契約に基づいて甲の代理人として締結した顧客との売買契約が理由のいかんを問わず解除された場合には、甲は、当該契約について第1項に規定する販売手数料を支払わない。
4. 前項の販売手数料を既に乙が収受している場合には、乙は甲に対し当該手数料を直ちに返還しなければならない。

第4条（販売代金）

重要度Ⓐ（P271参照）

1. 乙が顧客と本商品の売買契約を締結した場合、乙は甲の代理人として顧客から本商品の販売代金を受領する。
2. 乙は、前項により顧客から代理受領した販売代金を、毎月末日締めで計算し、前条に定めた販売手数料を控除したうえで、翌月●日まで、甲の指定する銀行口座へ振込送金する方法により支払う。

7

3. 乙は、毎月●日までに前月中に代理受領した販売代金及び前条に定めた前月分の販売
手数料の明細を記載し計算書を甲に対し提出しなければならない。

第5条（報告義務） 重要度 Ⓐ (P271参照)

1. 乙は、本件業務の履行の状況に関して、甲から請求があった場合には、指定された期
間内に書面により報告しなければならない。
2. 乙は、顧客との間で本商品の売買契約を締結したときは、直ちに甲に対し以下の事項
を書面により報告する。
   (1) 顧客の会社名、所在地、連絡先
   (2) 売却した本商品の数量、納入希望日
   (3) 売買代金
3. 前項の書面による報告に際して、乙は、顧客との間で締結した売買契約書を甲に対し
て添付して送付しなければならない。
4. 乙は、本商品の瑕疵又は数量不足その他売買の履行に関する通知を顧客より受けた場
合には、その内容を甲に対して報告する。

第6条（資料等の提供） 重要度 Ⓑ (P272参照)

甲は、乙が本件業務をなすにあたり必要とする一切の情報並びに価格、納期及び仕様等
の資料等を、乙に対し無償で提供する。

第7条（費用負担） 重要度 Ⓑ (P272参照)

乙が本契約の業務を遂行するために必要とする交通費、旅費、通信費、交際接待費その
他販売諸費用は、全て乙の負担とする。

第8条（権利の譲渡等の禁止） 重要度 Ⓒ (P272参照)

甲及び乙は、あらかじめ相手方の書面による承諾がない限り、本契約上の地位を第三者
に移転し、本契約に基づく権利の全部若しくは一部を第三者に譲渡し、若しくは第三者の
担保に供し、又は、本契約に基づく義務の全部若しくは一部を第三者に引き受けさせては
ならない。

第9条（再委託禁止） 重要度 Ⓒ (P273参照)

乙は、本件業務の全部又は一部を第三者に再委託することはできない。ただし、甲乙協
議のうえ、甲が書面による承諾をした場合には、この限りではない。

第10条（有効期間） 重要度 Ⓒ (P273参照)

本契約の有効期間は、令和○年○月○日から 1 年間とする。ただし、期間満了日の○か
月前までにいずれの当事者からも更新拒絶する旨の意思表示なき場合、同一条件で更に 1
年間更新され、その後も同様とする。

第11条 (中途解約) (P273参照)

甲及び乙は、本契約の有効期間中であっても、相手方に対して〇か月前までに書面をもって通知することにより、本契約を解約することができる。

第12条 (解除) (P273参照)

1. 甲及び乙は、相手方が次の各号のいずれか一つに該当したときは、催告その他の手続を要しないで、直ちに本契約を解除することができる。

    (1) 監督官庁より営業の許可取消し、停止等の処分を受けたとき

    (2) 支払停止若しくは支払不能の状態に陥ったとき、又は手形若しくは小切手が不渡りとなったとき

    (3) 第三者より差押え、仮差押え、仮処分若しくは競売の申立て、又は公租公課の滞納処分を受けたとき

    (4) 破産手続開始、民事再生手続開始、会社更生手続開始、特別清算手続開始の申立てを受け、又は自ら申立てを行ったとき

    (5) 解散、会社分割、事業譲渡又は合併の決議をしたとき

    (6) 資産又は信用状態に重大な変化が生じ、本契約に基づく債務の履行が困難になるおそれがあると認められるとき

    (7) 株主構成又は役員等の変動等により会社の実質的支配関係が変化したとき

    (8) 相手方に対する詐術その他の背信的行為があったとき

    (9) その他、前各号に準じる事由が生じたとき

2. 甲及び乙は、相手方が本契約に定める条項に違反し、相手方に催告したにもかかわらず、催告後相当の期間を経過してもこれが是正されない場合には、本契約を解除することができる。

3. 前2項の場合、本契約を解除された当事者は、解除した当事者が解除により被った損害の一切を賠償する。

第13条 (資料等の返還) (P274参照)

乙は、本契約が期間満了、解約又は解除等により終了したときは、甲より引渡しを受けた本商品の見本及び資料等を直ちに甲に返還しなければならない。

第14条 (秘密保持義務) (P274参照)

1. 甲及び乙は、本契約の遂行により知り得た相手方の技術上又は営業上その他業務上の一切の情報を、相手方の事前の書面による承諾を得ないで第三者に開示又は漏洩してはならず、本契約の遂行のためにのみ使用するものとし、他の目的に使用してはならない。ただし、弁護士、公認会計士又は税理士等法律に基づき守秘義務を負う者に対して当該情報を開示することが必要であると合理的に判断される場合には、本項本文と同内容の義務を負わせることを条件として、自己の責任において必要最小限の範囲に限って当該情報をそれらの者に対し開示することができる。また、法令に基づき行政機関及び裁判

7

所から当該情報の開示を求められた場合においても、自己の責任において必要最小限の範囲に限って開示することができる。

2. 前項の規定は、次のいずれかに該当する情報については、適用しない。
   (1) 相手方から開示を受けた時に既に自己が保有していた情報
   (2) 相手方から開示を受けた時に既に公知となっている情報
   (3) 相手方から開示を受けた後に自己の責めによらずに公知となった情報
   (4) 正当な権限を有する第三者から適法に取得した情報
   (5) 相手方から開示された情報によることなく独自に開発・取得した情報

第 15 条（損害賠償責任） (P275参照)

甲及び乙は、本契約に違反して相手方に損害を与えたときは、相手方に対し、その損害（合理的な弁護士費用を含む。）につき賠償する責任を負う。

第 16 条（第三者に対する損害） (P275参照)

乙が、本契約履行上、乙の責めに帰すべき事由により、第三者に損害を与えた場合は、乙は自らの費用及び責任において損害を賠償し、甲は何ら責任を負わない。ただし、その処理については、甲乙協議のうえ行う。

第 17 条（反社会的勢力の排除） (P275参照)

1. 甲及び乙は、それぞれ相手方に対し、次の各号に掲げる事項を確約する。
   (1) 自らが、暴力団、暴力団員、暴力団員でなくなった時から 5 年を経過していない者、暴力団準構成員、暴力団関係企業、総会屋等その他これらに準ずる者又はその構成員（以下、総称して「反社会的勢力」という。）ではないこと
   (2) 自らの役員（取締役、執行役、執行役員、業務を執行する社員、監査役又はこれらに準ずる者をいう。）が反社会的勢力ではないこと
   (3) 反社会的勢力に自己の名義を利用させ、本契約を締結するものでないこと
   (4) 自ら又は第三者を利用して、本契約に関して相手方に対する脅迫的な言動若しくは暴力を用いる行為、又は偽計若しくは威力を用いて相手方の業務を妨害し、若しくは信用を毀損する行為をしないこと
2. 甲及び乙は、相手方が次の各号のいずれかに該当した場合には本契約を何らの催告を要しないで、直ちに解除することができる。
   (1) 前項第 1 号又は第 2 号の確約に反する申告ないし表明をしたことが判明した場合
   (2) 前項第 3 号の確約に反し、本契約を締結したことが判明した場合
   (3) 前項第 4 号の確約に反する行為をした場合
3. 前項の規定により、本契約が解除された場合には、解除された者は、その相手方に対し、相手方の被った損害を賠償する。
4. 第 2 項の規定により、本契約が解除された場合には、解除された者は、解除により生じた損害について、その相手方に対し一切の請求を行わない。

第18条（残存条項）

本契約が終了した場合でも、第8条、第14条から第16条まで、本条及び第20条の規定は、引き続きその効力を有する。

第19条（協議解決）

本契約に定めのない事項及び本契約の内容の解釈に疑義が生じた事項については、両当事者間で誠実に協議の上、これを解決するものとする。

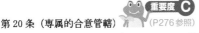
第20条（専属的合意管轄）

本契約に関する一切の紛争については、○○地方裁判所を第一審の専属的合意管轄裁判所とする。

以上、本契約締結の証として、本契約書 2 通を作成し、甲乙が署名又は記名及び捺印のうえ、各1通を保有する。

令和●年●月●日

甲　東京都●●区・・・
　　　●●●●株式会社
　　　代表取締役　　●●　●●　　　　　　印

乙　東京都○○区・・・
　　　株式会社○○○○
　　　代表取締役　　○○　○○　　　　　　印

7

●タイトル・表題

今回取り上げたひな形では、「代理店契約書」というタイトルにしました。例えば、「販売代理店契約書」というタイトルや「販売委託契約書」というタイトルにしてもNG ではありません。

●収入印紙について

継続的取引の基本となる契約書に該当すると考えられます。契約期間が3か月以内で、かつ更新の定めのないものを除き、4,000円の印紙税がかかります。

●第1条（販売委託）について

（P265参照）

前述したとおり、委託業務の内容を特定しておくことが重要となります。今回は、販売業務ということになりますが、何を売るのかという点から商品を特定しておく必要があります。

●第2条（顧客との売買）について

（P265参照）

1. 代理人であることの明示

顧客へ商品を販売する際に、受託者（乙）が販売主体なのかということを顧客が誤認しないように、あくまでも、受託者（乙）が委託者（甲）の代理人として販売しているものであることを明示する旨の規定です。

2. 販売価格の指定

代理店契約の場合には、あくまでも受託者（乙）は代理人であり、販売主体は委託者（甲）であることから、顧客への販売価格も委託者が決定することになります。受託者としては、その決定にしたがうことが必要となります。

3. 販売方法の指定

前記2.の販売価格のほかにも、販売に関する事項、例えば契約締結方法（書面の取得）のような事項や商品の内容物・付属物・包装方法の指定等、販売主体である委託者（甲）から細かく指示がある場合には、受託者（乙）は代理人にすぎませんので、忠実にその指示に従う必要があります。

●第3条（販売手数料）について

（P265参照）

1. 販売手数料の金額

委託業務の処理の対価として、いくらを支払うのか、ということを明記します。ひな形では、販売代金合計額を基準として算出することとしていますが、一般的な例といえるでしょう。

なお、消費税が含まれるのか否かについても明示しておくべきです。

2. 販売手数料の計算

販売手数料をどの期間単位で計算していくのかを定め、販売代金合計額について後に出てくる報告書をベースとして算出することを明記しています。

3. 顧客との売買契約が解除された場合

顧客との売買契約が成立後に解除された場合には、その解除された契約分については販売手数料を支払わない旨を定めています。

4. 前項の場合に手数料が支払われているとき

前項の場合に、既に販売手数料が支払われている場合には、その分を返還する旨を定めています。

●第4条（販売代金）について

1. 販売代金の代理受領

今回のひな形の契約では、受託者（乙）が顧客から代金を代理受領することを前提としています（このような方法以外に、顧客は代金を直接委託者（甲）に支払うという方法も考えられます。）。

2. 販売代金と販売手数料の精算

代理受領した販売代金から、受託者（乙）が支払をうけるべき販売手数料を控除した金員を、委託者（甲）に支払うことで、販売代金の引渡しと販売手数料の支払いを精算する方法を採用しています。

3. 明細・計算書の提出

委託者が把握・チェックできるように、受託者（乙）から委託者（甲）に対し、販売代金及び販売手数料の明細を記載した計算書を提出することとしています。

7

●第5条（報告義務）について

1. 通常の報告義務

ひな形では、委託者（甲）から請求があった場合には、指定期間内に書面にて業務の遂行状況を報告することとしています。これとは異なり、一定の期日（例えば、月に1回、週に1回等）をあらかじめ決めて報告をさせるという方法も考えられます。

2. 売買契約締結事実の報告義務

ひな形では、売買契約締結事実に関して、直ちに報告することを前提としています。

3. 売買契約書の送付義務

前項の報告に際し、顧客との売買契約書を併せて送付することを義務付けています。

4. 問題が生じた場合の報告義務

顧客から、商品の瑕疵や数量不足等の問題に関する通知を受けた場合にも、販売主体として、情報を把握することが望ましいため、報告する義務を課しています。

●第6条（資料等の提供）について
（P266参照）

代理店として業務を行ううえで、委託者（甲）からの情報提供は不可欠です。少なくとも販売時の顧客対応は代理店が行うため、そのために必要な資料等を委託者（甲）が受託者（乙）へ提供することを規定しています。

●第7条（費用負担）について
（P266参照）

ひな形では、業務遂行に伴う費用については、受託者（乙）負担としています。これについては、様々考えられますが、結局は、委託料の金額・委託料率とのバランスということになると考えられます。

●第8条（権利の譲渡等の禁止）について
（P266参照）

契約は、相手方を信用して締結されるものです。それにもかかわらず、相手方が変わってしまうことは看過できない事態となります。このような事態を避けるため、契約上の地位、権利や義務を譲渡する又は引き受けさせることを禁止することが一般的に行われています。また、担保に供することも、担保権が実行されれば譲渡と同様の事態になりますので、併せて禁止するのが一般的です。

なお、第1章で述べたとおり、改正民法では、当事者が債権の譲渡を禁止し、又は制限する旨の意思表示（譲渡制限の意思表示）をしたときであっても、債権の譲渡の効力が妨げられないものとされました（民法466条2項）。そのうえで、譲受人が、その譲渡制限の意思表示につき悪意又は重過失であった場合には、債務者の期待を優先させ、債務者はその譲受人からの履行請求を拒むことができ、かつ、譲渡人に対する弁済等をもって、その譲受人に対抗できるとされました（民法466条3項）。

しかしながら、悪意又は重過失である譲受人に対してしか対抗できないとはいえ、特約を設けておくことは依然として重要です。

●第9条（再委託禁止）について

（P266 参照）

　改正民法は、復受任者の選任等のルールとして、「受任者は、委任者の許諾を得たとき、又はやむを得ない事由があるときでなければ、復受任者を選任することができない。」と定めています（民法644条の2第1項）。

　委託者としては、受託者の能力等を見定めたうえで、受託者が業務を行うことを前提に業務委託契約に臨むことから、契約書には、再委託を禁止する旨の条項を設けるのが通常です。もちろん、委託者が事前に承諾した場合には問題はないので、そのような留保を設けています。ただし、口頭での承諾も許されるとした場合には、言った・言わないの問題が生じえますので、書面による承諾に限って例外としています。

●第10条（有効期間）について

（P266 参照）

　一定の期間、契約が継続する継続的契約の場合には、いつからいつまでの間、契約を有効とするのかについて条項を設ける必要があります。

　一定の期間、契約が継続する継続的契約の場合において、順調にビジネスが進んでいるときは契約を継続させ、逐一再契約することなく、自動で更新されるようなことを互いに望むことがあります。その場合に備えて、ただし書のような自動更新条項を設けることがあります。このような条項を設けたときは、所定の期間内に、何もしない限り、契約は満了することなく契約が自動更新されていくので注意が必要です。

●第11条（中途解約）について

（P267 参照）

7

　当事者双方ともに、期間満了を待たずに、早期に契約を終了させることを望むことがあります。ひな形では、その場合を想定して、当事者双方が予告期間をおいて通知することにより中途解約できる旨の規定をおいています。なお、この中途解約については、例えば、解約できる当事者を委託者（甲）に限る（「甲及び乙は」を「甲は」とし、「相手方に対して」を「乙に対して」と変更する）こともあります。

●第12条（解除）について

（P267 参照）

1. 解除①―無催告解除

　民法上も、相手方が義務の履行を遅滞している場合や、その履行が不能になった場合等に、契約を解除することができますが、契約書においては、これら以外の事由の場合にも、解除する動機と合理性を見出すことができるため、あらかじめ条項化しておくことが通常となります。

例えば、上記の例のように、相手方が監督官庁から処分を下されたときや、資産状態や信用状態が悪化したとき等が挙げられます。このようなときは、待ったなしで、一刻も早く解除できる方が有利ですし、そもそも、是正を求めることも非現実的です。そのため、相手方に催告することなく（無催告で）、解除できる旨を定めています。

なお、1-3節（P31）も参照してください。

2. 解除②－催告解除

上記1.のような無催告の解除のケースではなく、契約上の義務に違反した場合において、是正を求めて、それでも違反状態が是正されないときは解除できる旨を定めています。

仮に、このような契約上の義務に違反した場合にでも、待ったなしで解除できるようにする場合には、上記1.の中に、「本契約に定められた条項に違反したとき」という条項を設けることになります。

なお、1-3節（P32）も参照してください。

3. 解除時の損害賠償

解除に伴う損害の賠償義務を確認する条項です。

●第13条（資料等の返還）について

重要度 C（P267参照）

第6条で資料を提供する旨を定めていますが、契約終了に伴い、これらは不要となり、委託者（甲）としては返還を希望するのが通常ですので、受託者（乙）の返還義務を規定しています。

●第14条（秘密保持義務）について

重要度 C（P267参照）

1. 秘密保持義務

契約を締結して取引を行うと、相互に自社の情報を開示することがあります。その情報は、外部に出ても問題ない情報だけではないことは容易に想像がつくと思います。そのため、お互いに開示した情報は、外部（第三者）に開示しないこと、目的外に使用しないことを約束をするということが一般的に行われています。その場合にも、上記ひな形のように、もともと守秘義務を負う専門家等に開示する必要性は生じる場合もありますので、その場合には、秘密保持義務を負わせることを条件として開示可能とする例外規定も設けています。また、行政機関や裁判所から法令に基づいて照会を求められることもありますので、その場合においても開示することができ

る例外規定をおいています。

　なお、本体の契約書の中に条項として盛り込む方法のほか、7-1節のように本体の契約書とは別に秘密保持契約を結ぶこともよく行われています。

2. 適用除外の情報

　上記1.のとおり開示された情報は原則として秘密保持義務の対象となりますが、もともと自己が有していた情報であったり、既に公に知られている情報等であれば、秘密保持義務の対象とする合理性はありません。そのため、適用を除外する情報を列挙して明示しておくことが通常です。

●第15条（損害賠償責任）について

　契約上の義務に違反し、それが自己の責任にある場合には、それによって生じた相手方の損害を賠償しなければなりません。ひな形の例は、弁護士費用を含めて全ての損害を賠償することを想定しているものです。

●第16条（第三者に対する損害）について

　受託者（乙）が、本契約に基づく業務を遂行するにあたり、第三者に損害を与えた場合には、委託者（甲）も当該第三者に対する責任を負う可能性がありますが、受託者と委託者との内部負担についてあらかじめ取り決めをしておくことはよく見受けられます。ひな形においては、業務遂行上、受託者（乙）の責に帰すべき事由により損害を与えた以上、受託者が責任を負う旨を規定しています。

7

●第17条（反社会的勢力の排除）について

　暴力団等の反社会的勢力の排除に関する上記のような条項を契約に盛り込むことは、政府の指針や各都道府県の暴力団排除条例に沿うものであり、自社を守る上でも非常に重要です。

●第18条（残存条項）について

　契約が解除や期間満了等により終了した場合、契約で定められた条項は効力を持たないのが原則となりますが、終了後においても引き続き効力を維持させることが望ましい場合があります。例えば、秘密保持に関する条項であったり、後述する専属的合意管轄に関する条項です。このような場合に備えて、あらかじめ契約が終了した場合であっても、効力が維持される旨を定めておく場合があります。

第19条（協議解決）について

誠実協議条項とも呼ばれます。ただし、この条項を設けたからといって、特別な意味が生じるとはいえません。紛争が生じた場合には、最終的に裁判等の手続によって解決を求めることになります。

第20条（専属的合意管轄）について

一般的には、被告とする相手方の所在地や民事訴訟法所定の地を管轄する裁判所に訴訟を提起することになるのですが（民事訴訟法4条以下）、当事者は、第一審に限り、合意によって、管轄裁判所を定めることができます（民事訴訟法11条）。

法定の管轄裁判所に付加的に管轄裁判所を合意したものではなく、ここの裁判所のみ、という趣旨で合意したことを示すために「**専属的合意**」という表現を用いることになります。

 立場に応じた攻め方・守り方（ひな形の修正）

委託者側の立場から

1. 報告義務

ひな形では、委託者が請求した場合に受託者が報告するという内容を定めていましたが、委託者としては、請求するまでもなく定期的に報告をしてほしいと考える場合もあります。以下の例は、毎月1回報告を課すことを義務付ける修正例です（1項）。

【ひな形－第5条の修正例】

第5条（報告義務）

1. 乙は、本件業務の履行の状況に関して、甲から請求があった場合には、指定された期間内に書面により報告しなければならない。

2. 乙は、顧客との間で本商品の売買契約を締結したときは、直ちに甲に対し以下の事項を書面により報告する。

　　(1)　顧客の会社名、所在地、連絡先

　　(2)　売却した本商品の数量、納入希望日

　　(3)　売買代金

3. 前項の書面による報告に際して、乙は、顧客との間で締結した売買契約書を甲に対して添付して送付しなければならない。

4. 乙は、本商品の瑕疵又は数量不足その他売買の履行に関する通知を顧客より受けた場合には、その内容を甲に対して報告する。

---

1. 乙は、甲に対し、本件業務の履行の状況に関して、毎月●日、書面により報告しなければならない。また、乙は、甲から請求があった場合にも、指定された期間内に書面により本件業務の履行の状況を報告する。

2. （略）

3. （略）

4. （略）

2. 競業避止

　委託者としては、受託者が契約期間中に、販売委託している対象商品と競合する商品を販売してほしくない、自社の商品のみを取り扱ってほしいと希望する場合があります。以下は、そのような希望を念頭において規定例です。ただし、実際には、受託者側は、他からも同様の業務の委託を受けたいと考えることが多いためなかなか厳しいでしょう。

【ひな形－第○条の追加例】

第○条 （競業避止）
　乙は、甲の事前の書面による承諾がない限り、本商品と類似又は競合する他社の商品の販売活動等の業務を行ってはならない。

●受託者側の立場から

1. 報告義務

　受託者は、委託者に報告義務を負うのが一般的ではありますが、ひな形のように、売買契約が成立する都度報告するのは、非常にボリューム（量）が多い場合にはかなりの手間となります。そこで、以下の例のように一定期間に区切ってまとめて報告するということも合理的な修正例といえるでしょう（2項）。

7

【ひな形－第５条の修正例】

> **第 5 条（報告義務）**
> 1. 乙は、本件業務の履行の状況に関して、甲から請求があった場合には、指定された期間内に書面により報告しなければならない。
> 2. 乙は、顧客との間で本商品の売買契約を締結したときは、直ちに甲に対し以下の事項を書面により報告する。
>   (1) 顧客の会社名、所在地、連絡先
>   (2) 売却した本商品の数量、納入希望日
>   (3) 売買代金
> 3. 前項の書面による報告に際して、乙は、顧客との間で締結した売買契約書を甲に対して添付して送付しなければならない。
> 4. 乙は、本商品の瑕疵又は数量不足その他売買の履行に関する通知を顧客より受けた場合には、その内容を甲に対して報告する。

> **第 5 条（報告義務）**
> 1. （略）
> 2. 乙は、甲に対し、毎月●日締めにて、当月中に顧客との間で締結した本商品の売買契約に関する事項を書面により報告する。
>   (1) 顧客の会社名、所在地、連絡先
>   (2) 売却した本商品の数量、納入希望日
>   (3) 売買代金
> 3. 前項の書面による報告に際して、乙は、顧客との間で締結した売買契約書を甲に対して添付して送付しなければならない。
> 4. （略）

2. 費用負担

　ひな形では、受託者（乙）の業務遂行費用については、受託者の負担とする旨規定しておりますが、この点については、例えば以下の例のように折半とする旨規定することも考えられなくはありません。もっとも、前述したとおり、この費用の負担を前提として、販売手数料の金額ないし料率を決めることが多いと思われます。

【ひな形－第７条の修正例】

> **第 7 条（費用負担）**
> 乙が本契約の業務を遂行するために必要とする交通費、旅費、通信費、交際接待費その他販売諸費用は、全て乙の負担とする。

第7条（費用負担）

　乙が本契約の業務を遂行するために必要とする交通費、旅費、通信費、交際接待費その他販売諸費用の負担については、甲乙折半とする。

条文

民法466条　（債権の譲渡性）
1　債権は、譲り渡すことができる。
　ただし、その性質がこれを許さないときは、この限りでない。
2　当事者が債権の譲渡を禁止し、又は制限する旨の意思表示（以下「譲渡制限の意思表示」という。）をしたときであっても、債権の譲渡は、その効力を妨げられない。
3　前項に規定する場合には、譲渡制限の意思表示がされたことを知り、又は重大な過失によって知らなかった譲受人その他の第三者に対しては、債務者は、その債務の履行を拒むことができ、かつ、譲渡人に対する弁済その他の債務を消滅させる事由をもってその第三者に対抗することができる。
4　前項の規定は、債務者が債務を履行しない場合において、同項に規定する第三者が相当の期間を定めて譲渡人への履行の催告をし、その期間内に履行がないときは、その債務者については、適用しない。

民法644条の2　（復受任者の選任等）
1　受任者は、委任者の許諾を得たとき、又はやむを得ない事由があるときでなければ、復受任者を選任することができない。
2　代理権を付与する委任において、受任者が代理権を有する復受任者を選任したときは、復受任者は、委任者に対して、その権限の範囲内において、受任者と同一の権利を有し、義務を負う。

7

4 特許を使用させる？ ライセンス契約書って？

我が社の〇〇に関する特許を、X社にライセンスすることになりそうだ。ライセンス契約書を作ってもらえないか

はい、承知しました（どうしたらいいのだろう…）

疑問 ライセンス契約書における注意点は？

ライセンス契約とは、特許やノウハウを対価を得て使用させる契約のことを意味します。

最近では、下町の工場の特許がテーマになった小説やTVドラマでも、ライセンス契約という話題が出ていましたね。

ここで登場してくるのは、特許やノウハウの保有者である「**ライセンサー**」とその特許やノウハウの使用をさせてもらう「**ライセンシー**」です。ライセンサーは、ライセンシーから使用の対価を受領するというビジネスになります。

ライセンス契約においてまず重要なのは、何をライセンスするかという点です。どの範囲でどのような態様についてのライセンスなのかという点も重要です。

当然ながら、対価を得るビジネスなので、対価をどのように定めるのかという点も重要になります。

今回は、特許とノウハウの両方をライセンスすることを想定した契約書について検討します。

基本 ライセンス契約書の「ひな形」

それでは、早速、ライセンス契約書のひな形を見てみましょう。

ライセンス契約書

●●●●株式会社（以下「甲」という。）と株式会社○○○○（以下「乙」という。）とは、乙が有する特許及びノウハウの実施許諾について、以下のとおりライセンス契約（以下「本契約」という。）を締結する。

第1条（定義）

（P286参照）

本契約において用いられる以下の用語の意味は、以下のとおりとする。

(1) 「本特許」とは、●●●をいう。

(2) 「本ノウハウ」とは、●●●をいう。

(3) 「許諾特許等」とは、●●●をいう。

(4) 「許諾製品」とは、●●●をいう。

第2条（実施権の許諾）

（P286参照）

乙は、甲に対し、許諾特許等に基づき、許諾製品を日本において製造及び販売するための非独占的な通常実施権を許諾する。なお、甲は、第三者に対し、実施権を再許諾してはならない。

第3条（部品等の提供、技術指導等）

（P287参照）

1. 乙は、甲に対して、甲の依頼に基づき、本ノウハウの実施に必要な原材料、部品、機材等を提供し、又は適切な技術者を派遣して技術指導を行う。

2. 前項に基づき、乙が甲に対して技術者を派遣する条件は、以下のとおりとする。

(1) 1回に派遣される技術者は●名までとする。

(2) 技術者が派遣される時間は、年間●時間までとする。

(3) 技術者の交通費及び滞在費など、技術指導に関連して発生するすべての費用は、甲が負担する。

第4条（ロイヤルティ）

（P287参照）

1. 甲は、乙に対し、本特許のロイヤルティとして●円、本ノウハウのロイヤルティとして●円の一時金を、本契約締結後●日以内に支払う。

2. 甲は、乙に対し、本特許のロイヤルティとして、各暦年四半期終了後30日以内に、当該暦年四半期に甲が第三者（甲の子会社及び関連会社を含む）に販売し代金を受領した許諾製品の当該第三者への総販売価格の●％に相当する金額を支払う。

3. 甲は、乙に対し、本ノウハウのロイヤルティとして、各暦年四半期狩猟後 30 日以内に、当該暦年四半期に甲が第三者（甲の子会社及び関連会社を含む）に販売し代金を受領した許諾製品の当該第三者への総販売価格の●%に相当する金額を支払う。

4. 前 2 項における「総販売価格」とは、総販売価格から、梱包費、輸送費、保険料、販売にかかる公租公課、リベート、値引き及び返品にかかる返金額を除いたものをいう。

第 5 条（ロイヤルティ監査）（P288 参照）

1. 甲は、乙に対し、暦年四半期終了後 15 日以内に、当該四半期における次の事項を記載した報告書を提出する。
   (1) 許諾製品の総販売価格
   (2) 総販売価格から控除すべき各項目の金額及びこれらを控除した後の総販売価格
   (3) ロイヤルティの計算方法及びロイヤルティ合計

2. 甲は、ロイヤリティの報告及び支払の基礎となる帳簿を作成し、関係書類とともに、本契約の有効期間中及び終了後 5 年間保管するものとし、乙が必要と認めたときは、乙の指定した公認会計士に当該帳簿及び関係書類（ただし甲の営業秘密は除く）を監査させるものとし、当該監査にはインタビューも含むものとする。なお、監査は年 1 回を限度とし、監査の対象期間は、前回監査の対象期間の末日以前に遡ることはできない。また、監査は、甲の営業時間内においてのみ行われるものとする。

   また、当該監査の費用は、乙の負担とする。ただし、当該監査の結果、甲の支払うべきロイヤリティと実際の報告金額との間に 10%以上の相違が発見された場合は、甲の負担とする

3. 甲が報告した許諾製品の総販売価格が、実際の総販売価格を下回ることが判明した場合には、甲は、乙に対し、当該差額にロイヤルティ料率の 1.5 倍の料率を乗じた金額を支払う。

第 6 条（許諾特許の有効性）（P288 参照）

1. 乙は、甲に対し、本特許に無効事由が存しないことを保証しない。乙は、自己の費用で、本特許を維持及び管理する。

2. 本特許に無効事由が存し、本特許が無効となった場合、本契約は当然に終了し、本特許の無効が確定した時点以降のロイヤルティ支払義務は発生しないものとする。なお、乙は、甲に対し、受領したロイヤルティの●%を返還する。

第 7 条（第三者の権利との関係）（P289 参照）

1. 乙は、甲に対し、許諾特許等の実施が第三者の権利を侵害しないことを保証しない。

2. 許諾特許等の実施が第三者の権利を侵害し、もしくは侵害するおそれのある事実を発見したとき、又は当該事実を理由に当該第三者から警告又は訴訟の提起を受けたときは、甲は、乙に対し、直ちにその旨を通知する。

3. 乙は、前項の通知を受けた場合、自己の費用と責任において、許諾製品の設計変更、当該第三者との和解その他の方法により当該第三者に対する侵害（そのおそれも含む）又は当該第三者との間の係争を解決するよう最善の努力を払うものとする。

第8条（第三者による権利侵害） 重要度 B （P289参照）

1. 甲は、許諾特許等が第三者により侵害された事実を発見したときは、速やかにその旨を乙に報告し、かつその入手した証拠資料を乙に提供する。
2. 乙は、自ら許諾特許等が第三者により侵害された事実を発見したとき、又は、甲から許諾特許等が第三者により侵害された旨の報告を受けたときは、当該第三者による侵害を排除するため最善の努力を払うものとする。

第9条（秘密保持義務） 重要度 C （P290参照）

1. 甲及び乙は、本契約の遂行により知り得た相手方の技術上又は営業上その他業務上の一切の情報を、相手方の事前の書面による承諾を得ないで第三者に開示又は漏洩してはならず、本契約の遂行のためにのみ使用するものとし、他の目的に使用してはならない。ただし、弁護士、公認会計士又は税理士等法律に基づき守秘義務を負う者に対して当該情報を開示することが必要であると合理的に判断される場合には、本項本文と同内容の義務を負わせることを条件として、自己の責任において必要最小限の範囲に限って当該情報をそれらの者に対し開示することができる。また、法令に基づき行政機関及び裁判所から当該情報の開示を求められた場合においても、自己の責任において必要最小限の範囲に限って開示することができる。
2. 前項の規定は、次のいずれかに該当する情報については、適用しない。
    (1) 相手方から開示を受けた時に既に自己が保有していた情報
    (2) 相手方から開示を受けた時に既に公知となっている情報
    (3) 相手方から開示を受けた後に自己の責めによらずに公知となった情報
    (4) 正当な権限を有する第三者から適法に取得した情報
    (5) 相手方から開示された情報によることなく独自に開発・取得した情報

第10条（改良技術） 重要度 B （P290参照）

甲が本契約期間中に、許諾特許等の改良技術を開発したときは、乙に対し、直ちにその内容を通知する。この場合において、乙から当該改良技術の実施の要求があったときは、甲は、乙に対し、本契約期間中、当該改良技術の実施を相応のロイヤルティで非独占的に許諾する。なお、ロイヤルティの額、計算方法、支払方法などは別途協議する。

第11条（開発制限） 重要度 B （P290参照）

甲は、本契約期間中、乙の事前の書面による同意がない限り、本ノウハウと同一もしくは類似又は密接に関連する技術の開発を、単独もしくは第三者と共同で行い、又は第三者から受託してはならない。

7

第 12 条（有効期間）

（P291 参照）

本契約の有効期間は、本契約締結日から●年間とする。

第 13 条（解除）

（P291 参照）

1. 甲及び乙は、相手方が次の各号のいずれか一つに該当したときは、催告その他の手続を要しないで、直ちに本契約を解除することができる。
   (1) 監督官庁より営業の許可取消し、停止等の処分を受けたとき
   (2) 支払停止若しくは支払不能の状態に陥ったとき、又は手形若しくは小切手が不渡りとなったとき
   (3) 第三者より差押え、仮差押え、仮処分若しくは競売の申立て、又は公租公課の滞納処分を受けたとき
   (4) 破産手続開始、民事再生手続開始、会社更生手続開始、特別清算手続開始の申立てを受け、又は自ら申立てを行ったとき
   (5) 解散、会社分割、事業譲渡又は合併の決議をしたとき
   (6) 資産又は信用状態に重大な変化が生じ、本契約に基づく債務の履行が困難になるおそれがあると認められるとき
   (7) 株主構成又は役員等の変動等により会社の実質的支配関係が変化したとき
   (8) 相手方に対する詐術その他の背信的行為があったとき
   (9) その他、前各号に準じる事由が生じたとき
2. 甲及び乙は、相手方が本契約に定める条項に違反し、相手方に催告したにもかかわらず、催告後相当の期間を経過してもこれが是正されない場合には、本契約を解除することができる。
3. 前 2 項の場合、本契約を解除された当事者は、解除した当事者が解除により被った損害の一切を賠償する。

第 14 条（反社会的勢力の排除）

（P291 参照）

1. 甲及び乙は、それぞれ相手方に対し、次の各号に掲げる事項を確約する。
   (1) 自らが、暴力団、暴力団員、暴力団員でなくなった時から 5 年を経過していない者、暴力団準構成員、暴力団関係企業、総会屋等その他これらに準ずる者又はその構成員（以下、総称して「反社会的勢力」という。）ではないこと
   (2) 自らの役員（取締役、執行役、執行役員、業務を執行する社員、監査役又はこれらに準ずる者をいう。）が反社会的勢力ではないこと
   (3) 反社会的勢力に自己の名義を利用させ、本契約を締結するものでないこと
   (4) 自ら又は第三者を利用して、本契約に関して相手方に対する脅迫的な言動又は暴力を用いる行為、又は偽計若しくは威力を用いて相手方の業務を妨害し、もしくは信用を毀損する行為をしないこと
2. 甲及び乙は、相手方が次の各号のいずれかに該当した場合には本契約を何らの催告を要しないで、直ちに解除することができる。
   (1) 前項第 1 号又は第 2 号の確約に反する申告ないし表明をしたことが判明した場合

(2)　前項第3号の確約に反し、本契約を締結したことが判明した場合

(3)　前項第4号の確約に反する行為をした場合

3.　前項の規定により、本契約が解除された場合には、解除された者は、その相手方に対し、相手方の被った損害を賠償する。

4.　第2項の規定により、本契約が解除された場合には、解除された者は、解除により生じた損害について、その相手方に対し一切の請求を行わない。

第15条（秘密情報の返還）  （P292参照）

1.　甲は、本契約の終了後●日以内に、乙が「秘密」として指定して提供した本ノウハウにかかる一切の資料（乙の承諾を得て複製したものを含む）を、乙に返還しなければならない。

2.　甲は、乙が書面で同意した場合に限り、甲において前項の資料の一切を破棄し、その証明書を乙に対し発行することで、前項による資料の返還に代えることができる。

第16条（在庫品の取扱い） （P292参照）

　本契約が終了した場合、甲は、直ちに許諾製品の製造を中止しなければならない。ただし、本契約終了時点で、甲が有する許諾製品の在庫に限り、甲は本契約終了後も販売することができる。

第17条（残存条項） （P292参照）

　本契約が終了した場合でも、第5条第2項及び第3項、第6条第2項、第15条、第16条、本条、第18条並びに第20条の規定は、引き続きその効力を有する。

第18条（準拠法） （P292参照）

　本契約は、日本法に準拠し、同法にしたがって解釈されるものとする。

第19条（協議解決） （P292参照）

　本契約に定めのない事項及び本契約の内容の解釈に疑義が生じた事項については、両当事者間で誠実に協議の上、これを解決するものとする。

第20条（専属的合意管轄） （P293参照）

　本契約に関する一切の紛争については、○○地方裁判所を第一審の専属的合意管轄裁判所とする。

　以上、本契約締結の証として、本契約書2通を作成し、甲及び乙が署名又は記名及び捺印のうえ、各1通を保有する。

　令和●年●月●日

7

甲　東京都●●区・・・
　　●●●●株式会社
　　代表取締役　　●●　●●　　　　　印

乙　東京都○○区・・・
　　株式会社○○○○
　　代表取締役　　○○　○○　　　　　印

●タイトル・表題

　今回取り上げたひな形では、「ライセンス契約書」というタイトルにしました。ライセンスは、実施許諾と言い換えられる例が多いので、例えば、「実施許諾契約書」というタイトルでもわかりやすくてよいと思います。

●収入印紙について

　特許権やノウハウ等の無体財産権については、譲渡に関する契約書は課税文書とされていますが、ライセンス（実施許諾）の契約書については課税されるとは考えられておりません（不課税文書と解されます）。

●第1条（定義）について

（P281 参照）

　前述したとおり、ライセンスの対象を特定しておくことが重要となります。今回は、特許とノウハウをライセンスするということを前提にしておりますので、それぞれ定義をすることになります。

　特許の定義の仕方としては、特許の登録番号及び発明の名称等を利用し、ノウハウについては概要等によって、特定することになります。

　許諾特許等は、ライセンスする特許とノウハウを併せたものを指すものと考えており、許諾製品とは、ライセンスによって製造及び販売する目的となる対象製品を想定しています。

●第2条（実施権の許諾）について

（P281 参照）

　ここでは、非独占的な通常実施権（わかりやすくいえば利用権）を許諾する（認める）ものとしています。非独占的であるため、ライセンサーは、他の第三者にもライ

センスすることが可能です（契約違反にはなりません。）。

　なお、許諾を受けたライセンシーが、さらに第三者に再許諾することを禁止しています。当事者、とくにライセンサーとしてはそこまでを予定していないことが多いためです。

●第3条（部品等の提供、技術指導等）について

1. 技術指導等

　ノウハウといっても簡単に利用可能ではなく、技術指導等が必要になる場合が多くあります。ひな形においても、そのような場合を想定しており、ライセンシーから依頼があった場合には、技術指導を行う旨を規定しています。

2. 技術指導等の条件

　前記1.によって技術指導を行う場合の条件もあらかじめ定めておくことが望ましいです。ライセンシー（甲）の依頼に基づくものですので、費用の負担は、ライセンシーとしています。

●第4条（ロイヤルティ）について

1. 一時金（頭金）

　特許やノウハウをライセンスする対価のことをロイヤルティと呼びます。ライセンス料や実施料と呼ぶこともあります。ロイヤルティの定め方は色々ありますが、第1項のように、まず一時金を頭金として支払うという方法がとられる場合があります。

2. 特許のランニングロイヤルティ

　前記1.の一時金のほかに、ライセンス期間中の販売量に応じてロイヤルティを支払うという方法がとられることが多いです。一般にランニングロイヤルティと呼ばれます。

3. ノウハウのランニングロイヤルティ

　前記2.と同様にノウハウに関するランニングロイヤルティを定めています。

4. 総販売価格の算出方法

　ランニングロイヤルティを総販売価格をベースに算出しているものとしているため、この総販売価格の算出方法を疑義がないように定めています。

7

●第5条（ロイヤルティ監査）について

1. ライセンシーによる報告書の提出

　第4条で述べたように総販売価格をベースにロイヤルティの金額が決まりますが、それをライセンサーがチェックできるように、具体的な報告書を提出させる旨の規定をおいています。

2. ライセンサーによるチェック

　ライセンサーによりチェック（監査）を行う旨の具体的な規定となります。監査は、ライセンサーの希望で行われるため原則としてその費用はライセンサーの負担としていますが、監査の結果、金額の誤りが10%以上であった場合には、ライセンシーの負担とする旨を定めています。この費用負担の規定も、ライセンシーによる報告の正確性を事実上担保・促進するものといえるでしょう。その意味では、「10%」という数字をより小さくした方が効果が大きいといえます。

3. ペナルティの支払い

　ライセンシーによる報告に誤りがあった場合、具体的には少なく報告された場合には、ペナルティとして、通常のロイヤルティ料率の1.5倍の料率を乗じた金額を支払う旨を定めています。この規定は、ライセンシーによる報告の正確性を事実上担保・促進するものといえます。その意味では「1.5」という数字をより大きくした方が効果が大きいといえます。

●第6条（許諾特許の有効性）について

1. 無効事由の不存在

　特許は、無効とされる場合がありますが、そのような無効事由が存在しないことを保証するかしないかという問題があります。ライセンサーとしては、無効事由は存在しないと考えてはいるものの、保証まではしたくないというのが実際です（100%の確信を得ることは不可能です）。ひな形でも、無効事由の不存在につき保証しない旨を明記しています。

2. 無効となった場合の処理

　仮に無効となった場合に、そもそも対価を払って使わせてもらうようなものではなかったという意味におて、ロイヤルティを遡って全て返還しなければならないの

かということが問題になりえます。その結論になってしまうのは、あまりに不合理ですので（ライセンサーにとって酷）、あらかじめ紛争を予防するためにも、契約が終了すること、無効が確定した以後のロイヤルティは発生しないこと、ロイヤルティの一定割合を返還することによって処理することと規定しています。

●第7条（第三者の権利との関係）について

（P282参照）

1. 権利侵害の不存在

　ライセンサーとしては、対象となる特許やノウハウの実施（利用）が第三者の権利を侵害することはないと考えてはいるものの、保証まではしたくないというのが実際です（100%の確信を得ることは不可能です）。ひな形でも、権利侵害の不存在につき保証しない旨を明記しています。

2. 第三者の権利侵害事実の通知

　ライセンシーが権利侵害の事実を知った場合には、ライセンサーにその旨を通知する旨を定めています。

3. 通知を受けたライセンサーの対応

　ライセンサーは、前記2.のライセンシーからの通知を受けた場合に、自己の責任において、紛争を解決することとしています。結局のところ、もともとの権利者はライセンサーなので、ライセンサーが処理するというのが合理的といえるでしょう。

7

●第8条（第三者による権利侵害）について

（P283参照）

1. 第三者による権利侵害事実の報告

　第7条とは逆に、第三者がライセンスを受けた特許やノウハウ等に関して権利を侵害している場合において、ライセンシーからライセンサーへ報告することを規定しています。

2. ライセンサーの対応

　前記1.の報告を受けた場合のほか、自ら権利侵害の事実を把握した場合には、侵害を排除する措置に努める旨を規定しています。実際に、警告書を送るのかどうか、訴訟まで行うのかどうかというのは、被害の大きさやコスト等を考慮した上で判断する必要があり、一概に決められないため、「努力を払う」という表現にとどめています。

●第9条（秘密保持）について

重要度 **C**
(P283参照)

1. 秘密保持義務

　契約を締結して取引を行うと、相互に自社の情報を開示することがあります。その情報は、外部に出ても問題ない情報だけではないことは容易に想像がつくと思います。そのため、お互いに開示した情報は、外部（第三者）に開示しないこと、目的外に使用しないことを約束をするということが一般的に行われています。その場合にも、上記ひな形のように、もともと守秘義務を負う専門家等に開示する必要性は生じる場合もありますので、その場合には、秘密保持義務を負わせることを条件として開示可能とする例外規定も設けています。また、行政機関や裁判所から法令に基づいて照会を求められることもありますので、その場合においても開示することができる例外規定をおいています。

　なお、本体の契約書の中に条項として盛り込む方法のほか、7-1節のように本体の契約書とは別に秘密保持契約を結ぶこともよく行われています。

2. 適用除外の情報

　上記1.のとおり開示された情報は原則として秘密保持義務の対象となりますが、もともと自己が有していた情報であったり、既に公に知られている情報等であれば、秘密保持義務の対象とする合理性はありません。そのため、適用を除外する情報を列挙して明示しておくことが通常です。

●第10条（改良技術）について

重要度 **B**
(P283参照)

　本契約を締結した際の特許やノウハウを改良した技術をライセンシー側が開発することがあります。その場合は、ライセンサー側もその改良技術を使いたいという希望が出るのは想像に容易いといえます。そこで、このような場合を想定して、ライセンサーが改良技術の実施を希望した場合には、ロイヤルティを支払って許諾を受けられる旨を定めています。

●第11条（開発制限）について

重要度 **B**
(P283参照)

　第10条と関連性がありますが、そもそも、特許やノウハウをライセンスした理由は、目的となる製品を製造販売するためであって、新たな技術の開発のためではありません。ライセンサーとしては、ライセンスした特許やノウハウが第三者のもとで発生することを望むものではありません。そのため、このような技術開発を制限する旨の規定をおいています。

●第12条（有効期間）について

（P284 参照）

　一定の期間、契約が継続する継続的契約の場合には、いつからいつまでの間、契約を有効とするのかについて条項を設ける必要があります。ひな形では定めていませんが、自動更新条項を設けることも考えられます。

●第13条（解除）について

（P284 参照）

1. 解除①ー無催告解除

　民法上も、相手方が義務の履行を遅滞している場合や、その履行が不能になった場合等に、契約を解除することができますが、契約書においては、これら以外の事由の場合にも、解除する動機と合理性を見出すことができるため、あらかじめ条項化しておくことが通常となります。

　例えば、上記の例のように、相手方が監督官庁から処分を下されたときや、資産状態や信用状態が悪化したとき等が挙げられます。このようなときは、待ったなしで、一刻も早く解除できる方が有利ですし、そもそも、是正を求めることも非現実的です。そのため、相手方に催告することなく（無催告で）、解除できる旨を定めています。

　なお、1-3節（P31）も参照してください。

2. 解除②ー催告解除

　上記1.のような無催告の解除のケースではなく、契約上の義務に違反した場合において、是正を求めて、それでも違反状態が是正されないときは解除できる旨を定めています。

　仮に、このような契約上の義務に違反した場合にでも、待ったなしで解除できるようにする場合には、上記1.の中に、「本契約に定められた条項に違反したとき」という条項を設けることになります。

　なお、1-3節（P32）も参照してください。

3. 解除時の損害賠償

　解除に伴う損害の賠償義務を確認する条項です。

●第14条（反社会的勢力の排除）について

（P284 参照）

　暴力団等の反社会的勢力の排除に関する上記のような条項を契約に盛り込むことは、政府の指針や各都道府県の暴力団排除条例に沿うものであり、自社を守る上でも非常に重要です。

7

●第15条（秘密情報の返還）について

（P285参照）

1. 秘密情報の返還

提供された秘密情報について、契約終了に伴い、これらは不要となり、ライセンサーとしては返還を希望するのが通常ですので、ライセンシーの返還義務を規定しています。

2. 返還に代わる破棄

返還ではなく、ライセンサーが希望した場合には破棄で足りるという方法を規定しておくことも一般的です。ひな形でも、このような方法もとれるようにしています。

●第16条（在庫品の取扱い）について

（P285参照）

契約が終了した時点で製造を中止するのは合理的ですが、在庫商品が残っている場合があります。この在庫商品については、例外的に契約終了後も販売できる旨を規定しています。

●第17条（残存条項）について

（P285参照）

契約が解除や期間満了等により終了した場合、契約で定められた条項は効力を持たないのが原則となりますが、終了後においても引き続き効力を維持させることが望ましい場合があります。例えば、秘密保持に関する条項であったり、後述する専属的合意管轄に関する条項です。このような場合に備えて、あらかじめ契約が終了した場合であっても、効力が維持される旨を定めておく場合があります。

●第18条（準拠法）について

（P285参照）

準拠法というのは、どの国の法律に従って契約を解釈するのかという問題です。当事者の一方が海外法人であったり、権利行使や義務履行が海外で行われるような国際的な取引の場合には、必須といえるでしょう。

●第19条（協議解決）について

（P285参照）

誠実協議条項とも呼ばれます。ただし、この条項を設けたからといって、特別な意味が生じるとはいえません。紛争が生じた場合には、最終的に裁判等の手続によって解決を求めることになります。

●第20条（専属的合意管轄）について

一般的には、被告とする相手方の所在地や民事訴訟法所定の地を管轄する裁判所に訴訟を提起することになるのですが（民事訴訟法4条以下）、当事者は、第一審に限り、合意によって、管轄裁判所を定めることができます（民事訴訟法11条）。

法定の管轄裁判所に付加的に管轄裁判所を合意したものではなく、ここの裁判所のみ、という趣旨で合意したことを示すために「**専属的合意**」という表現を用いることになります。

 立場に応じた攻め方・守り方（ひな形の修正）

●ライセンシーの立場から

1. 独占的な通常実施権の許諾

ライセンシーとしては、自社に対してのみライセンスをしてもらい、独占的に対象となる特許やノウハウを使って製品を製造販売したいと考える場合があります。その場合には、以下の例のように、独占的な通常実施権の許諾を希望するということが考えられます。なお、非独占的なものから独占的なものにすると、ライセンサーとしてのデメリットは増えますので、その分ロイヤルティの増額等の交渉にリンクすることになるといえるでしょう。

【ひな形－第2条の修正例】

> 第2条（実施権の許諾）
> 乙は、甲に対し、許諾特許等に基づき、許諾製品を日本において製造及び販売するための非独占的な通常実施権を許諾する。なお、甲は、第三者に対し、実施権を再許諾してはならない。

7

> 第2条（実施権の許諾）
> 乙は、甲に対し、許諾特許等に基づき、許諾製品を日本において製造及び販売するための独占的な通常実施権を許諾する。なお、甲は、第三者に対し、実施権を再許諾してはならない。

2. 最恵待遇

　仮に、非独占的な通常実施権でライセンス契約を締結した場合に、ライセンサーが第三者との間で同様のライセンス契約を有利な条件で締結された場合には、自社の競争力に影響が及びます。そのような場合には、自社とのライセンス契約についても、当該有利な条件に引き直すことができるようにするための追加条項例です。

【ひな形－第〇条の追加例】

> **第〇条（最恵待遇）**
> 　乙が、本契約締結後に、許諾特許等に関して、甲以外の第三者との間でライセンス契約を締結した場合、乙は直ちにその内容を甲に通知し、当該ライセンス契約の内容が本契約よりも有利な条件であるときは、本契約の当該条件を当該ライセンスと同等の内容に変更する。

●ライセンサーの立場から

・ミニマムロイヤルティ

　ひな形では、仮に第4条第2項及び第3項の総販売価格が僅少の場合には、ロイヤルティは発生しないことになります。ライセンサーとしては、仮に販売実績が悪いとしても、ライセンスをしていることに変わりはなく、少なくとも一定の対価を得たいという希望があることも考えられます。

　以下の例は、そのような希望にそくして、最低額の保証を**ミニマムロイヤルティ**として定めて、ライセンシーが支払うものとする追加の条項例です。

【ひな形－第〇条の追加例】

> **第〇条（ミニマムロイヤルティ）**
> 　ロイヤルティの最低支払額（以下「ミニマムロイヤルティ」という。）は、各年度●円とする。第4条第2項及び第3項に基づき当該年度に発生したロイヤルティ（以下「当該ロイヤルティ」という。）がミニマムロイヤルティの額に達しないときは、甲は、乙に対し、当該ロイヤルティに加えて、ミニマムロイヤルティと当該ロイヤルティとの差額を支払う。

第8章 多数の人と契約する場合の定型約款

1 定型約款のキホンは？

新たに、消費者に向けた会員制のオンラインサービスの事業化が進んでいる。ユーザー利用約款をドラフトしてほしい

契約書でなくて、約款ということですね。承知しました！（確か、民法でルールが設けられたはず、そのあたりからチェックしよう！）

疑問 定型約款ってそもそも何？

　例えば、ソフトウェアやクラウド、アプリケーションなどのオンラインサービスを利用する際に、利用約款が用いられることがあります。

　改正前の民法では、このような約款のための規定は特別設けておりませんでしたが、現代社会においては、約款での取引は大量に行われており、仮にその大量の取引について約款を使用せずに、1つ1つ条項をやりとりして合意を得ていかなければならないというのはあまりに現実を無視した意見であり、約款による取引を認める必要性も顕著なものといえます。

　そうすると、約款の内容をすべて確認していないにもかかわらず、その内容に当事者が拘束される根拠を明確におくことや、内容の適正化を図るために、どのような場合に合意が成立したものとするのか又はしないのか、手続はどうするのかという点のルールを設けることが重要となります（ルールを明確にすることで安心して当事者が取引できるという側面）。

　そこで、改正民法では、約款に関する新しいルールを明文で定めました。その新しいルールが適用される約款の範囲として「定型約款」としており、その定義を「定型取引において、契約の内容とすることを目的としてその特定の者により準備された条項の総体」としています（民法548条の2第1項本文）。

　ここでいう"定型取引"とは、ある特定の者が不特定多数の者を相手方として行う取引であって、その内容の全部又は一部が画一的であることがその双方にとって合理的なものを指すとされています（民法548条の2第1項本文）。

つまるところ、定型約款とは、

①ある特定の者が不特定多数の者を相手方として行う取引
②その内容の全部又は一部が画一的であることがその双方にとって合理的な取引
③その取引において、契約の内容とすることを目的としてその特定の者により
　準備された条項の総体

ということになります。

　例えば、労働契約のひな形は相手方の個性に着目するものなので①に該当しないと考えられます。BtoB取引のひな形はどうでしょうか。もちろんケースバイケースですが、製品の原材料の供給契約は画一的であることが双方にとって合理的とはいえないので②に該当しないと考えられますが、他方で、金融機関の預金に関する約款や、ソフトウェアに関する利用約款などは、事業者かどうかを問わずに画一的なものとして締結されるものなので②に該当すると考えられます。BtoC取引における約款は定型約款に該当する場合が多いと考えられます。

　なお、約款のうち、上記「定型約款」に該当しないものは、新しいルールは適用されないものの、民法の他の規定の適用が妨げられるものではありません。

基本　民法の基本ルールをおさえる

　まず、民法は、「定型約款」の合意が成立する（みなされる）要件を2通り定めています（民法548条の2第1号・第2号）。

　1つは、「定型約款を契約の内容とする旨の合意をしたとき」です。約款の個別の条項の内容を認識していなかったとしても（認識していない方が通常多い。）、契約の内容について特定の約款による、ということを合意している場合には、定型約款の個別の条項についても合意をしたものとみなすこととされています。

　もう1つは、「定型約款を準備した者があらかじめその定型約款を契約の内容とする旨を相手方に表示していたとき」です。定型約款準備者が、準備した定型約款を契約の内容とする、とあらかじめ表示していた場合に、実際にその取引を行ったのであれば当事者においてその旨の黙示の合意があったと考えられるところですが、黙示の合意があったかどうかを都度認定していくのは困難でありますし、不安定であるがゆえに取引自体を敬遠してしまうおそれもありますので、このような場合には個別の条項についても合意があったものとみなすというルールになっています。

8

以上のとおり、民法では、定型約款の内容それ自体を表示することは、定型約款の合意がみなされる要件としては定めておりません。

　もっとも、取引前に、自らを拘束されうる定型約款の内容を確認する機会を与えること、そして、取引後にも、自ら取引当事者である以上、相手方に定型約款の内容を確認する機会を与えることは不可欠といえます。

　そこで、民法は、取引合意前又は取引合意後相当期間内に、相手方から請求があった場合の表示義務を定め、遅滞なく、相当な方法でその定型約款の内容を示さなければならないものとされています（民法548条の3第1項本文）。ただし、表示の負担が過大になることも懸念されるため、定型約款準備者が既に相手方に対して定型約款を記載した書面を交付し、又はこれを記録した電磁的記録を提供していた場合には、すでに表示が果たされているといえるため、上記相手方からの請求があったとしても、表示しなくてよいものとしました（民法548条の3第1項ただし書）。

　この表示義務を前提とすると、仮に、取引合意の前に相手方から請求がなされたにもかかわらず、定型約款準備者がこれを拒んだ場合にまで、第548条の2を適用し、相手方が定型約款の個別の条項に合意したとみなされてしまうのは不合理です。そこで、民法は、取引合意の前の表示義務に違反した場合には、定型約款の個別の条項についての合意はみなされないものと定めています（民法548条の3第2項本文）。もっとも、表示義務違反につき、一時的な通信障害等の正当な事由がある場合は除くとされています（第2項ただし書）。

　その他、民法は、定型約款を変更するための実体的要件と手続的要件を定めています。

　法令や経済状況が変わるなど、特に時代の変化が激しい中で、定型約款を利用して取引が成立した後に、その取引継続中に、当該定型約款の内容を変更するというニーズが生ずることが容易に想定されます。実際に、日頃利用しているソフトウェアサービスやアプリケーションの約款などは高頻度で約款の変更が行われることも少なくありません。

　本来、このような約款の変更は、契約内容の変更になりますので、契約の相手方の同意が必要です。しかしながら、約款というのは、不特定多数の者と大量に取引をするために用いられるものであるため、仮に同意を得なければ変更ができないとなると、相手方の同意を得るのに途方もない時間や労力の負担を強いられることになってしまいます。

　そこで、民法は、相手方の同意を得なくても定型約款を変更することによって契

約の内容を変更することができるというルールを定めています。そのルールの中身としては、実体的要件と手続的要件があります。

　実体的な要件としては、①定型約款の変更が、相手方の一般の利益に適合するとき、又は②定型約款の変更が、契約をした目的に反せず、かつ、変更の必要性、変更後の内容の相当性、この条の規定により定型約款の変更をすることがある旨の定めの有無及びその内容その他の変更に係る事情に照らして合理的なものであるとき、のいずれかを満たす必要があります（民法548条の4第1項）。

　①については、相手方の利益に適うということで、仮に同意を得ようとすれば同意することが通常想定されることがその理由です。②については、相手方の利益に適う変更でない場合であっても、契約目的に反せず、変更が合理的なものであるといえる場合には同意を経ない変更を許容しうると考えられるからです。

　また、手続的要件として、「その効力発生時期を定め、かつ、定型約款を変更する旨及び変更後の定型約款の内容並びにその効力発生時期をインターネットの利用その他の適切な方法により周知しなければならない」としたうえで（民法548条の4第2項）、さらに、上記②の規定による変更の場合には相手方の利益に適うときよりも事前の手続的保護を必要とするため、「効力発生時期が到来するまでに同項の規定による周知をしなければ、その効力を生じない」こととされています（民法548条の4第3項）。

 ## 定型約款作成における留意点

　主なルールは前述したとおりですが、定型約款を作成にあたってその内容に注意しなければならないことがあります。

　すなわち、定型約款の個別の条項の合意がみなされるというルールを設けるにあたり、その条項の内容を認識していなかったが故に、自己に不利益な条項の効力に関する紛争が生じることが想定されます。

　そこで、民法は、「相手方の権利を制限し、又は相手方の義務を加重する条項であって、その定型取引の態様及びその実情並びに取引上の社会通念に照らして第1条第2項に規定する基本原則に反して相手方の利益を一方的に害すると認められる」条項については、合意をしなかったものとみなすというルールを定めています（民法548条の2第2項）。

　したがって、定型約款を作成する際には、このルールにより合意をしなかったものとみなされないように注意しなければなりません。例えば、相手方に過大な違約罰

を追わせる条項であったり、定型約款準備者の故意又は重過失による損害賠償責任を免責する条項については、内容自体に強い不当性が認められると考えられますし、想定外の別の商品の購入を義務付ける条項などは、不当な不意打ち的要素があると考えられ、いずれも合意をしなかったものとみなされるリスクが高いといえます。

2 定型約款の条項

例の利用約款できたかな？

一応、たたき台はできたのですが……必要な内容をカバーできているが不安です

疑問 定型約款にはどのような条項を定めるのか？

さて、法律のルールを前提に、いよいよ定型約款の内容を考えてみましょう。具体的に、どのような条項を定めればよいのでしょうか。

他の章でみた契約書の内容も実務では、その個別のケースに応じて内容が変わりますが、定型約款の内容も、それぞれの事業・サービスに合わせてバリエーションがあります。

もっとも、ある程度、共通的な要素は挙げられます。

例えば、消費者向けのインターネットサービスを例にとると、以下のような要素です。

8

【総論的要素】

- ・目的（サービス内容）
- ・定義
- ・通知
- ・非保証
- ・知的財産権
- ・損害賠償および免責
- ・委託
- ・個人情報
- ・権利義務の譲渡禁止

- ・反社会的勢力の排除
- ・規約の変更
- ・準拠法
- ・管轄裁判所

【各論的要素】
●契約の成立・会員登録
- ・契約の成立
- ・会員登録
- ・利用料金・利用にかかる費用
●利用上の注意事項
- ・ユーザー情報の管理
- ・ユーザー情報の変更
- ・利用条件その他の注意事項
- ・他事業者のサイト・サービス
- ・禁止行為
- ・会員／ユーザー情報の管理
●契約解除等
- ・契約解除等
- ・登録抹消
- ・退会
●サービスの停止、変更および終了
- ・サービスの停止
- ・サービスの変更、中止および終了

基本 定型約款のサンプル

　次ページ以降で、消費者向けのインターネットサービスを例にとって、ユーザー利用約款のひな形を確認してみたいと思います。

8

第1章　総則

第1条（目的）

（P311参照）

　本規約は、株式会社●●●●（以下「当社」といいます。）により、・・・（中略）・・・を提供する「●●●●」サービス（以下「本サービス」といいます。）の利用に関し、当社と本サービスの利用者（以下「ユーザー」といいます。）の間に適用されます。ユーザーは、本サービスの利用にあたり、本規約に同意したものとみなされます。

第2条（定義）

（P311参照）

　本規約において、次の各号に掲げる用語の意味は、当該各号に定めるとおりとします。

（1）本サイト

　　当社が本サービスを提供するために運営するウェブサイトをいいます。

（2）ユーザー情報

　　本サービスを利用する前提として入力することが求められる、当社が定めるユーザーに関する情報をいいます。

（3）会員

　　第5条に基づいて本サービスの会員としての登録手続が完了したユーザーをいいます。なお、本サービスのうち会員向けのものについては、会員のみに提供されるものとします（会員登録については第5条参照）。

（4）会員情報

　　会員が登録したユーザー情報および本サービス利用上に蓄積された情報をいいます。

第3条（通知）

（P312参照）

1　当社は、本サービスに関連して会員に通知をする場合には、本サイトに掲示する方法またはユーザー情報または会員情報として登録された電子メールアドレスに宛てて電子メールを送信する方法など、当社が適当と判断する方法で実施します。

2　前項に定める方法により行われた通知は、本サイトに掲示する方法の場合には通知内容が本サイトに掲示された時点に、電子メールを送信する方法の場合は当社が当該電子メールを発信した時点に、それぞれその効力を生じるものとします。

第2章　契約の成立・会員登録

第4条（本利用契約の成立）

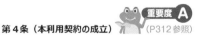

（P312参照）

1　本サービスを利用する契約（以下「本利用契約」といいます。）は、その利用を希望する者が、本

規約および個人情報の取り扱いの内容に同意し、ユーザー情報を入力した上で、当社が指定する方法で申込みを行い、これを当社が受諾した時点で成立するものとします。

2　未成年者が本サービスの利用を希望する場合には、法定代理人の同意が必要になります。未成年者が第1項のユーザー情報を入力した場合には、法定代理人の有無について当社から問い合わせを行う場合があります。

第5条（会員登録）　(P312参照)

1　本サービスのうち会員向けのサービスの提供を希望する者（以下「登録希望者」といいます。）は、本規約および当社が別途定める個人情報の取り扱いの内容に同意したうえで、当社が指定する方法で事前に会員登録をすることが必要となります。

2　登録希望者は、会員登録の申込にあたり、当社が指定する情報を当社に提供し、かつ、提供した当該情報が真実かつ正確であることを保証するものします。

3　当社は、当社の基準に従って、登録希望者からの申込みのなされた会員登録の可否を判断し、当社が登録を認める場合には、登録希望者に対して、本人確認用のメールを送信します。

4　会員登録の手続は、当社が送信した前項のメールに記載されたリンクにアクセスされたことをもって完了するものとします。なお、当該完了をもって、登録希望者が第2項において提供した情報のうち、Eメールアドレスおよびパスワードがログインに必要な情報（以下「ログイン情報」といいます。）となります。

5　当社は、登録希望者が、次の各号のいずれかの理由に該当する場合は、登録および再登録を拒否する場合があります。また、当社はその理由について一切開示義務を負いません。

① 当社に提供したユーザー情報の全部または一部に虚偽、誤記若しくは記載漏れがあった場合、または、第2項に違反し、若しくはそのおそれがあると当社が判断した場合

② 未成年者、成年被後見人、被保佐人または被補助人のいずれかであり、法定代理人、後見人、保佐人または補助人の同意等を得ていなかった場合

③ 登録希望者が会員登録をした場合、第23条第1項に違反することになると当社が判断した場合

④ 登録希望者が過去当社との間における契約に違反した者またはその関係者であると当社が判断した場合

⑤ 第13条第1項に定める措置を受けたことがある場合

⑥ その他、当社が登録を適当でないと判断した場合

第6条（利用料金および利用にかかる費用）　(P313参照)

1　会員は、別紙の定めに従い、本サービスの区分に応じた利用料金を当社に支払うものとします。

2　本サービスを利用するために必要となる通信費および通信機器等は、ユーザーの負担と責任により準備するものとします。ただし、ユーザーの使用する通信機器等において、本サービスおよび本サイトが正常に動作することを保証するものではありません。

8

第７条（ユーザー情報および会員情報の管理）

重要度 A （P313参照）

1　ユーザーは、本サービスの利用申込みの際に入力したメールアドレスその他のユーザー情報を自己の責任において厳重に管理するものとし、これらを用いてなされた一切の行為についてその責任を負います。ただし、当社に故意または重過失が認められる場合には、第 19 条第 1 項の規定に基づき損害を賠償します。

2　ユーザーは、自らのユーザー情報を以って他人に本サービスを利用させてはいけません。

3　前 2 項は会員の会員情報についても準用し、会員は、会員情報について前 2 項と同じ義務を負うものとします。

第８条（ユーザー情報および会員情報の変更）

重要度 B （P313参照）

1　ユーザーは、本サービスの利用申込みの際に入力した情報その他当社に通知しているユーザー情報に変更が生じた場合には、当社が指定する方法により速やかに届出を行います。当社は、当該届出がなされなかったことによりユーザーに生じた損害について一切の責任を負いません。ただし、当社に故意または重過失が認められる場合には、第 19 条第 1 項の規定に基づき損害を賠償します。

2　前項は会員の会員情報についても準用し、会員は、会員情報について前項と同じ義務を負うものとします。

第９条（利用条件その他の注意事項）

重要度 B （P313参照）

ユーザーは、次の各号に定めるほか、当社が指定する本サービスの利用条件に従うものとします。

（1）ユーザー情報および会員情報の入力等に関して

①　ユーザーないし会員の責任において、正確なメールアドレスその他のユーザー情報ないし会員情報を入力しなければなりません。当社は、メールアドレスその他のユーザー情報ないし会員情報が誤って入力されたことによってユーザーに生じた損害について一切の責任を負いません。ただし、当社に故意または重過失が認められる場合には、第 19 条第 1 項の規定に基づき損害を賠償します。

②　会員の責任において、会員情報が常に最新で、真実かつ正確なものであることを維持しなければなりません。当社は、会員情報が最新のものではなく、または誤りがあったことによって会員に生じた損害について一切の責任を負いません。ただし、当社に故意または重過失が認められる場合には、第 19 条第 1 項の規定に基づき損害を賠償します。

（2）ログイン情報の管理

①　会員は、自己の責任において、ログイン情報を厳重に管理するものとし、これを第三者に利用させ、または貸与、譲渡、売買等をしてはならないものとします。

②　ログイン情報の管理不十分、使用上の過誤または第三者の利用等によって生じた損害その他一切の責任は、会員が負うものとし、ログイン情報の管理に関して当社は一切責任を負いません。た

だし、当社に故意または重過失が認められる場合には、第19条第1項の規定に基づき損害を賠償します。

③ ログイン情報を失念した場合には、氏名およびメールアドレス等によって本人確認がとれたときに限り、ログイン情報を変更することができます。仮に本人確認ができないと当社が判断した場合には、会員は、ログイン情報の開示を得ることはできず、再登録を申請しなければなりません。なお、再登録の場合には、従前の会員情報にはアクセスできません。

第10条（他事業者のサイト・サービス） （P314参照）

1 本サービスに関連して、当社以外の第三者により運営されるウェブサイトまたはウェブサービス（以下「第三者サイト・サービス」といいます。）について、ユーザーは、自己の責任において、第三者サイト・サービスを利用するものとし、当社は、ユーザーによる第三者サイト・サービスの利用およびその結果について一切の責任を負いません。

2 ユーザーは、第三者サイト・サービスの利用について、ユーザーと当該第三者サイト・サービスの運営事業者との間の権利義務を定めた規約その他の定めに従うものとします。

第11条（禁止行為） （P314参照）

ユーザーは、本サービスに関連して、次の各号に定める行為を行ってはいけません。

（1）当社に対して虚偽の申告をする行為

（2）本利用契約に基づき当社から提供された本サイトを含む情報および役務を本サービスの目的以外のために使用する行為

（3）当社もしくは第三者の財産（知的財産権を含む。）、プライバシーもしくは信用等を侵害する行為または侵害するおそれのある行為

（4）前号以外で当社もしくは第三者の利益を不法に侵害する行為または侵害するおそれのある行為

（5）法令に違反し、もしくは公序良俗に反する行為またはそのおそれのある行為

（6）コンピュータウイルスなどの有害なプログラムを使用し、もしくは送信する行為、またはそのおそれのある行為

（7）前号に定めるものの他、不正アクセス行為等当社による業務の遂行、本サービスの実施もしくは当社の電気通信設備に支障を及ぼし、またはそのおそれのある行為

8

第4章　契約解除等

第12条（当社による契約解除等） （P314参照）

1 当社は、ユーザーが次の各号の一つに該当した場合には、ユーザーに対して何らの通知催告をすることなく、本利用契約の一部または全部を解除し、または本サービスの提供を停止することができます。

（1）本規約に違反する行為を行った場合

（2）暴力団その他の反社会的勢力であると当社が合理的に判断した場合

（3）過去に当社との間で本条に基づく解除または提供停止の措置を受けたことが判明した場合

（4）ユーザーに対して回答を求める連絡に対して 30 日以上応答がない場合または所在不明または連絡不能となった場合

（5）その他、ユーザーとして不適当であると当社が合理的に判断した場合

2　前項に基づきユーザーが解除または提供停止の措置を受けた場合でも、当社は、一切の責任を負いません。

第13条（登録抹消）　（P314参照）

1　当社は、会員が前条第1項各号の一つに該当した場合には、前条第1項に基づき解除または提供停止の措置を講じることができるほか、会員登録を抹消することができます。

2　前項に基づき会員が登録抹消された場合、抹消後は会員サービスの提供を受けることはできず、それにより生じた損害につき当社は一切の責任を負いません。

第14条（会員による退会）　（P314参照）

1　会員は、当社が定める所定の方法により、退会をすることができます。

2　前項の退会手続が完了した場合、退会後は会員サービスの提供を受けることはできず、それにより生じた損害につき当社は一切の責任を負いません。

第5章　サービスの停止、変更および終了

第15条（本サービスの停止）　（P315参照）

1　当社は、次の各号のいずれかの事由が生じた場合には、本サービスの一部または全部を停止することができます。

（1）本サービスの提供にあたり必要なシステム、設備等に障害が発生し、またはメンテナンス、保守もしくは工事等が必要となった場合

（2）電気通信事業者が電気通信サービスの提供を中止するなど、当社以外の第三者の行為に起因して、本サービスの提供を行うことが困難になった場合

（3）非常事態（天災、戦争、テロ、暴動、騒乱、官の処分、労働争議等）の発生により、本サービスの提供が困難になった場合、または困難になる可能性のある場合

（4）第三者サイト・サービスが、当該第三者の事情により利用できなくなった場合

（5）法令規制、行政命令等により、本サービスの提供が困難になった場合

（6）その他、当社の責めに帰することができない事由により、当社が必要やむを得ないと判断した場合

2　当社は、前項に基づいて本サービスを停止したことによりユーザーまたは第三者に損害が発生した場合でも、一切の責任を負いません。

第16条（サービスの変更、中止および終了） （P315参照）

1　当社は、事前に会員に通知をしたうえで、本サービスの一部もしくは全部の内容を変更、中止または終了することができます。ただし、変更、中止または終了の内容が重大でない場合には、通知をすることとなくこれらを実施することができます。

2　当社は、前項に基づいて本サービスを変更、中止または終了したことにより会員に損害が発生した場合でも、一切の責任を負いません。

第6章　一般条項

第17条（非保証） （P315参照）

　当社は、本サービスが推奨環境において機能するように合理的な最大限の努力を行います。ただし、当社は、本サービスを通じて当社が提供し、または会員が取得した情報が正確性、正当性、有用性、完全性等を有することを保証するものではありません。

第18条（知的財産権） （P315参照）

　本サービスに関する著作権、著作者人格権、特許権、意匠権、商標権およびパブリシティ権等の知的財産権は当社および正当な権利者たる第三者に帰属し、本利用契約の成立は、本サービスの利用に必要な範囲を超える知的財産権の利用許諾を意味するものではありません。

第19条（損害賠償および免責） （P315参照）

1　当社は、本サービスに関してユーザーに生じた損害について、当社に故意または重過失が認められる場合にはそれにより現実に発生した直接かつ通常の損害を賠償し、それ以外の場合についてはその責任を負いません。

2　本サービスに関してユーザーと第三者との間に紛争が生じた場合、ユーザーは自己の責任と費用で解決するものとし、当社に何ら迷惑をかけず、またこれにより当社が被った損害（弁護士費用を含みます。）を補償します。

第20条（委託） （P316参照）

　当社は、本サービスに関する業務の一部または全部を第三者に委託することができるものとします。

第21条（個人情報） （P316参照）

　個人情報の取り扱いについては、「●●●● プライバシーポリシー」に定めるとおりとします。

第22条（権利義務の譲渡禁止）
（P316参照）

ユーザーは、当社の事前の承諾を得ることなく、本利用契約に基づく権利義務を第三者に譲渡し、または承継させてはならないものとします。

第23条（反社会的勢力の排除）
（P316参照）

1 ユーザーおよび会員は、当社に対し、次の各号に掲げる事項を確約するものとします。

① 自ら（法人の場合は、代表者、役員、従業員（雇用形態を問わない。）および株主等を含みます。以下同じ。）が、暴力団、暴力団員、暴力団員でなくなった時から5年を経過していない者、暴力団準構成員、暴力団関係企業、総会屋等その他これらに準ずる者若しくはその構成員（以下、総称して「反社会的勢力」といいます。）ではないこと

② 自らの親族が反社会的勢力ではないこと

③ 反社会的勢力に自己の名義を利用させ、本利用契約の締結および会員登録（以下、総称して「会員登録等」といいます。）するものでないこと

④ 自らまたは第三者を利用して、会員登録等に関して、当社に対する脅迫的な言動もしくは暴力を用いる行為、または偽計もしくは威力を用いて当社の業務を妨害し、もしくは信用を毀損する行為をしないこと

2 当社は、ユーザーまたは会員が次の各号のいずれかに該当した場合には、何らの催告を要しないで、直ちに、本利用契約の解除および会員登録の抹消をすることができるものとします。

① 前項第1号または第2号の確約に反する申告ないし表明をしたことが判明した場合

② 前項第3号の確約に反し、会員登録等したことが判明した場合

③ 前項第4号の確約に反する行為をした場合

3 前項の規定により、本利用契約の解除または会員登録の抹消をされた場合には、ユーザーまたは会員は、当社に対し、当社の被った損害を賠償しなければなりません。

4 第2項の規定により、本利用契約の解除または会員登録の抹消をされた場合には、当社は、解除によりユーザーまたは会員に生じた損害について、賠償する義務を負いません。

5 ユーザーまたは会員は、当社が第2項に関わる判断のために調査を要すると判断した場合、当社の求めに応じてその調査に協力（当社が要請した資料の提出を含みます。）しなければなりません。

第24条（規約の変更）
（P316参照）

1 当社は、以下の各号のいずれかに該当する場合、本規約を変更することができます。

① 本規約の変更が、申込者の一般の利益に適合する場合

② 本規約の変更が、本規約による合意をした目的に反せず、かつ、変更の必要性、変更後の内容の相当性、および、その内容その他の変更に係る事情に照らして合理的なものである場合

2 当社は、本規約を変更する場合、効力発生日を定め、本規約を変更する旨および変更後の本規約の内容並びにその効力発生日を、メールその他の手段により、ユーザーおよび会員に対して周知させるものとします。この周知は、前項第2号に基づき本規約を変更する場合は、当該効力発生日まで

に行うものとします。

3　前項に定める効力発生日が到来した時点で、本規約が変更され、ユーザーおよび会員との間の本利用契約その他当社とユーザーおよび会員との権利義務関係の内容は変更後の規約によるものとします。

第25条（準拠法、管轄裁判所）　　　（P317参照）

1　本規約および本利用契約は、日本法によって解釈され、日本法を準拠法とします。

2　本規約または本利用契約に関してユーザーと当社の間に紛争が生じた場合には、訴額に応じ、東京地方裁判所または東京簡易裁判所を第一審の専属的合意管轄裁判所とします。

附則

●●●●年●月●日　制定・施行

●●●●年●月●日　改定・施行

●**タイトル・表題**

　今回取り上げたひな形では、サービス名称を掲げたうえでユーザー利用規約というタイトルを使っています。この点も、例えば「会員規約」等の名称でも問題ありません。

●**第1条（目的）について**　　（P304参照）

　ここでは、この規約が、ユーザーとの間に適用されるものであること、サービスの利用にあたっては規約への同意が前提となることを表明しています。

　適用されるサービス及びその概要については、ここで明確にすることを想定しています。

●**第2条（定義）について**　　　（P304参照）

　一般に規約においては、度々使われる単語が出てきますので、この規約においてどのような意味を持つのかを冒頭で定義することが、読みやすさの観点からも重要です。

　なお、ひな形においては、単なる"ユーザー"と、"会員"として登録したユーザーとを使い分けています。

8

いわゆるフリーミアムモデル、すなわち、会員登録（課金）しなくても無料で利用でき、一定のプレミアム機能を使う場合には会員登録をするというモデルを想定しています。

●第3条（通知）について

　会員に対する通知をする場合に、どのような方法によるのかを明示しています。多数の利用者がいる中で、常に全員に書面を送るということは現実的ではなく、メールその他の方法の利用を前提とするのが通常です。ここでは、サイト上に掲示（アップ）する方法又は電子メールを送信する方法を、原則としています。そして、それらの方法により通知がなされた場合の効力発生時期をあらかじめ明確にしています。

●第4条（本利用契約の成立）について

　サービス利用について、ユーザーひとりひとりに対して個別の契約が成立することになるわけですが、どの時点でその契約が成立するかを明示しています。ここでは、利用する際に、規約への同意・個人情報の取り扱い（プライバシーポリシー）への同意のステップを踏み、ユーザー情報を入力してもらうことを想定していますので、これらを経て申込みがなされ、当社が受諾した時点で契約成立としています。

　また、サービス提供者側からは、ユーザーが未成年者である場合であっても、逐一法定代理人の同意を確認できないため、法定代理人の同意が必要になることを注意的に明らかにしています。

●第5条（会員登録）について

　また、第2条のところで述べたとおり、このひな形においては、会員向けサービスも用意しているため、会員登録手続も設けています。

　会員向けのサービスを利用するためには、会員登録が必要であること（第1項）、登録のための情報が真実・正確であることの保証（第2項）、登録の可否の判断を当社が行うこと及びその手続（第3項）、会員登録の完了時期とログイン情報（第4項）を定めています。

　また、登録を拒否する理由を例示として明らかにしています（第5項）。

　例えば、登録のための情報が真実でなかったり、不正確である場合（第1号）、未成年者等であるにもかかわらず法定代理人の同意を得ていない場合（第2号）、反社会的勢力の排除の規定に違反するとうがかわれる場合（第3号）、過去に契約違反等が

312

あったと判断される場合（第4号）、登録抹消措置を受けたことがある場合（第5号）などです。

利用規約においては、登録を拒否した場合に理由の開示を行うものではありませんが、実際のユーザー対応を踏まえると、例示を設けておくことは合理的と考えられます。

●第6条（利用料金および利用にかかる費用）について

ひな形は、会員については利用料金が発生することを想定していますので、別紙をもって定めることを規定しています。

また、例えば、インターネットサービスの場合に、サイトを閲覧するための通信費用や端末費用について、ユーザーが負担するということを確認しています。また、あらゆる通信端末で動作することを必ずしも保証できないため、この点についても明示しています。

●第7条（ユーザー情報および会員情報の管理）について

ユーザー情報自体は各ユーザーで管理することが前提となりますので、その点を明らかにしています。なお、第1項ただし書については後記第19条の項をご参照ください。

また、他人にユーザー情報を貸し出してサービス利用させることも禁止しています。

さらに、ユーザー情報と同様に会員情報についても、同じルールを適用することとしています。

8

●第8条（ユーザー情報および会員情報の変更）について

ユーザー情報や会員情報が変わった場合についても、サービス提供会社側ではわからないため、自ら届出をしてもらうことを規定しています。なお、第1項ただし書については後記第19条の項をご参照ください。

また、ユーザー情報と同様に会員情報についても、同じルールを適用することとしています。

●第9条（利用条件その他の注意事項）について

これまでにも触れたユーザー情報や会員情報の入力・管理に関して、再度、具体

的に規定を設けています。なお、第1号①・②及び第2号②の各ただし書については、後記第19条の項をご参照ください。

●第10条（他事業者のサイト・サービス）について

インターネットサービスは、そのサイトから他の事業者のサイトやサービスへ遷移することが可能かつ容易となっている場合が多いです。例えば、広告収入でサービスが運営されている場合、スポンサーとなる広告主のバナーが貼ってあり、クリックすると商品サイト等にジャンプする等です。

この遷移・ジャンプした先のサイトやサービスについては、他の事業者の責任下にありますので、原則としてサービス提供会社（当社）が責任を負わないことを規定しています。なお、第1項ただし書については後記第19条の項をご参照ください。

また、第2項に、その第三者のサイトやサービスについては、第三者が取り決めている利用規約に従うことになる旨を注意喚起として定めています。

●第11条（禁止行為）について

ユーザーに対して遵守してもらいたい事項を禁止行為として定めています。

●第12条（当社による契約解除等）について

一定の事由が生じた場合には、利用を停止する等の措置を講じなければならないことがあります。あらかじめ利用規約においてその一定の事由を明示しておくことは重要です。

違反行為があった場合（第1号）などはもちろんですが、所在不明・連絡不能といった事態（第4号）についても対処できるようにしておく必要があります。

●第13条（登録抹消）について

第12条で確認した措置以外に登録自体を抹消するという措置も定めています。

●第14条（会員による退会）について

また、サービス提供会社側からではなく、会員側から退会したいという申し出があることも当然想定されますので、その旨の規定と退会後にはもはやサービスは受けられなくなることを注意的に規定しています。

●第15条（本サービスの停止）について （P308参照）

　インターネットサービスは、非常事態（第1項第3号）のほかシステム障害等により利用ができなくなる場合（第1項第1号）も想定されます。こういう事態を想定して、あらかじめ本サービスの一部又は全部の停止をすることができる旨を規定しています。

●第16条（サービスの変更、中止および終了）について （P309参照）

　持続可能的にサービスを運営していくことを目指しつつも、将来的に、サービスを全部終了しなければならない場合も考えられますし、そこまで至らないとしても、大きく内容を変更したりすることも考えられますので、その旨の規定を設けています。

　原則として、会員に事前に通知することを要件としていますが、重大ではない場合にも事前通知を必須とすることは運営コストが大きくなってしまうため（結果的に会員の利益にもつながらないため）、通知なく実施できることを定めています。

●第17条（非保証）について （P309参照）

　本サービスが機能するよう最大限の努力をすることを宣言しています。なお、あくまでも努力であって、機能することを保証するものではないということになります。

　また、インターネットサービス上、様々な情報が掲載されることになりますが、それらの正確性、正当性、有用性、完全性等を有することも保証できないため、その旨も規定しています。

8

●第18条（知的財産権）について （P309参照）

　サービスに関連する知的財産権が、サービス提供会社や正当な権利者に帰属していることを明らかにしています。そして、あくまでもサービスを利用するにあたり、その知的財産権の利用をも認めているにすぎず、それ以外の利用許諾を意味しないことも明らかにしています。サービスの利用とは関係なく、知的財産権を利用してはいけないということになります。

●第19条（損害賠償および免責）について （P309参照）

　まず、ユーザーとサービス提供会社間の損害賠償義務についてですが、故意又は重過失が認められる場合には損害賠償をするけれども、それ以外の場合、すなわち、

（故意がなく）無過失又は軽過失の場合には免責としています。

　たまに、あらゆる場合にサービス提供会社の損害賠償義務を免責する旨の規定がおかれている場合もありますが、第1節で説明しましたとおり、民法で不当条項の規制が設けられていますので（民法548条の2）、条項が無効となるリスクを考えなければなりません。定型約款準備者の故意又は重過失による損害賠償責任を免責する条項については、内容自体に強い不当性が認められると考えられるため、この点は免責とすることは避けるべきです。

　また、以上に加え、消費者契約法との関係で注意を要します（後記【発展】の項参照）。

　なお、ひな形第2項は、ユーザーと第三者の間の紛争について、ユーザーが責任を持つべきであることを明確にしています。

●第20条（委託）について
（P309参照）

　インターネットサービスを提供するにあたっては、すべてを自社でまかなうことは少なく、様々な事業会社への業務の委託が想定されますので、念の為、その業務委託をできることを明らかにしています。

●第21条（個人情報）について
（P309参照）

　個人情報の取り扱いについては、別途プライバシーポリシーを設けて、利用規約では引用するというのが一般的です。

●第22条（権利義務の譲渡禁止）について
（P310参照）

　他の節でも度々登場してきた権利義務の譲渡禁止条項と同趣旨の規定を、利用規約でも定めています。

●第23条（反社会的勢力の排除）について
（P310参照）

　他の節でも度々登場してきた反社会的勢力の排除条項と同趣旨の規定を、利用規約でも定めています。

●第24条（規約の変更）について
（P310参照）

　第1節で、定型約款の変更に関する民法のルールを確認しました（民法548条の4）。このルールに沿って、ひな形でも変更手続に関する規定をおいています。

●第25条（準拠法、管轄裁判所）について

インターネットは、海外からも利用可能ですので、規約等が日本法によって解釈され、日本法を準拠法とすることを定めています。また、紛争解決手続に関しても、日本の裁判所を利用することを前提とし、他の節でも登場してきた管轄条項と同趣旨の規定を定めています。

 消費者等の立場を考える

利用約款は、他の節でみたような契約と違って、個々のユーザーと交渉して取り決めていくものではありません。一番はじめは、自社でサービス内容や様々なケースを想定して規定していくことになります。

既に確認しましたとおり、民法に定型約款に関するルールが存在しますので、そのルールに抵触しないようにすることはもちろんですが、BtoCサービスの場合には消費者契約法にも目配せする必要があります。

すなわち、消費者契約法では、消費者契約において次のような条項は原則として無効とするルールを設けています。

・債務不履行による損害賠償責任に関連する次のような条項

①事業者の<u>債務不履行</u>により消費者に生じた損害を賠償する<u>責任の全部を免除</u>し、又は<u>当該事業者にその責任の有無を決定する権限を付与</u>する条項（消費者契約法8条1項1号）

②事業者の<u>債務不履行（当該事業者、その代表者又はその使用する者の故意又は重大な過失によるものに限る。）</u>により消費者に生じた損害を賠償する<u>責任の一部を免除</u>し、又は<u>当該事業者にその責任の限度を決定する権限を付与</u>する条項（消費者契約法8条1項2号）

・不法行為による損害賠償責任に関連する次のような条項

③消費者契約における事業者の債務の履行に際してされた当該事業者の<u>不法行為</u>により消費者に生じた損害を賠償する<u>責任の全部を免除</u>し、又は<u>当該事業者にその責任の有無を決定する権限を付与</u>する条項（消費者契約法8条1項3号）

④消費者契約における事業者の債務の履行に際してされた当該事業者の<u>不法行為（当該事業者、その代表者又はその使用する者の故意又は重大な過失によるものに限る。）</u>により消費者に生じた損害を賠償する<u>責任の一部を免除</u>し、又は<u>当該事業</u>

8

者にその責任の限度を決定する権限を付与する条項（消費者契約法8条1項4号）

・解除権に関する次のような条項

⑤事業者の債務不履行により生じた消費者の解除権を放棄させ、又は当該事業者に
その解除権の有無を決定する権限を付与する消費者契約の条項（消費者契約法8
条の2）

⑥事業者に対し、消費者が後見開始、保佐開始又は補助開始の審判を受けたことの
みを理由とする解除権を付与する消費者契約（消費者が事業者に対し物品、権利、
役務その他の消費者契約の目的となるものを提供することとされているものを除
く。）の条項（消費者契約法8条の3）

・消費者が支払う損害賠償額の予定・違約金に関する次のような条項

⑦当該消費者契約の解除に伴う損害賠償の額を予定し、又は違約金を定める条項で
あって、これらを合算した額が、当該条項において設定された解除の事由、時期等
の区分に応じ、当該消費者契約と同種の消費者契約の解除に伴い当該事業者に生
ずべき平均的な損害の額を超えるもの（当該超える部分を無効）（消費者契約法9
条1号）

⑧当該消費者契約に基づき支払うべき金銭の全部又は一部を消費者が支払期日（支払
回数が二以上である場合には、それぞれの支払期日。以下この号において同じ。）ま
でに支払わない場合における損害賠償の額を予定し、又は違約金を定める条項で
あって、これらを合算した額が、支払期日の翌日からその支払をする日までの期間
について、その日数に応じ、当該支払期日に支払うべき額から当該支払期日に支払
うべき額のうち既に支払われた額を控除した額に年十四・六パーセントの割合を
乗じて計算した額を超えるもの（当該超える部分を無効）（消費者契約法9条2号）

・その他

⑨消費者の不作為をもって当該消費者が新たな消費者契約の申込み又はその承諾の
意思表示をしたものとみなす条項その他の法令中の公の秩序に関しない規定の適
用による場合に比して消費者の権利を制限し又は消費者の義務を加重する消費者
契約の条項であって、民法第一条第二項に規定する基本原則に反して消費者の利
益を一方的に害するもの

以上の消費者契約法のルールにも抵触しないように利用規約を作成する必要があります。

　また、法を遵守したうえで、よりユーザーにわかりやすいユーザーフレンドリーな規約を作るという観点も必要です。他社事例を参考にしたりすることもできますし、実際に運用を開始した後に、法的紛争とまでいかないトラブル・クレーム・問い合わせもでてきた場合に規約に反映させてアップデートしていくということ重要です。多くの利用規約の末尾をみると、改定履歴が記載されておりアップデートがなされていることが確認できると思います。

条文

民法548条の2 （定型約款の合意）

1　定型取引（ある特定の者が不特定多数の者を相手方として行う取引であって、その内容の全部又は一部が画一的であることがその双方にとって合理的なものをいう。以下同じ。）を行うことの合意（次条において「定型取引合意」という。）をした者は、次に掲げる場合には、定型約款（定型取引において、契約の内容とすることを目的としてその特定の者により準備された条項の総体をいう。以下同じ。）の個別の条項についても合意をしたものとみなす。
　① 定型約款を契約の内容とする旨の合意をしたとき。
　② 定型約款を準備した者（以下「定型約款準備者」という。）があらかじめその定型約款を契約の内容とする旨を相手方に表示していたとき。
2　前項の規定にかかわらず、同項の条項のうち、相手方の権利を制限し、又は相手方の義務を加重する条項であって、その定型取引の態様及びその実情並びに取引上の社会通念に照らして第1条第2項に規定する基本原則に反して相手方の利益を一方的に害すると認められるものについては、合意をしなかったものとみなす。

民法548条の4 （定型約款の変更）

1　定型約款準備者は、次に掲げる場合には、定型約款の変更をすることにより、変更後の定型約款の条項について合意があったものとみなし、個別に相手方と合意をすることなく契約の内容を変更することができる。
　① 定型約款の変更が、相手方の一般の利益に適合するとき。
　② 定型約款の変更が、契約をした目的に反せず、かつ、変更の必要性、変更後の内容の相当性、この条の規定により定型約款の変更をすることがある旨の定めの有無及びその内容その他の変更に係る事情に照らして合理的なものであるとき。
2　定型約款準備者は、前項の規定による定型約款の変更をするときは、その効力発生時期を定め、かつ、定型約款を変更する旨及び変更後の定型約款の内容並びにその効力発生時期をインターネットの利用その他の適切な方法により周知しなければならない。
3　第1項第2号の規定による定型約款の変更は、前項の効力発生時期が到来するまでに同項の規定による周知をしなければ、その効力を生じない。
4　第548条の2第2項の規定は、第1項の規定による定型約款の変更については、適用しない。

消費者契約法8条 （事業者の損害賠償の責任を免除する条項等の無効）

1　次に掲げる消費者契約の条項は、無効とする。
　① 事業者の債務不履行により消費者に生じた損害を賠償する責任の全部を免除し、又は当該事業者にその責任の有無を決定する権限を付与する条項
　② 事業者の債務不履行（当該事業者、その代表者又はその使用する者の故意又は重大な過失によるものに限る。）により消費者に生じた損害を賠償する責任の一部を免除し、又は当該事業者にその責任の限度を決定する権限を付与する条項

8

③ 消費者契約における事業者の債務の履行に際してされた当該事業者の不法行為により消費者に生じた損害を賠償する責任の全部を免除し、又は当該事業者にその責任の有無を決定する権限を付与する条項

④ 消費者契約における事業者の債務の履行に際してされた当該事業者の不法行為（当該事業者、その代表者又はその使用する者の故意又は重大な過失によるものに限る。）により消費者に生じた損害を賠償する責任の一部を免除し、又は当該事業者にその責任の限度を決定する権限を付与する条項

2 前項第１号又は第２号に掲げる条項のうち、消費者契約が有償契約である場合において、引き渡された目的物が種類又は品質に関して契約の内容に適合しないとき（当該消費者契約が請負契約である場合には、請負人が種類又は品質に関して契約の内容に適合しない仕事の目的物を注文者に引き渡したとき（その引渡しを要しない場合には、仕事が終了した時に仕事の目的物が種類又は品質に関して契約の内容に適合しないとき。）。以下この項において同じ。）に、これにより消費者に生じた損害を賠償する事業者の責任を免除し、又は当該事業者にその責任の有無若しくは限度を決定する権限を付与するものについては、次に掲げる場合に該当するときは、同項の規定は、適用しない。

① 当該消費者契約において、引き渡された目的物が種類又は品質に関して契約の内容に適合しないときに、当該事業者が履行の追完をする責任又は不適合の程度に応じた代金若しくは報酬の減額をする責任を負うこととされている場合

② 当該消費者と当該事業者の委託を受けた他の事業者との間の契約又は当該事業者と他の事業者との間の当該消費者のためにする契約で、当該消費者契約の締結に先立って又はこれと同時に締結されたものにおいて、引き渡された目的物が種類又は品質に関して契約の内容に適合しないときに、当該他の事業者が、その目的物が種類又は品質に関して契約の内容に適合しないことにより当該消費者に生じた損害を賠償する責任の全部若しくは一部を負い、又は履行の追完をする責任を負うこととされている場合

消費者契約法８条の２　（消費者の解除権を放棄させる条項等の無効）

事業者の債務不履行により生じた消費者の解除権を放棄させ、又は当該事業者にその解除権の有無を決定する権限を付与する消費者契約の条項は、無効とする。

消費者契約法８条の３　（事業者に対し後見開始の審判等による解除権を付与する条項の無効）

事業者に対し、消費者が後見開始、保佐開始又は補助開始の審判を受けたことのみを理由とする解除権を付与する消費者契約（消費者が事業者に対し物品、権利、役務その他の消費者契約の目的となるものを提供することとされているものを除く。）の条項は、無効とする。

消費者契約法９条　（消費者が支払う損害賠償の額を予定する条項等の無効）

次の各号に掲げる消費者契約の条項は、当該各号に定める部分について、無効とする。

① 当該消費者契約の解除に伴う損害賠償の額を予定し、又は違約金を定める条項であって、これらを合算した額が、当該条項において設定された解除の事由、時期等の区分に応じ、当該消費者契約と同種の消費者契約の解除に伴い当該事業者に生ずべき平均的な損害の額を超えるもの　当該超える部分

② 当該消費者契約に基づき支払うべき金銭の全部又は一部を消費者が支払期日（支払回数が２以上である場合には、それぞれの支払期日。以下この号において同じ。）までに支払わない場合における損害賠償の額を予定し、又は違約金を定める条項であって、これらを合算した額が、支払期日の翌日からその支払をする日までの期間について、その日数に応じ、当該支払期日に支払うべき額から当該支払期日に支払うべき額のうち既に支払われた額を控除した額に年14・6パーセントの割合を乗じて計算した額を超えるもの　当該超える部分

消費者契約法10条　（消費者の利益を一方的に害する条項の無効）

消費者の不作為をもって当該消費者が新たな消費者契約の申込み又はその承諾の意思表示をしたものとみなす条項その他の法令中の公の秩序に関しない規定の適用による場合に比して消費者の権利を制限し又は消費者の義務を加重する消費者契約の条項であって、民法第１条第２項に規定する基本原則に反して消費者の利益を一方的に害するものは、無効とする。

第9章 契約締結後のトラブルの対処法

1 約束違反の場合は どうする？

あの例の契約だけれども、先方がお金を払ってこないらしいんだって？

はい、契約書で約束しているのに。どうしましょうか……

疑問 約束違反した場合にどうしたらいいの？

　前章まで、様々な契約類型に応じた契約書の作成方法を説明してきました。しかし、残念ながら、完璧な契約書があったとしても、相手が確実に債務を履行してくれるとは限りません。

　例えば、

・売買契約を締結して代金を支払ったのに、約束の日に商品が届かない
・賃貸借契約でマンションの部屋を貸したのに、期日に家賃の振込がない
・業務委託契約に基づいて依頼された仕事を完了したのに、代金を支払ってもらえない

等、せっかく契約を締結しても、相手が約束どおりに債務を履行してくれない場合には、どうしたらよいのでしょう？

　本章では、賃貸人として賃貸借契約を締結した場合を想定して、賃借人である相手方の賃料支払債務の不履行に対してどのように対処することができるかを説明していきたいと思います。

履行催告、解除、損害賠償請求！

●①履行催告

　まずは、賃借人である相手方に、期限が到来したにもかかわらず賃料が支払われていないことを知らせるとともに、早急に支払ってくれるよう**催告**します。ついうっかり約束の期限を忘れていたというような場合には、履行の催告をすることですぐに解決するでしょう。

　電話や請求書等の簡便な方法で催告しても相手が応じない場合や、確信犯的に債務の履行を怠っていることがうかがわれる場合には、**内容証明郵便**にて催告書を送付し、●月●日までに履行がなされない場合には、法的手段をとる旨を通告することも有効です。

　内容証明郵便とは、郵便局に謄本を保管してもらうことで、"いつ、いかなる内容の文書が、誰から誰あてに差し出されたか" という証明が受けられる特殊郵便です。

　相手方に催告をした日にちが問題となるような場面では、どのような内容の催告書が、いつ相手方に受領されたのかが証明できるように、配達証明付の内容証明郵便を利用することが一般的です。

　また、そもそも、平穏な間柄でやりとりされる通常の郵便物には利用しませんので、"内容証明郵便が届いた" ということ自体、相手方に多少のプレッシャーを与える効果もあるかもしれません。

　なお、差出の方法は、発送しようとする書面（催告書等）と、そのコピー2部、差出用の封筒を、内容証明取扱郵便局に提出するだけですので、意外に簡単に利用することができます。内容証明の加算料金は、440円です（詳しくは、日本郵便のサイトをご参照ください。事前の登録が必要ですが、電子内容証明を利用することもできます）。

9

日本郵便サイト

> ・内容証明について
> https://www.post.japanpost.jp/service/fuka_service/syomei/
> ・電子内容証明について
> https://www.post.japanpost.jp/service/enaiyo/index.html

●②解除

　賃借人である相手方が賃料の支払いを怠っていても、賃貸借契約が存続している限り、こちら側の賃貸人としての義務は発生し続けます。例えば、賃借人から雨漏りがするから修繕してほしいと言われれば、賃貸人は修繕義務を負っているため修繕しなければなりません。そこで、早急に契約を終了させ、賃貸人としての義務から解放されることを検討しなければなりません。

　また、何よりも、賃貸人としては、毎月賃料の不払いに頭を悩ませるよりも、誠実に債務を履行してくれる新たな賃借人との契約を模索した方が得策です。

　契約の解除は、相手方に債務不履行があった場合に、相当の期間を定めて履行の催告をなし、その期間内に履行がないことをもって、解除する旨を相手方に伝えれば効果が発生するのが原則です（民法541条）。

　催告及び解除通知書の参考例としては、

「本書面到達の日から●日以内に、金●●円をお支払いください。上記期間内に金●●円の支払いがない場合は、別途通知することなく、上記期間の経過により本件賃貸借契約を解除することを予め通知致します。したがって、上記期間の経過により本件賃貸借契約は終了致しますので、直ちに、原状回復のうえ、本件建物を賃貸人に返還ください。」

といったものになります。

　いつ催告をなしたか、いつ相当期間が経過して、いつ解除の効果が発生したかを明らかにするために、履行の催告や解除の意思表示は、上述した配達証明付内容証明郵便を利用するのがよいでしょう。

　なお、ここで注意しなければならないのが、賃貸借契約の特殊性です。賃貸借契約が解除されると、賃借人は、生活の拠点となる住居や会社の事業所を失うことになるため、些細な債務不履行があっても、それだけでは解除が認められないというのが判例の立場です。例えば、賃貸借契約書に「1回でも賃料の不払いがあれば、即時契約を解除する」というような条項を設けておいたとしても、裁判所はそれだけでは解除の効果を認めてはくれません。賃料の不払いであれば、数か月間にわたって支払いを怠り、もはや信頼関係を維持して賃貸借契約を維持することが困難であると認められる場合に解除できることになります。

●③損害賠償

　債務が履行されなかったことにより損害が発生した場合には、損害賠償を請求することもできます。

　損害賠償を請求する場合の要件としては、大きく

・債務不履行又は履行不能の事実
・債務不履行と因果関係のある損害が発生したこと

です（民法415条1項本文）。もっとも、請求される債務者が、その債務不履行が契約その他の債務の発生原因及び取引上の社会通念に照らして債務者の責めに帰することができない事由によるものであることを主張立証した場合は、債権者の請求は認められません（民法415条1項ただし書）。

　なお、賃料支払債務のような金銭債務の不履行については、たとえ不可抗力（戦争、大災害等）であっても抗弁にならないとされ（民法419条3項）、損害の発生やその額についても証明する必要がないと規定されています（民法419条2項）。

　したがって、賃貸人としては、「期日に賃料が支払われなかった」ということを主張立証しさえすれば、賃貸借契約書に定めた約定利率による損害金あるいは民法404条により定められる法定利率により計算した損害金を請求できるということになります（民法419条1項）。

発展　消滅時効に注意しよう〜権利の上に眠るものは保護に値せず〜

　賃貸人は、賃借人に対して賃料債権を有しており、この賃料債権に基づいて「金●円を支払え」と請求するわけですが、実はこの”債権”、一定期間行使せず放っておくと、消滅してしまいます（これを**消滅時効**といいます）。消滅した後に慌てて「支払え」と請求しても、もう遅いのです。

　では、どのくらい放置すると消滅してしまうのでしょうか？

　債権は、権利を行使することができる時から10年で消滅時効にかかるというのが原則のルールとなっていました。そのうえで民法の中に特別な規定（短期消滅時効）があるほか、商法にも特別な規定（商事消滅時効）が存在していました。

　民法の改正後も、従前からの原則の10年間のルールは維持されます。すなわち、権利を行使することができる時から10年間というルールは改正後も変わりません。そのうえで、特別に規定されていた短期消滅時効及び商事消滅時効のルールが廃止

9

されました。

　そのかわり、新たに「債権者が権利を行使することができることを知った時から5年」
というルールが追加され、結果、次の2つのルールに整理されました（民法166条）。

起算点	期間の長さ	条文の対応
権利を行使することができる時から	10年間	166条1項2号
債権者が権利を行使することができることを知った時から	5年間	166条1項1号

　上記のルールを適用し、いずれか早い方の期間満了により時効が完成することに
なります。

　そこで、時効期間が経過してしまう前に時効を阻止するための措置を講じる必要
があります。これを時効の障害といいます。改正前の民法では、時効の「中断」と「停
止」の2種類がありましたが、改正により、時効の「中断」と「停止」という概念では
なく、新たに「完成猶予」と「更新」の概念を用いて整理されました。

　「完成猶予」は、時効が完成すべき時が到来しても時効の完成を猶予するものであ
り、「更新」は、進行してきた時効期間をリセットする（新たにゼロから進行する）も
のです。

　そして、それぞれどのような事由が生じたら、完成猶予され、又は更新されるのか
という具体的な内容も整理されました。

　考え方としては、債権者による権利行使の意思が明らかになったと認められる事
由があれば時効の完成が猶予され、権利の存在が確たるものとして認められる事由
があれば時効が更新されるというものです。以下がその概要となります。

[1] 裁判上の請求等

　裁判上の請求、支払督促、裁判上の和解・民事調停・家事調停、破産手続参加・再
生手続参加・更生手続参加のいずれかの事由が生ずると、その事由の終了まで時効
の完成が猶予されます（147条1項）。

　また、この場合において、確定判決又はそれと同一の効力を有するものによって
権利が確定したときは、時効が更新され、その時から新たに時効が進行することに
なります（147条2項）。

　なお、権利が確定せずに、上記の裁判上の請求等の事由が終了した場合には、その
終了の時から6か月を経過するまで、時効の完成が猶予されます（147条1項柱書の

かっこ書)。

[2] 強制執行等

強制執行、担保権の実行、形式的競売、財産開示手続のいずれかの事由が生ずると、その事由が終了するまで時効の完成が猶予されます（148条1項）。

また、当該事由が終了した場合には、時効が更新され、その時から新たに時効が進行することになります（148条2項）。

もっとも、申立ての取下げ又は法律の規定に従わないことによる取消しによって当該事由が終了した場合には、時効は更新されず、終了の時から6か月を経過するまで、時効の完成が猶予されます（148条2項ただし書、148条1項柱書のかっこ書）。

[3] 仮差押え等

仮差押え及び仮処分のいずれかの事由が生ずると、その事由が終了した時から6か月を経過するまで、時効の完成が猶予されます（149条）。

仮差押え等の場合は、時効の完成猶予のみで、上記 [1] 及び [2] のような時効の更新の効力はありません。強制執行等と異なりその開始に債務名義は不要であり、権利関係の確定は後の裁判上の請求によってなされる、暫定的な手続だからです。

[4] 催告

催告があったときは、その時から6か月が経過するまで、時効の完成が猶予されます（150条1項）。

催告の場合も、時効の完成猶予のみで、時効の更新の効力はありません。権利関係の確定がなされるものではないからです。

また、催告が繰り返し行われることによって時効の完成が猶予をし続けられるのではないか、と思われるかもしれませんが、旧法下での判例も踏まえ、これは否定されます（150条2項）。

9

[5] 協議を行う旨の合意

協議を行う旨の合意が時効障害事由になることが、新法で新しく規定されました（151条）。完成猶予の期間については、次の❶から❸までのいずれか早い時までとなります。

❶合意があった時から1年を経過した時

❷合意において1年未満の協議期間を定めたときは、その期間が経過した時

❸協議の続行を拒絶する旨の書面又は電磁的記録による通知がされた場合には、通知の時から6か月を経過した時

[6] 承認

　権利の承認があったときは、時効が更新され、その時から新たに時効が進行することになります（152条1項）。

条文	事由	完成猶予	更新
147条	裁判上の請求、支払督促、裁判上の和解・民事調停・家事調停、破産手続参加・再生手続参加・更生手続参加	その事由が終了するまで（権利が確定することなくその事由が終了した場合は、終了の時から6か月を経過するまで）	確定判決又はそれと同一の効力を有するものによって権利が確定したときは、事由が終了した時から
148条	強制執行、担保権の実行、形式的競売、財産開示手続	その事由が終了するまで（申立ての取下げ又は法律の規定に従わないことによる取消によって当該事由が終了した場合は、終了の時から6か月を経過するまで）	その事由が終了した時から（ただし、申立ての取下げ又は法律の規定に従わないことによる取消しによって当該事由が終了した場合を除く。）
149条	仮差押え、仮処分	その事由が終了した時から6か月を経過するまで	
150条	催告	その時から6か月を経過するまで	
151条	協議を行う旨の合意	次の❶から❸までのいずれか早い時まで ❶合意があった時から1年を経過した時 ❷合意において1年未満の協議期間を定めた場ときはその期間を経過した時 ❸協議の続行の拒絶通知がされたときはその通知の時から6か月を経過した時	
152条	承認		その時から

　いずれにしても、債権は行使しないと意味がありません。いつか請求しようと思いつつ気づいてみたら時効が完成していたとなれば取り返しがつきませんし、そもそも時間の経過と共に記憶も薄れ証拠も散逸し、適切な請求が難しくなるものです。債務不履行が発生したら、被害が大きくなる前に、速やかに対処することが双方にとって有益であると考えられます。

民法147条 （裁判上の請求等による時効の完成猶予及び更新）
1 次に掲げる事由がある場合には、その事由が終了する（確定判決又は確定判決と同一の効力を有するものによって権利が確定することなくその事由が終了した場合にあっては、その終了の時から6箇月を経過する）までの間は、時効は、完成しない。
　① 裁判上の請求
　② 支払督促
　③ 民事訴訟法第275条第1項の和解又は民事調停法（昭和26年法律第222号）若しくは家事事件手続法（平成23年法律第52号）による調停
　④ 破産手続参加、再生手続参加又は更生手続参加
2 前項の場合において、確定判決又は確定判決と同一の効力を有するものによって権利が確定したときは、時効は、同項各号に掲げる事由が終了した時から新たにその進行を始める。

民法148条 （強制執行等による時効の完成猶予及び更新）
1 次に掲げる事由がある場合には、その事由が終了する（申立ての取下げ又は法律の規定に従わないことによる取消しによってその事由が終了した場合にあっては、その終了の時から6箇月を経過する）までの間は、時効は、完成しない。
　① 強制執行
　② 担保権の実行
　③ 民事執行法（昭和54年法律第4号）第195条に規定する担保権の実行としての競売の例による競売
　④ 民事執行法第196条に規定する財産開示手続
2 前項の場合には、時効は、同項各号に掲げる事由が終了した時から新たにその進行を始める。ただし、申立ての取下げ又は法律の規定に従わないことによる取消しによってその事由が終了した場合は、この限りでない。

民法149条 （仮差押え等による時効の完成猶予）
　次に掲げる事由がある場合には、その事由が終了した時から6箇月を経過するまでの間は、時効は、完成しない。
　① 仮差押え
　② 仮処分

民法150条 （催告による時効の完成猶予）
1 催告があったときは、その時から6箇月を経過するまでの間は、時効は、完成しない。
2 催告によって時効の完成が猶予されている間にされた再度の催告は、前項の規定による時効の完成猶予の効力を有しない。

民法151条 （協議を行う旨の合意による時効の完成猶予）
1 権利についての協議を行う旨の合意が書面でされたときは、次に掲げる時のいずれか早い時までの間は、時効は、完成しない。
　① その合意があった時から1年を経過した時
　② その合意において当事者が協議を行う期間（1年に満たないものに限る。）を定めたときは、その期間を経過した時
　③ 当事者の一方から相手方に対して協議の続行を拒絶する旨の通知が書面でされたときは、その通知の時から6箇月を経過した時
2 前項の規定により時効の完成が猶予されている間にされた再度の同項の合意は、同項の規定による時効の完成猶予の効力を有する。ただし、その効力は、時効の完成が猶予されなかったとすれば時効が完成すべき時から通じて5年を超えることができない。
3 催告によって時効の完成が猶予されている間にされた第1項の合意は、同項の規定による時効の完成猶予の効力を有しない。同項の規定により時効の完成が猶予されている間にされた催告についても、同様とする。
4 第1項の合意がその内容を記録した電磁的記録（電子的方式、磁気的方式その他人の知覚によっては認識することができない方式で作られる記録であって、電子計算機による情報処理の用に供されるものをいう。以下同じ。）によってされたときは、その合意は、書面によってされたものとみなして、前3項の規定を適用する。

9

5 前項の規定は、第1項第3号の通知について準用する。

民法152条 （承認による時効の更新）
1 時効は、権利の承認があったときは、その時から新たにその進行を始める。
2 前項の承認をするには、相手方の権利についての処分につき行為能力の制限を受けていないこと又は権限があることを要しない。

民法166条 （債権等の消滅時効）
1 債権は、次に掲げる場合には、時効によって消滅する。
　① 債権者が権利を行使することができることを知った時から5年間行使しないとき。
　② 権利を行使することができる時から10年間行使しないとき。
2 債権又は所有権以外の財産権は、権利を行使することができる時から20年間行使しないときは、時効によって消滅する。
3 前2項の規定は、始期付権利又は停止条件付権利の目的物を占有する第三者のために、その占有の開始の時から取得時効が進行することを妨げない。ただし、権利者は、その時効を更新するため、いつでも占有者の承認を求めることができる。

民法404条 （法定利率）
1 利息を生ずべき債権について別段の意思表示がないときは、その利率は、その利息が生じた最初の時点における法定利率による。
2 法定利率は、年3パーセントとする。
3 前項の規定にかかわらず、法定利率は、法務省令で定めるところにより、3年を1期とし、1期ごとに、次項の規定により変動するものとする。
4 各期における法定利率は、この項の規定により法定利率に変動があった期のうち直近のもの（以下この項において「直近変動期」という。）における基準割合と当期における基準割合との差に相当する割合（その割合に1パーセント未満の端数があるときは、これを切り捨てる。）を直近変動期における法定利率に加算し、又は減算した割合とする。
5 前項に規定する「基準割合」とは、法務省令で定めるところにより、各期の初日の属する年の6年前の年の1月から前々年の12月までの各月における短期貸付けの平均利率（当該各月において銀行が新たに行った貸付け（貸付期間が1年未満のものに限る。）に係る利率の平均をいう。）の合計を60で除して計算した割合（その割合に0.1パーセント未満の端数があるときは、これを切り捨てる。）として法務大臣が告示するものをいう。

民法415条 （債務不履行による損害賠償）
1 債務者がその債務の本旨に従った履行をしないとき又は債務の履行が不能であるときは、債権者は、これによって生じた損害の賠償を請求することができる。
　ただし、その債務の不履行が契約その他の債務の発生原因及び取引上の社会通念に照らして債務者の責めに帰することができない事由によるものであるときは、この限りでない。
2 前項の規定により損害賠償の請求をすることができる場合において、債権者は、次に掲げるときは、債務の履行に代わる損害賠償の請求をすることができる。
　① 債務の履行が不能であるとき。
　② 債務者がその債務の履行を拒絶する意思を明確に表示したとき。
　③ 債務が契約によって生じたものである場合において、その契約が解除され、又は債務の不履行による契約の解除権が発生したとき。

民法419条 （金銭債務の特則）
1 金銭の給付を目的とする債務の不履行については、その損害賠償の額は、債務者が遅滞の責任を負った最初の時点における法定利率によって定める。
　ただし、約定利率が法定利率を超えるときは、約定利率による。
2 前項の損害賠償については、債権者は、損害の証明をすることを要しない。
3 第1項の損害賠償については、債務者は、不可抗力をもって抗弁とすることができない。

民法541条 （催告による解除）
　当事者の一方がその債務を履行しない場合において、相手方が相当の期間を定めてその履行の催告をし、その期間内に履行がないときは、相手方は、契約の解除をすることができる。ただし、その期間を経過した時における債務の不履行がその契約及び取引上の社会通念に照らして軽微であるときは、この限りでない。

裁判所はどう利用する？

繰り返し請求して、内容証明郵便を送っても無視されているらしいね。これは、もう裁判所を利用するしかないか

はい。裁判所はどうやって利用すればいいのでしょうか

疑問 話し合っても埒が明かない

賃借人である相手方が賃料を支払ってくれない場合、まずは9-1節で説明したように、督促の電話をかけたり内容証明郵便で催告書を送付したりして、任意の支払を促すことが考えられます。

しかし、相手方がそれらを無視したり、いつまでに支払うと出まかせの約束を繰り返してのらりくらりと引き延ばしたり、今お金がないから支払えないと開き直ったりして埒が明かず、一向に支払ってこない場合、強制的に支払わせる方法はあるのでしょうか。

基本 裁判所の手続の種類

こちらが正当な債権を有しているとはいえ、相手方の家に乗り込んでいって強制的にお金を奪い取ってくることは許されませんので、支払いを強制する手段としては、裁判所の手続に委ねることになります。

裁判所の手続は、簡易な手続から通常訴訟まで、以下のようなものが用意されています。

●①支払督促（書類審査で行う迅速な手続）

債権者の申立てに基づいて、裁判所書記官が金銭の支払を督促する手続です（民事訴訟法382条）。原則として、相手方の住所地を管轄する簡易裁判所の裁判所書記官に申し立てます（民事訴訟法383条）。

9

手数料は訴訟の場合の半額で、書類審査のみで審理のために裁判所に出向く必要もないため、迅速で簡易な手続きです。

相手方が支払督促を受け取ってから2週間以内に異議の申立てをしなければ、支払督促に仮執行宣言を付してもらうことができます（民事訴訟法391条）。この仮執行宣言が付された支払督促が相手方に送達された日から2週間が経過した場合には、その支払督促は確定した判決と同一の効力を有し、これに基づいて強制執行の申立てをすることができるようになります（民事訴訟法396条）。

なお、適法な異議の申立てがなされた場合、訴訟手続に移行します（民事訴訟法395条）。

> **裁判所HP**
> https://www.courts.go.jp/saiban/syurui_minzi/minzi_04_02_13/index.html

●②少額訴訟（原則1回の審理で行う迅速な手続）

民事訴訟のうち、60万円以下の金銭の支払を求める訴えについて、原則として1回の審理で紛争解決を図る手続です（民事訴訟法368条1項、370条1項）。即時解決を目指すため、証拠書類や証人は、審理の日にその場ですぐに調べることができるものに限られます（民事訴訟法371条）。法廷では、基本的には、裁判官と共に丸いテーブル（ラウンドテーブル）に着席する形式で、審理が進められます。

審理の結果、判決書又は和解調書が作成され、それに基づいて強制執行を申し立てることができます。

> **裁判所HP**
> https://www.courts.go.jp/saiban/syurui_minzi/minzi_04_02_02/index.html

●③通常訴訟（判決によって解決を図る手続）

裁判官が、法廷で、双方の言い分を聴いたり、証拠を調べたりして、最終的に判決によって紛争の解決を図る手続です。判決に基づいて強制執行を申し立てることができます。

・簡易裁判所

　訴えで主張する利益によって訴訟の目的の価額を算定し（民事訴訟法8条1項）、その価額が140万円を超えない場合には、簡易裁判所に提訴します（裁判所法33条1項1号）。

　準備する訴状や証拠等は地方裁判所の場合と変わりませんが、請求額が比較的少額で軽微な紛争を迅速かつ簡易に解決することを目的とした裁判所ですので、手続がより柔軟で判決までの期間が短い傾向にあります。

・地方裁判所

　訴訟の目的の価額が140万円以上の事件及び不動産に関する事件は地方裁判所に提訴します（裁判所法24条1号）。

　なお、非財産権上の請求や、財産権上の請求であっても算定が極めて困難なものに係る訴えについては、訴訟の目的の価額は140万円を超えるものとみなされます（民事訴訟法8条2項）。この場合の価額は160万円とみなされて手数料が算定されます（民事訴訟費用等に関する法律4条2項）。

●④強制執行

　相手方によっては、裁判所からの呼出状が届いたり、支払督促状が送付されたりすることがプレッシャーとなり、慌てて任意に支払ってくる場合もありますし、裁判の中で和解が成立することも考えられますが、裁判期日にも出頭せず、支払を求める判決を受領しても無視し続けるケースも少なからず発生します。

　そのような相手方に対しては、速やかに強制執行を申し立て、債権回収を図る必要があります。

　強制執行の種類としては、主なものとして、**不動産執行**と**債権執行**があります。

　不動産執行とは、相手方が土地や建物を所有している場合に、その不動産を競売にかけ、換価し、配当金を得る手段です（民事執行法43条1項）。

9

333

債権執行とは、相手方が第三者に対して債権（預金債権、給与債権、売掛金債権等）を有している場合に、その債権を差押え、取り立てることにより回収する手段です。

　例えば、相手方が銀行に対して預金債権を有している場合、その銀行を第三債務者として預金債権を差押え、直接取り立てることにより、債権を回収します。

　いずれにしても、相手方がどのような財産を有しているのかがわからなければ、強制執行は空振りに終わってしまいますので、相手方が従前の取引に利用していた銀行を調査する、相手方住所地の登記事項証明書を取得し、相手方が所有者となっている不動産の有無を確認する等、事前に綿密な調査をすることが不可欠です。

　また、賃貸借契約を解除した場合、賃貸人としては、賃借人に速やかに退去してもらい、新しい賃借人を迎え入れられるようにすることが急務です。そこで、裁判手続においては、賃料の支払いに併せて物件の明け渡しも請求することが一般的です。ただし、物件の明け渡しを認める判決を獲得しても、それだけでは強制的に立ち退かせることはできません。不法占有者から強制的に不動産の明け渡しを実現させるためには、**明渡執行**という手続きが用意されています（民事執行法168条1項）。

　明渡執行は、裁判所の執行官が業者と共に物件に赴き、引越しの要領で建物内部の荷物等を運び出すことにより行われます。費用については、申立予納金が6万円程度、執行業者に支払う費用が数十万円（物件の規模、残置物の量等により増減します）かかりますので、債権者にとっては大きな負担になってしまうのが現状です。

> 裁判所HP
> https://www.courts.go.jp/saiban/syurui_minzi/minzi_02_01/index.html

 ## 発展　保全手続きを活用しよう〜無い袖は振れない!?〜

　賃借人が賃料を支払わず、再三の請求も無視して埒が明かないため、裁判所に訴訟を提起したとします。訴訟を提起した時点では、相手方は都内の一等地に土地を所有していたため、判決を得たらその土地を競売にかければ十分に債権回収が実現できると思っていました。しかし、いざ判決を得た後に強制執行をしようとしたら、その土地は第三者に売却済みで、高額の売買代金が振り込まれたはずの預金残高はゼロになっていた……このような場合、何か手立てはあるのでしょうか。

　残念ながら、「無い袖は振れない」というのが現実ですので、相手方に他の財産が無い限り、どうすることもできません。

このような事態を防ぐためにも、あらかじめ、「仮差押」という手を打っておくことができます。

　仮差押とは、相手方から確実にお金を回収するために、訴訟で判決を得るより前に、相手方の財産について、売却したり、消費したり、隠したりできないようにするため、財産を仮に差し押さえるという手続です（民事保全法20条1項）。例えば、土地や建物などの不動産の仮差押えでは、仮差押えがなされたことが不動産登記簿に登記されます。預金の仮差押えでは、金融機関に対して預金者への払戻しを禁止する命令が出されます。その結果、土地や建物を売られても効力を否定できたり、預金が引き出されることを防いだりすることができます。

　債務者の中には、訴訟が提起されたことを知るや否や、強制執行により財産が奪われてしまうのを防ぐために、事情を知った第三者に仮装譲渡するということが無いわけではありません（もちろん、強制執行を妨害する目的で仮装譲渡を行う行為は刑法犯です。刑法96条の2）。

　ですから、相手方の唯一の財産が判明しているような場合には、訴訟手続中に第三者に売却されたり隠匿されたりしてしまわないように、仮差押をかけておくことは非常に有効です。

　ただし、訴訟がなされる前に、他人の財産を差し押さえることができるというのは、一定のリスクを内包しています。

　債務者は、仮差押がなされることで、取引先の信用を失ったり、借入金について期限の利益を喪失し一括返済を求められたり、大きな損害を受ける可能性がある一方、訴訟で債権者が負けてしまう（実は、債権者は正当な債権を有していなかったことが判明する）こともあり得るわけです。

　万が一このような事態に陥った場合には、仮差押によって債務者に生じた損害を賠償しなければなりませんので、あらかじめ一定額を供託する等、担保を立てることが求められます（民事保全法14条1項）。担保の額は、個別の事案に応じて裁判所が定めますが、一般的には請求債権額の10％〜30％と言われています。

9

● **手続フローチャート**
　(1) 支払督促　　➡ P336 参照
　(2) 少額訴訟　　➡ P337 参照
　(3) 通常訴訟　　➡ P338 参照

(4) 強制執行
　①不動産執行　➡ P339参照
　②債権執行　　➡ P340参照
　③明渡執行　　➡ P341参照
(5) 保全　　　　➡ P342参照

▼ (1) 支払督促

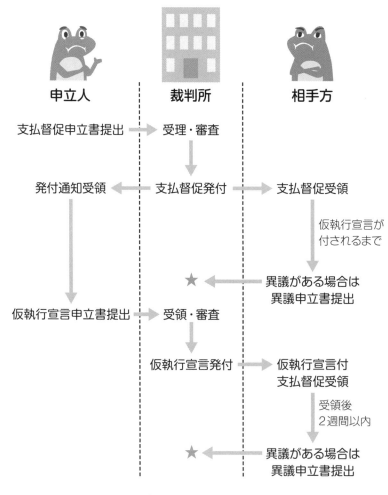

| 申立人 | 裁判所 | 相手方 |

支払督促申立書提出　→　受理・審査

発付通知受領　←　支払督促発付　→　支払督促受領

仮執行宣言が
付されるまで

★　←　異議がある場合は
異議申立書提出

仮執行宣言申立書提出　→　受領・審査

仮執行宣言発付　→　仮執行宣言付
支払督促受領

受領後
2週間以内

★　←　異議がある場合は
異議申立書提出

★ 訴訟手続へ移行

▼ (2) 少額訴訟

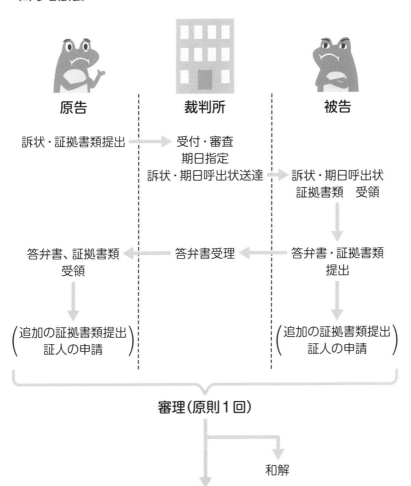

原告 　 裁判所 　 被告

訴状・証拠書類提出 → 受付・審査
期日指定
訴状・期日呼出状送達 → 訴状・期日呼出状
証拠書類　受領

答弁書、証拠書類 ← 答弁書受理 ← 答弁書・証拠書類
受領 提出

(追加の証拠書類提出
証人の申請) (追加の証拠書類提出
証人の申請)

審理(原則1回)

和解

判決

9

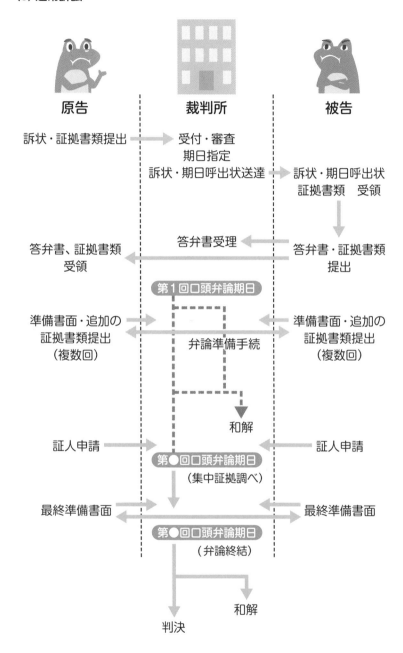

原告　　　　　　裁判所　　　　　　被告

訴状・証拠書類提出　→　受付・審査
　　　　　　　　　　　　期日指定
　　　　　　　　　　　　訴状・期日呼出状送達　→　訴状・期日呼出状
　　　　　　　　　　　　　　　　　　　　　　　　証拠書類　　受領

答弁書、証拠書類　　　答弁書受理　←　答弁書・証拠書類
受領　　　　　　　　　　　　　　　　提出

第1回口頭弁論期日

準備書面・追加の　→　　　　　　　←　準備書面・追加の
証拠書類提出　　　　弁論準備手続　　証拠書類提出
（複数回）　　　　　　　　　　　　（複数回）

和解

証人申請　→　　　　　　　　　←　証人申請
第●回口頭弁論期日
（集中証拠調べ）

最終準備書面　→　　　　　　　←　最終準備書面
第●回口頭弁論期日
（弁論終結）

和解

判決

▼ (4) 強制執行 ― ①不動産執行

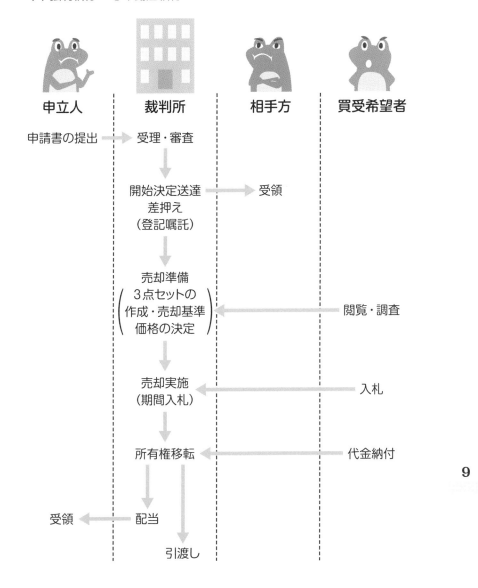

▼(4) 強制執行─②債権執行

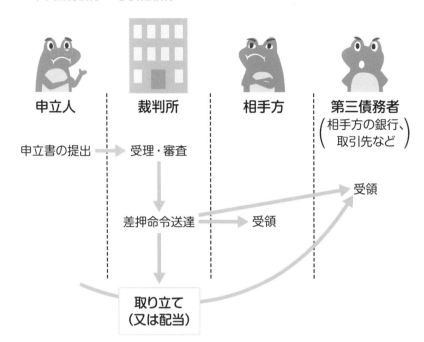

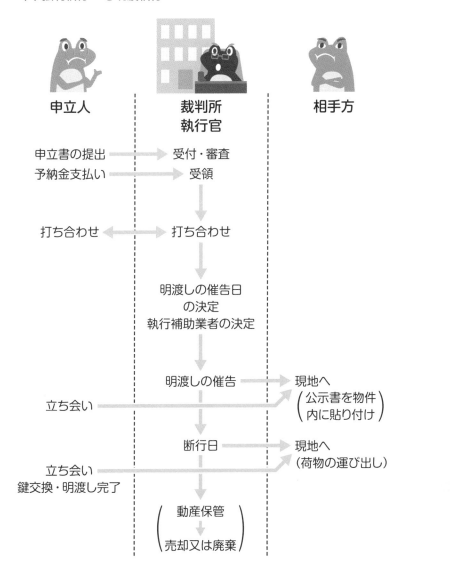

申立人 ── 裁判所 執行官 ── 相手方

申立書の提出 → 受付・審査

予納金支払い → 受領

打ち合わせ ⟷ 打ち合わせ

明渡しの催告日 の決定 執行補助業者の決定

明渡しの催告 → 現地へ （公示書を物件 内に貼り付け）

立ち会い

断行日 → 現地へ （荷物の運び出し）

立ち会い
鍵交換・明渡し完了

動産保管 ↓ 売却又は廃棄

9

▼ (5) 保全

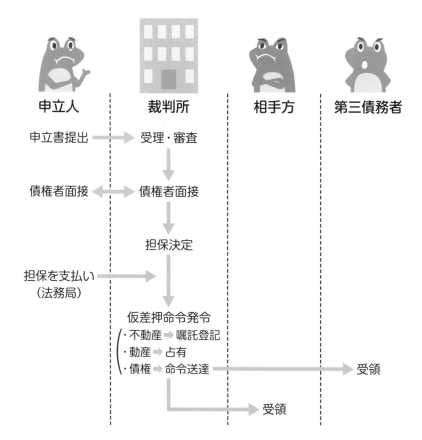

| 申立人 | 裁判所 | 相手方 | 第三債務者 |

申立書提出 ──→ 受理・審査

債権者面接 ←─→ 債権者面接

担保決定

担保を支払い ──→
（法務局）

仮差押命令発令
・不動産 ➡ 嘱託登記
・動産 ➡ 占有
・債権 ➡ 命令送達 ──────→ 受領

受領

民事訴訟法8条 （訴訟の目的の価額の算定）

1 裁判所法（昭和22年法律第59号）の規定により管轄が訴訟の目的の価額により定まるときは、その価額は、訴えで主張する利益によって算定する。

2 前項の価額を算定することができないとき、又は極めて困難であるときは、その価額は140万円を超えるものとみなす。

民事訴訟法368条 （少額訴訟の要件等）

1 簡易裁判所においては、訴訟の目的の価額が60万円以下の金銭の支払の請求を目的とする訴えについて、少額訴訟による審理及び裁判を求めることができる。
ただし、同一の簡易裁判所において同一の年に最高裁判所規則で定める回数を超えてこれを求めることができない。

2 少額訴訟による審理及び裁判を求める旨の申述は、訴えの提起の際にしなければならない。

3 前項の申述をするには、当該訴えを提起する簡易裁判所においてその年に少額訴訟による審理及び裁判を求めた回数を届け出なければならない。

民事訴訟法370条 （一期日審理の原則）

1 少額訴訟においては、特別の事情がある場合を除き、最初にすべき口頭弁論の期日において、審理を完了しなければならない。

2 当事者は、前項の期日前又はその期日において、すべての攻撃又は防御の方法を提出しなければならない。
ただし、口頭弁論が続行されたときは、この限りでない。

民事訴訟法371条 （証拠調べの制限）

証拠調べは、即時に取り調べることができる証拠に限りすることができる。

民事訴訟法382条 （支払督促の要件）

金銭その他の代替物又は有価証券の一定の数量の給付を目的とする請求については、裁判所書記官は、債権者の申立てにより、支払督促を発することができる。
ただし、日本において公示送達によらないでこれを送達することができる場合に限る。

民事訴訟法383条 （支払督促の申立て）

1 支払督促の申立ては、債務者の普通裁判籍の所在地を管轄する簡易裁判所の裁判所書記官に対してする。

2 次の各号に掲げる請求についての支払督促の申立ては、それぞれ当該各号に定める地を管轄する簡易裁判所の裁判所書記官に対してもすることができる。

① 事務所又は営業所を有する者に対する請求でその事務所又は営業所における業務に関するもの　当該事務所又は営業所の所在地

② 手形又は小切手による金銭の支払の請求及びこれに附帯する請求　手形又は小切手の支払地

民事訴訟法391条 （仮執行の宣言）

1 債務者が支払督促の送達を受けた日から2週間以内に督促異議の申立てをしないときは、裁判所書記官は、債権者の申立てにより、支払督促に手続の費用額を付記して仮執行の宣言をしなければならない。
ただし、その宣言前に督促異議の申立てがあったときは、この限りでない。

2 仮執行の宣言は、支払督促に記載し、これを当事者に送達しなければならない。
ただし、債権者の同意があるときは、当該債権者に対しては、当該記載をした支払督促を送付することをもって、送達に代えることができる。

3 第385条第2項及び第3項の規定は、第1項の申立てを却下する処分及びこれに対する異議の申立てについて準用する。

4 前項の異議の申立てについての裁判に対しては、即時抗告をすることができる。

5 第260条及び第388条第2項の規定は、第1項の仮執行の宣言について準用する。

民事訴訟法395条 （督促異議の申立てによる訴訟への移行）

適法な督促異議の申立てがあったときは、督促異議に係る請求については、その目的の価額に従い、支払督促の申立ての時に、支払督促を発した裁判所書記官の所属する簡易裁判所又はその所在地を管轄する地方裁判所に訴えの提起があったものとみなす。この場合においては、督促手続の費用は、訴訟費用の一部とする。

9

民事訴訟法 396 条 （支払督促の効力）

仮執行の宣言を付した支払督促に対し督促異議の申立てがないとき、又は督促異議の申立てを却下する決定が確定したときは、支払督促は、確定判決と同一の効力を有する。

裁判所法 24 条 （裁判権）

地方裁判所は、次の事項について裁判権を有する。

1　第33条第1項第1号の請求以外の請求に係る訴訟（第31条の3第1項第2号の人事訴訟を除く。）及び第33条第1項第1号の請求に係る訴訟のうち不動産に関する訴訟の第1審
2　第16条第4号の罪及び罰金以下の刑に当たる罪以外の罪に係る訴訟の第1審
3　第16条第1号の控訴を除いて、簡易裁判所の判決に対する控訴
4　第7条第2号及び第16条第2号の抗告を除いて、簡易裁判所の決定及び命令に対する抗告

裁判所法 33 条 （裁判権）

1　簡易裁判所は、次の事項について第1審の裁判権を有する。

　①　訴訟の目的の価額が140万円を超えない請求（行政事件訴訟に係る請求を除く。）
　②　罰金以下の刑に当たる罪、選択刑として罰金が定められている罪又は刑法第186条、第252条若しくは第256条の罪に係る訴訟

2　簡易裁判所は、禁錮以上の刑を科することができない。

　ただし、刑法第130条の罪若しくはその未遂罪、同法第186条の罪、同法第235条の罪若しくはその未遂罪、同法第252条、第254条若しくは第256条の罪、古物営業法（昭和24年法律第108号）第31条から第33条までの罪若しくは質屋営業法（昭和25年法律第158号）第30条から第32条までの罪に係る事件又はこれらの罪と他の罪とにつき刑法第54条第1項の規定によりこれらの罪の刑をもつて処断すべき事件においては、3年以下の懲役を科することができる。

3　簡易裁判所は、前項の制限を超える刑を科するのを相当と認めるときは、訴訟法の定めるところにより事件を地方裁判所に移さなければならない。

民事訴訟費用等に関する法律 4 条 （訴訟の目的の価額等）

1　別表第1において手数料の額の算出の基礎とされている訴訟の目的の価額は、民事訴訟法第8条第1項及び第9条の規定により算定する。
2　財産権上の請求でない請求に係る訴えについては、訴訟の目的の価額は、160万円とみなす。
　財産権上の請求に係る訴えで訴訟の目的の価額を算定することが極めて困難なものについても、同様とする。
3　1の訴えにより財産権上の請求でない請求とその原因である事実から生ずる財産権上の請求とをあわせてするときは、多額である訴訟の目的の価額による。
4　第1項の規定は、別表第1の1〇の項の手数料の額の算出の基礎とされている価額について準用する。
5　民事訴訟法第9条第1項の規定は、別表第1の13の項及び13の2の項の手数料の額の算出の基礎とされている額について準用する。
6　第1項及び第3項の規定は、別表第1の14の項及び14の2の項の手数料の額の算出の基礎とされている価額について準用する。
7　前項の価額は、これを算定することができないか又は極めて困難であるときは、160万円とみなす。

民事執行法 43 条 （不動産執行の方法）

1　不動産（登記することができない土地の定着物を除く。以下この節において同じ。）に対する強制執行（以下「不動産執行」という。）は、強制競売又は強制管理の方法により行う。これらの方法は、併用することができる。
2　金銭の支払を目的とする債権についての強制執行については、不動産の共有持分、登記された地上権及び永小作権並びにこれらの権利の共有持分は、不動産とみなす。

民事執行法 143 条 （債権執行の開始）

金銭の支払又は船舶若しくは動産の引渡しを目的とする債権（動産執行の目的となる有価証券が発行されている債権を除く。以下この節において「債権」という。）に対する強制執行（第167条の2第2項に規定する少額訴訟債権執行を除く。以下この節において「債権執行」という。）は、執行裁判所の差押命令により開始する。

民事執行法168条 （不動産の引渡し等の強制執行）

1 不動産等（不動産又は人の居住する船舶等をいう。以下この条及び次条において同じ。）の引渡し又は明渡しの強制執行は、執行官が債務者の不動産等に対する占有を解いて債権者にその占有を取得させる方法により行う。

2 執行官は、前項の強制執行をするため同項の不動産等の占有者を特定する必要があるときは、当該不動産等に在る者に対し、当該不動産等又はこれに近接する場所において、質問をし、又は文書の提示を求めることができる。

3 第1項の強制執行は、債権者又はその代理人が執行の場所に出頭したときに限り、することができる。

4 執行官は、第1項の強制執行をするに際し、債務者の占有する不動産等に立ち入り、必要があるときは、閉鎖した戸を開くため必要な処分をすることができる。

5 執行官は、第1項の強制執行においては、その目的物でない動産を取り除いて、債務者、その代理人又は同居の親族若しくは使用人その他の従業者で相当のわきまえのあるものに引き渡さなければならない。
この場合において、その動産をこれらの者に引き渡すことができないときは、執行官は、最高裁判所規則で定めるところにより、これを売却することができる。

6 執行官は、前項の動産のうちに同項の規定による引渡し又は売却をしなかつたものがあるときは、これを保管しなければならない。この場合においては、前項後段の規定を準用する。

7 前項の規定による保管の費用は、執行費用とする。

8 第5項（第6項後段において準用する場合を含む。）の規定により動産を売却したときは、執行官は、その売得金から売却及び保管に要した費用を控除し、その残余を供託しなければならない。

9 第57条第5項の規定は、第1項の強制執行について準用する。

民事保全法14条 （保全命令の担保）

1 保全命令は、担保を立てさせて、若しくは相当と認める一定の期間内に担保を立てることを保全執行の実施の条件として、又は担保を立てさせないで発することができる。

2 前項の担保を立てる場合において、遅滞なく第4条第1項の供託所に供託することが困難な事由があるときは、裁判所の許可を得て、債権者の住所地又は事務所の所在地その他裁判所が相当と認める地を管轄する地方裁判所の管轄区域内の供託所に供託することができる。

民事保全法20条 （仮差押命令の必要性）

1 仮差押命令は、金銭の支払を目的とする債権について、強制執行をすることができなくなるおそれがあるとき、又は強制執行をするのに著しい困難を生ずるおそれがあるときに発することができる。

2 仮差押命令は、前項の債権が条件付又は期限付である場合においても、これを発することができる。

9

おわりに

　本書をお読みいただきありがとうございました。

　通読された方は少数かもしれませんが、みなさんのニーズに応じて上手にお読みいただき、少しでもお役に立つことができたのであれば幸いです。

　本書冒頭の「はじめに」で述べましたが、契約書は非常に奥が深く、ゴールがない領域です。

　パーフェクトな正解がどこかに示されているわけではありません。

　本書でお示ししたひな形も一つの形にすぎません。応用の仕方も本書は一端にすぎず、たくさんあります。

　だからこそ、面白さ、があります。

　今まで口頭で契約していたがゆえに生じてしまう紛争や、契約書が考えぬかれていないがゆえに生じてしまう紛争が減り、今後、契約書が、紛争をよりよく予防し、万が一紛争が生じた場合にも正しい解決の基準となることは、社会にとってもプラスであることは間違いありません。

　本書を導入として、民法や商法等の法律の文献、他の契約実務の文献を手にとりながら、契約書の経験を積み重ねることによって、ますますのスキルアップを目指していただけたらと願っております。

　最後に、本書の出版に当たっては、筆者事務所のM・Tさんに大変お世話になりました。ここに記して、厚く御礼申し上げます。

萩原　勇

執筆者プロフィール

YH 萩原日本橋法律事務所
LAW OFFICES OF YU HAGIWARA

代表弁護士

萩原　勇 (はぎわら　ゆう)

慶應義塾大学法学部法律学科、中央大学法科大学院卒。第一東京弁護士会所属。使用者側の労働法務を中心に、契約法務、紛争解決、M&A 等の企業法務全般を手掛ける。

クライアント企業のビジネスを支援し、「未来の幸せ、その総量を増やす」というミッションを実現するため、法律学にとどまらず、早稲田大学大学院経営管理研究科にて経営学の研鑽を積み MBA を取得。

主な著作等として、『図解入門ビジネス　最新　民法改正の基本と勘所がよ〜くわかる本』（株式会社秀和システム）、『あなたの会社を強くする！中小企業経営に役立つ判例 30 選』（一般社団法人大蔵財務協会）、『新版　新・労働法実務相談（第 3 版）』（労務行政）、専門雑誌「労政時報」相談室。その他、日本経済新聞（電子版）の判例解説記事にコメント掲載。

カバーデザイン・イラスト　mammoth.

契約書のツボとコツが
ゼッタイにわかる本 [第 2 版]

発行日	2020 年　3 月 30 日	第 1 版第 1 刷
	2023 年　5 月 25 日	第 1 版第 5 刷

著　者　萩原　勇

発行者　斉藤　和邦
発行所　株式会社　秀和システム
　　　　〒135-0016
　　　　東京都江東区東陽2-4-2　新宮ビル2F
　　　　Tel 03-6264-3105（販売）　　Fax 03-6264-3094
印刷所　三松堂印刷株式会社　　　　Printed in Japan

ISBN978-4-7980-5999-0 C0032